監修 朝尾直弘
編集 住友史料館

住友史料叢書

年々諸用留 十二番

思文閣出版

題字　小葉田淳筆

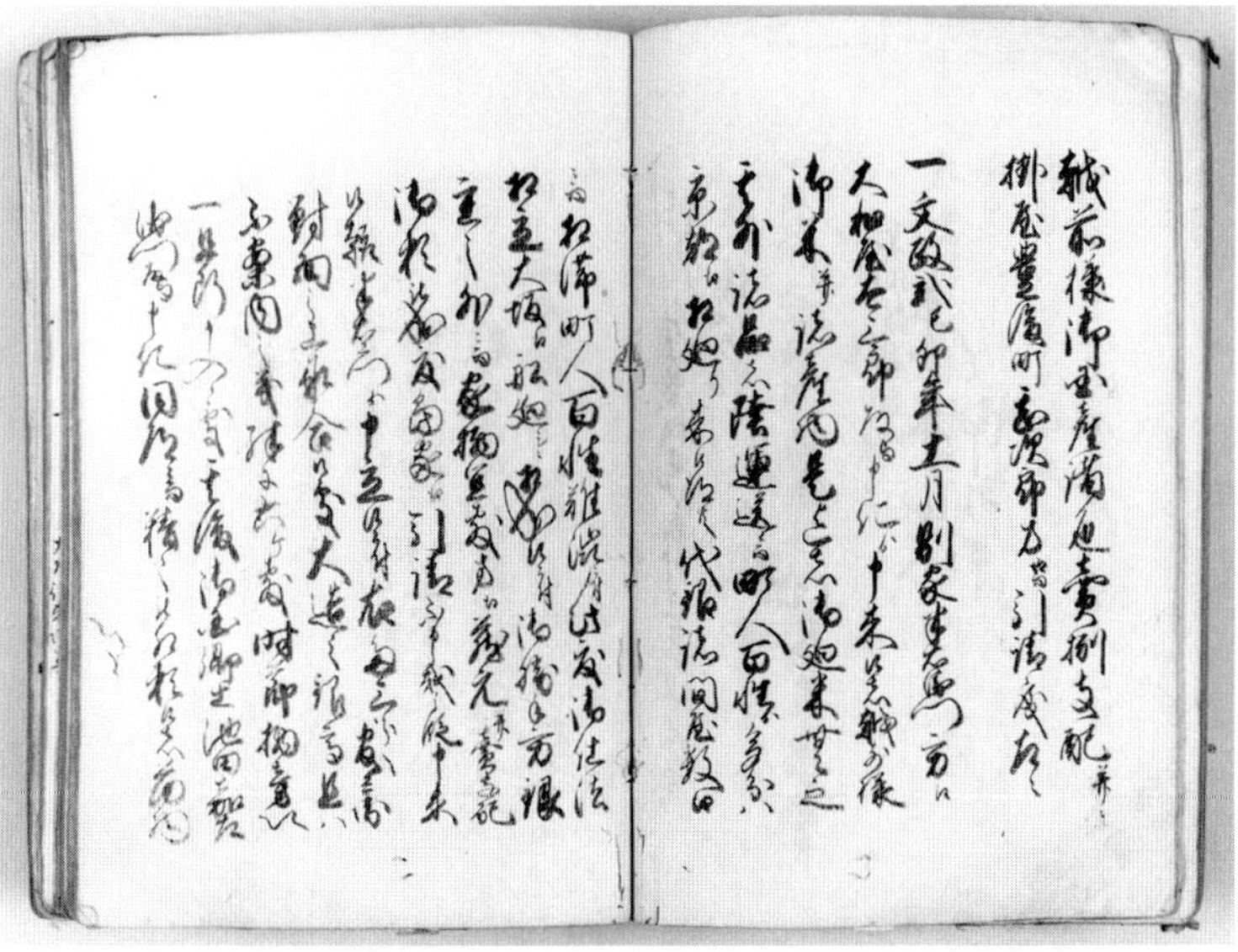

（本書121頁参照）

年々諸用留　十二番（1）

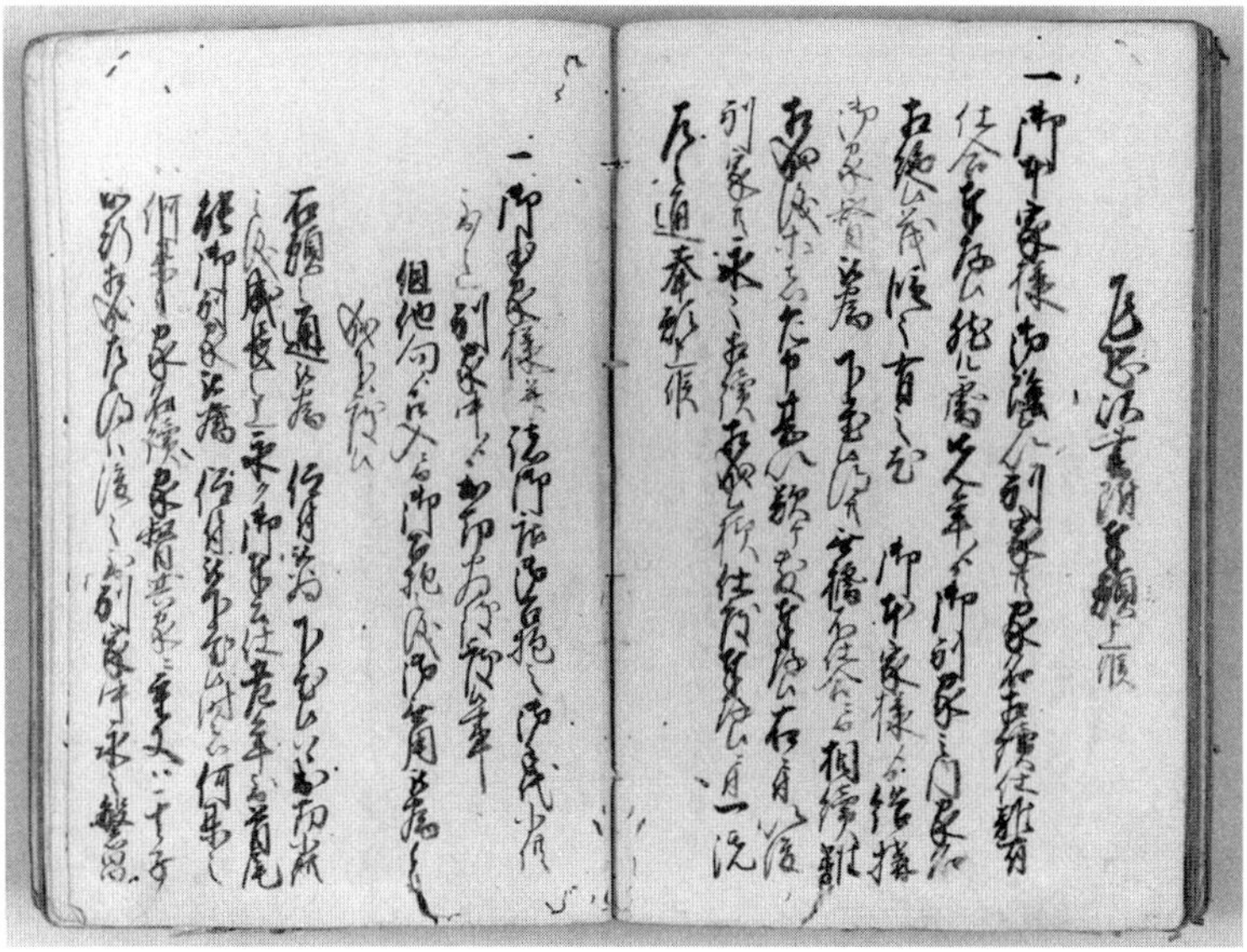

（本書174頁参照）

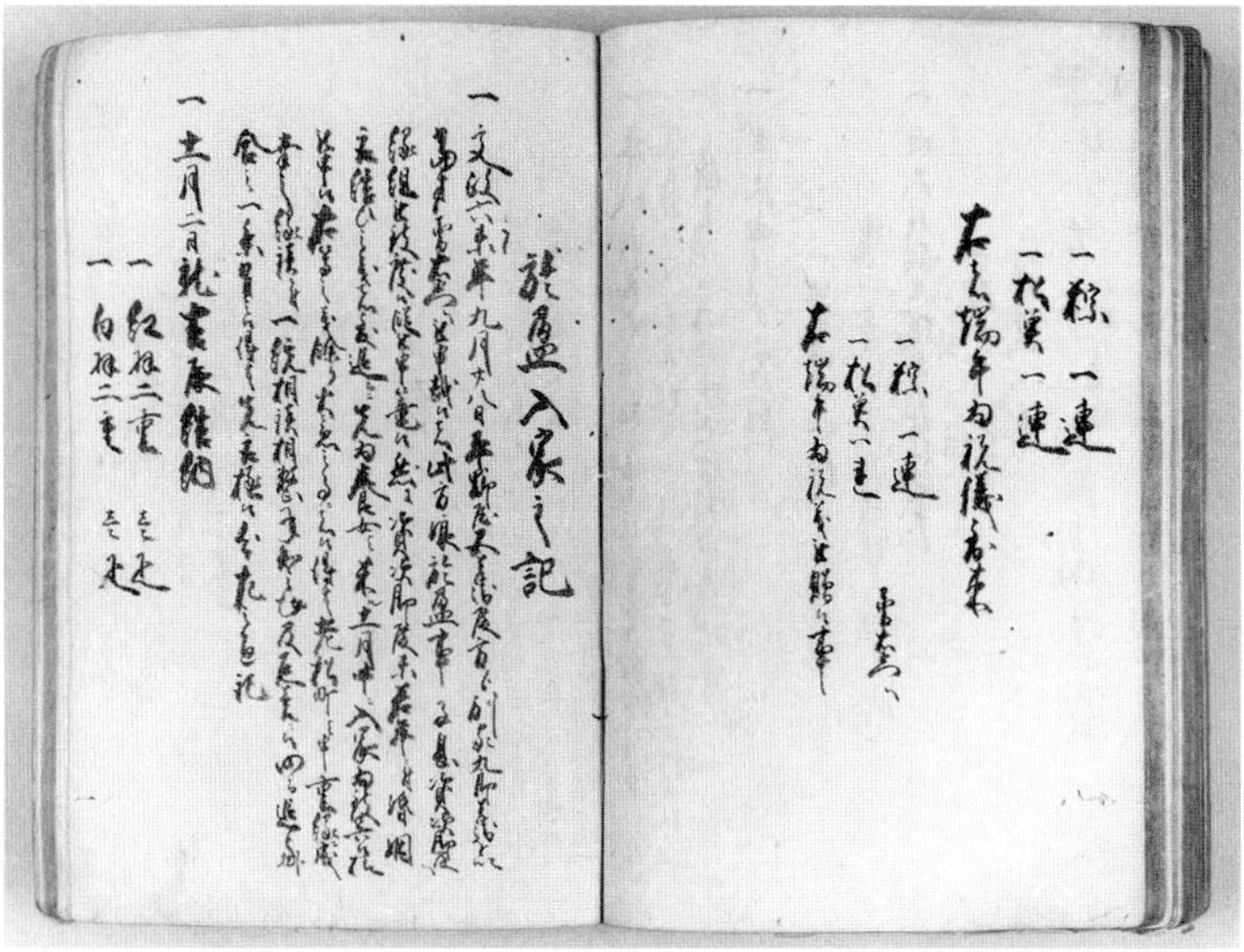

（本書313頁参照）

年々諸用留　十二番（2）

凡　例

一、『住友史料叢書』は住友家文書のなかから重要なものを選んで編纂・刊行するものである。
一、本書は第三一回配本にあたり、「年々諸用留　十二番」を収載した。
一、漢字はおおむね常用漢字のあるものはこれを用いた。ただし江戸時代に慣用されている若干の異体字は残した。
一、仮名は現行の仮名を用いた。ただし者（は）、而（て）、江・得（え）は残した。
一、読みやすいように、読点（、）と並列点（・）を加えた。
一、平出・闕字はともに一字あきにした。
一、判読不能の文字は□をもって示した。
一、原文が抹消されている場合はその左傍に〻を、文字の上に紙が貼られている場合はその左側に傍線を付した。
ただし書き改められた文字を本文として採用した場合もある。
一、編者の注記は本文右傍（　）内に記し、または頭に○を付して本文と区別した。
一、本文の上欄に記事の見出しを置き、また適宜、標出・注記を施した。
一、本書の史料のなかには、現在において人権侵害のおそれのある身分的呼称が含まれているが、正確な歴史的事実の解明にもとづき、差別問題を克服する立場から、原文のまま掲載した。
一、本書は監修者朝尾直弘の指導のもとに、安国良一・牧知宏が編集を担当した。

目次

細目次

年々諸用留　十二番

一　文化十三年八月四日〜二十一日　一橋家貸付金の取扱いを断る……三
二　文化十三年八月十三日　新居浜米問屋の銀子取逃につき手代処分……五
三　文化十三年八月　松山藩より命ぜられる調達銀を断る願書……七
四　文化十三年九月五日　瑕金・軽目金の取扱いにつき代官所より指示……八
五　文化十三年十一月　南本町一丁目掛屋敷家守交代……九
六　文化十三年十一月二十日〜二十九日　捨子を養子に遣す……一二
七　文化十四年三月五日　伏見稲荷末社造営につき寄進……一五
八　文化十四年三月十五日　友紀死去につき松山藩の扶持を返上……一五
九　文化十四年三月二十日　居宅炭蔵修復につき囲設置願……一六
一〇　文化十四年三月　京都掛屋敷名前切替……一六
一一　文化十四年三月十二日〜十九日　捨子を養子に遣す……三六
一二　文化十四年四月〜五月　京都白川屋敷へ粟田御殿御用絵符・提灯下付願……三九
一三　文化十四年三月二十日・五月朔日・二十九日　居宅土蔵・炭蔵普請……四三
一四　文化十四年五月　末家田右衛門へ伊予壬生川出店を譲る……四四
一五　文化十四年五月十五日〜六月三日　備後町三丁目掛屋敷家守交代……四五

一六　文化十四年六月六日　一橋家貸付金利息請合……四六
一七　文化十四年七月四日　オランダ風説書……四七
一八　文化十四年九月　安堂寺町五丁目掛屋敷を別家名義にする……四九
一九　文化十四年九月　錺屋弥右衛門へ合力遣す……五三
二〇　文化十四年九月　御救拝借仰せ付けられるにつき家内へ申渡……五四
二一　文化十四年九月十五日　津山藩館入拝命……五五
二二　文化十四年九月十四日　大名所替……五六
二三　文化十四年九月　網島屋敷地の一部貸渡……五六
二四　文化十四年十一月　泉屋理兵衛より篠山藩扶持米継続願……五八
二五　文化十四年十一月二十二日　八王子に隕石落下……五九
二六　文化十五年二月十三日～二十七日　捨子を養子に遣す……六〇
二七　文化十五年二月　谷町二丁目掛屋敷家守交代……六三
二八　文化十五年二月　高津新地掛屋敷家守交代……六四
二九　文化十五年三月二十五日　北堀江一丁目掛屋敷家守交代……六五
三〇　文化十五年三月二十八日　居宅土蔵修復につき囲設置願……六六
三一　文化十五年四月　北堀江一丁目掛屋敷家守請状……六七
三二　文化十五年五月二十七日～六月朔日　江戸にて瑕金引替御用拝命……六八
三三　文政元年六月二十四日　居宅土蔵普請出来につき囲取払い……七二
三四　文政元年六月　浅草店請人森田屋市郎兵衛へ合力遣す……七三
三五　文政元年九月十六日　手代役替……七四
三六　文政元年九月　一橋家御用金取扱いにつき別段手当を願わず……七五

一六三　文政五年十二月　予州手代故恒右衛門を末家とする……二三〇
一六四　文政五年十二月〜六年正月　吹直金引替御用につき褒美下賜……二三一
一六五　文政五年五月　末家与四郎悴恩赦願……二三六
一六六　文政五年七月　予州手代清右衛門暇願……二三六
一六七　文政五年十一月朔日　末家与四郎悴本家館入恩赦願……二三七
一六八　文政五年十二月十九日　末家真右衛門悴妻帯願……二三八
一六九　文政五年十二月　末家与四郎悴御目通願……二三九
一七〇　文政六年正月　末家義助養子願……二四〇
一七一　文政六年二月　手代故安兵衛介抱人養子へ合力願……二四一
一七二　文政五年　京都出入大工治兵衛恩借願……二四一
一七三　文政六年二月　田安家御用のため手代差下しにつき添触願……二四三
一七四　文政六年二月　末家源右衛門家督銀下渡し願……二四四
一七五　文政六年三月二十四日　大名所替・役替……二四六
一七六　文政六年四月二十一日　手代故常右衛門名跡相続願……二四八
一七七　文政六年六月九日　常陸那珂湊沖にて異国船発見……二四八
一七八　文政六年七月二十二日　秤改……二四九
一七九　文政六年六月十七日　実相寺住職入院式出席願……二五〇
一八〇　文政六年二月二十八日　末家仁右衛門養子願……二五一
一八一　文政六年三月　手代祐右衛門休足願……二五三
一八二　文政六年五月　手代太兵衛を末家とする……二五三
一八三　文政六年五月　末家故卯三郎名跡相続願……二五三

二二六　文政七年八月　山本新田八幡宮へ灯籠奉納……三五二
二二七　文政七年五月　手代慶蔵妻帯願……三五二
二二八　文政七年八月　末家四郎兵衛定紋付衣類着用願……三五三
二二九　文政七年八月　手代慎助暇願……三五四
二三〇　文政七年八月　末家林兵衛後妻願……三五五
二三一　文政七年閏八月　清水家の蔵元掛屋御用を辞退……三五五
二三二　文政七年十月十六日　将軍日光社参延期の報知……三五六
二三三　文政七年十一月朔日　居宅前水汲場繕普請につき足場設置願……三五七
二三四　文政七年十月二十九日　居宅浜先井戸屋形下に縊死人……三五七
二三五　文政七年十一月五日　大坂瓦屋橋西詰火災……三五九
二三六　文政七年十一月二十五日　居宅前水汲場普請出来につき足場取払い……三六〇
二三七　文政七年十一月　友聞別子銅山見分につき山神宮へ灯籠奉納……三六〇
二三八　予州別家田右衛門拝借銀の引当……三六一
二三九　文政七年十二月十七日〜二十六日　捨子を養子に遣す……三六三
二四〇　文政七年十月　末家義助出店転宅・商売替届……三六七
二四一　文政七年十一月　別家丈右衛門悴召抱え願……三六八
二四二　文政七年十一月　末家連蔵預金払戻し願……三六九
二四三　文政七年十二月　末家次兵衛預金払戻し願……三六九
二四四　文政七年十二月　手代勘七妻離縁願……三七〇
二四五　文政八年正月十九日　上林六郎妹縁組……三七一
二四六　文政八年正月　末家太兵衛妻帯願……三七一

年々諸用留

十二番

（表紙）

丙 文化十三年

年々諸用留

拾弐番

子正月吉日

（縦 32cm, 横 22cm）

文化十三歳

丙子八月ヨリ

同十五年改元　文政

住友吉次郎

一　一橋家貸付金の取扱いを断る

文化十三子八月四日

右之者、明五日申談御用之儀御座候間、可被罷出候

川口

御役所

右之通申来候ニ付、今五日吉次郎病気ニ付勇右衛門出勤仕候処、最早先方江津田休兵衛殿代惣七、今堀長吉郎殿代善兵衛被待合候ニ付、大玄関ゟ御座鋪へ御通シ、御代官矢嶋与一右衛門様御出浮、

二万両の貸付で、利息は年一割

被仰渡者、此度従江戸表被申越候金子弐万両、其方三軒へ御預被成度、尤歩合之儀者年一割と御定メ、内五厘かたハ世話代ニ被遣、残九分五厘ヲ以右金高利倍御頼被成度、併組合ニ而者如何敷可思歟、又ハ金高多候ニ付不勝手と申歟、其所者其家々ニ而相談も可有之儀ニ付、銘々引取、主人共へ申談、相縮之処申来候様、乍去被仰越候者、三軒之儀ニ付談合方も有之、何事も決定之上早々返答申出候様被仰付、帰足之上、右之趣申入候所何分ニも六ツケ鋪、御金殊ニ者息物も高候

二万両は大金で、利息も高いので断りたい

ニ付、先平ニ御断可申上方尤ニ評儀相縮、然処当月七日近休店治兵衛殿ゟ相談之儀申来、仍之出会候処、今堀店善兵衛殿出勤、何れも此度之儀者御断可申上様申儀ニ付、八日　御役所へ申出候所、然者申渡候所を委書出、続而断之趣能々相分候様認候段被仰付、其後於近休断之書面相認、御代官様御内見ニ入候処、御先方ゟも段々御加筆被下、御渡之節今一応一統談見候様被仰付候ニ付、又々十五日右三人之者寄合再談仕候へ共、何分ニも前之評儀之通ニ付、愈十八日ニ書面ヲ以相断申上候処、其文言之内不用之処有之、切除、三軒実印を相居、廿一日相収候所、御先方まづ御取請有之、則其書面左ニ

乍恐以書付奉申上候

一去ル五日私共被為成　御召、今般従御江戸表金弐万両私共三人江奉預、為冥加年壱割宛之利分年々差出、内五厘者為諸入用被下置、残九分五厘之分、年々元利利倍御積金之積取計可申哉之段、御内意之趣委細被　仰渡奉畏、誠ニ以冥加相叶候奉蒙　御意、難有仕合奉存候、依之私共打寄種々相談仕候処、全五厘方被下置候　御趣意難有奉存候得共、兎角当時柄ニ而者私共利倍之取扱不融通ニ而、中々御趣意通之儀御請難申上、無拠御断奉申上候

一前段之通当月八日奉申上候処、若多分之御金高ニ付御請難相成儀ニも御座候ハヽ、何程位之金高ニ候ハヽ御請可仕哉、且又利足高利ニも相心得候ハヽ、利安之所何程位之利息ニ候ハヽ御請も可仕哉、畢竟私共御用向無滞相勤候儀ニ付、江戸表ニ而御評儀之上、御内意も御座候間、御奉公筋と相心得、格別出情仕、如何様ニも御趣意相立候之様評儀勘弁仕、万一差支候子細も御座候ハヽ、其段有体可奉申上旨、精々被　仰渡候間、猶又再応打寄相談、為御冥加之何卒御趣意相立候様、且又御益筋等之儀相働、格別出情可仕存心ニ付、種々評儀勘弁も仕候得共、何分貸附可申〆外可仕様無之と奉存候、尤御大金之御儀ニ付御大名様方へ御貸上可仕哉共相考候へ共、乍恐当時諸家様共一体御六ケ敷折柄ニ御座候得共、上納被為　仰付候節、過急ニ元利御下ケ之所如何可有御座哉、是等之所甚不安心成御儀奉存候、扨又市中家質取貸附候へ共、非常之儀有之、是以不慥成儀ニ奉存候、折角被為　仰出候御趣意相振候様、御聞上之程も奉恐入候得共、右奉申上候次第ニ御座候間、何卒宜被為　聞召訳、此度之御儀者御赦免被為　成下候様、御仁恵之程重々奉願上候、以上

八月

今堀長吉郎印
住友吉次郎印
津田休兵衛印

矢嶋与一右衛門様

二　新居浜米問屋の銀子取逃につき手代処分

予州新居浜御米問屋出入藤屋七左衛門儀、先代〆実躰ニ致取引来候処、近来身上不如意、他借夥

藤屋が手代を欺き大銀を借用

敷、必至困究ニ迫り、去亥年於新居浜役所計略を以勘定役芳兵衛を欺、大銀を借請、其上銀札両替銀子取逃候儀有之、旁以銅山支配人田右衛門、元〆新居浜才右衛門彼是心配、親類之者江引合、幼少之悴相談為致、相応之年賦ニ仕訳付有之処、仰山ニ風説相聞候間、大坂重役之者へも無沙汰、不行届之条、一通り呵申遣候付、左之通書付為登候事、尤芳兵衛事、重役へも不断、一了簡を以大銀借渡候義不埒ニ付、役下申付有之趣候得共、此度宥免致シ遣候事

乍恐御受奉申上候

新居浜藤屋七左衛門一件ニ付而者、紛敷風説も有之候様達　御聞、勘定御改之砌、御調子被為仰付候処、無実之風説而已ニ御聞召被為遊、乍然右一件大坂江も御届可申上筋、無其儀者不速（束）ニ被為　思召候得共、従幼年無過失相勤候ニ付、御沙汰無御座候段、以　御書付被為　仰出奉恐入候

右之趣被　仰渡、謹而奉畏候、誠御太切之御役儀乍相蒙居、不速之段奉恐懼候、然ル処格別之以　御尊慮、結構御憐愍被為　仰付、冥加至極難有仕合奉存候、仍之乍恐以書付御請奉申上候、以上

子八月　　田右衛門印

乍恐御請奉申上候

新居浜従役所藤屋七左衛門江取替筋之儀、不宜風説有之候様達御聞、勘定御改之砌、御調被為仰付候処、趣意分明、疑敷義者一切無之義ニ者御座候得共、不少銀子相任、幷下役之者同様之義有之ハ、全私落度ニ御座候処、平日無過失出情可仕哉ニ被為　思召、此度之義者御沙汰無御座候

段、以御書付被為　仰出、重々奉恐入候
右之趣被　仰渡、誠御慈非(悲)之程如何計冥加至極難有仕合奉存候、尤向後之処決而卒爾之義無御座
候様、急度相慎可申候、依之乍恐御請奉申上候、以上
八月十三日
才右衛門印

三　松山藩より命ぜられる調達銀を断る願書

松山太守が日光名代を勤める

別子銅山は老山のため苦況

子年八月松山御屋鋪ゟ銀子調達之儀御頼ニ付差出候書付之覚

乍憚口上之覚

先達而　太守様日光　御名代御勤被為蒙　仰、御入用銀多御座候ニ付、此節銀子調達之儀出情仕候様被　仰付奉畏候、然処私相稼罷在候銅山方歩附不宜、炭木高直、其外従　御公儀拝借銀返納相廻り、彼是ニ而内間操合不宜候ニ付、其旨を以此度之儀者御容捨被為成下度申上候処、猶又御入割被為仰聞、誠以奉恐入候御儀奉存候、近年私義御扶持方被為下置、猶又当夏御加増を以御扶助米百五拾俵之高ニ被為　成下、名代仁右衛門義御扶持方御加増、其外甚次郎名代勇右衛門御目録増等も被仰付候儀者不及申伸、旧来銅山方之義ニ付而者、奉蒙　御恩恵、去ル天明年中上納銀差支候節御立替も被為成下、種々御庇を以家業相続仕候儀、少シも忘却不仕、是迄乍少分御用之端をも相勤候義ニ付、此度之御用も相勤申度本意ニ者御座候得共、此間中奉申上候通、別子銅山百三拾年之老山ニ而鉑石性合相劣、六七ケ年以前迄者乍相劣もケ成御座候処、去ル戌年歩付俄相減、猶又吹入用炭、鋪入用留木等も御林山者伐尽、当時土州御領ニ而仕成候ニ付、運送賃莫太相懸り、炭拾貫目ニ付四五匁ニ而間渡可申処七八匁ニ相当り、右諸積ニ而壱ケ年銀四百貫目程之償銀相立

候ニ付、御公辺江御救之儀奉願上度候得共、近年紅毛船渡来不仕、長崎方御益も相減候上、是迄度々結構拝借銀被為　仰付候儀ニ付、申立候儀も奉恐入、先可成丈ケ自力を以取続仕度、不夫而已是迄従　御公儀拝借銀之高凡千貫目ニ及御座候処、年限相廻り年々百貫目程ツ、返上納仕候儀ニ而、実々操合不宜故、御断奉申上候儀ニ御座候、先達而　御屋鋪様銀主方御仕法御改正ニ付、此度之儀御断申上候なと〻被為思召候而者誠以迷惑至極奉存候、将又甚次郎義者理兵衛儀身上不如意逼塞仕、断絶ニも可及歎敷候ニ付、甚次郎を以家名相続仕候而已ニ而、譲請候身上も無之、悉皆吉次郎ゟ世話仕候儀ニ付、吉次郎操合不宜候得共、甚次郎も是ニ随候儀ニ御座候、前書之趣被為　聞召分、此度之御用之儀私共両人とも御容捨を以御除キ被為成下候様奉願上候、御用相勤候儀者此度ニ不限永年相勤申度志願ニ御座候間、追而操合立直り候節者奉願候而成とも相勤候様仕度心得ニ御座候、此段御恕察被成下候様奉希上候、以上

銀主方への返済仕法改正が理由で断るのではない

八月　　泉屋甚次郎印

住友吉次郎印

松山御屋鋪

御役人中様

再度の要請により出銀

右書付差出候処、其后色々御入割を以御頼有之、無拠銀子四拾貫目吉次郎名前を以出銀致候ニ付、此書付御戻ニ相成候事

四　瑕金・軽目金の取扱いにつき代官所より指示

子九月五日辻甚太郎様御役所江御呼寄被仰渡候趣左之通

御年貢其外都而各支配所村々ゟ取立候諸納金之儀、五分ゟ内之瑕金、四厘已下之軽目金、金百両ニ付凡三拾両程迄者取交相納メ不苦、尤後藤役所ニ而も右程之瑕軽目取交包方いたし候儀差支無之候、然処上納金之儀ニ付大切ニ心得候ゟ之事ニ可有之哉ニ候得共、聊之軽目ニ而も上納金江取交候義者不相成義と村々之もの共心得候哉、是迄聊之瑕軽目分も不相納由ニ相聞候、右之故ニも候哉、相互之取遣ニも聊之瑕軽目をも嫌ひ候様相成、世上通用之差支之始とも可相成儀、不可然事ニ候、右之通ニ候得者、各納金ニ瑕軽目者有之間敷筈之処、金百両ニ付凡三分程宛者瑕軽目も取交有之者不審之事ニ候、自今已後村々納金百両已下之分も百両ニ付瑕軽目三分程者取交不苦積之割合、支配所村々之もの共江得と申諭置、掛屋へも厳重ニ申渡、手附手代共江も能々可被申渡置候、右之通申渡置候而も、此已後も村々ゟ者無瑕幷軽目ニ無之分計取立、上納包之方ニ者是迄之通御定之已下之瑕軽目取交納有之ニおゐてハ急度其沙汰あるへく条、等閑之義無之様可被心得候

年貢などには三割位は瑕金・軽目金が交じっていても構わない

子閏八月

右之通被　仰渡候趣奉畏候、以上

子九月五日　　住友吉次郎

辻甚太郎様

御役所

五　南本町一丁目掛屋敷家守交代

南本町壱丁目家守高橋屋善八江去文化七午年申付候所、子八月死去致候ニ付、同人孫広嶋屋平蔵

へ申付ル、出銀左ニ

覚

一銀弐拾五匁八分　顔見セ銀
一同六匁四分五リ　御年寄へ
一同四匁五分　丁代へ
一同三匁　下役へ
一同六匁　髪結両人
一同弐匁　水帳方惣代へ
一同壱匁五分　同断若キ者へ
一銭（付箋）　垣外番人へ

（付箋）「豊嶋屋治七ゟ高橋屋へ申付候節ハ三百文遣し有之此度ハ不申出候、見合可申候」

〆

右子十一月十八日差遣ス、張紙翌十九日無滞相済

一札

一其御町内我等名前之掛屋鋪壱ケ所所持仕、則高橋屋善八と申者家守支配人相勤罷在候所、右善八儀死去仕候ニ付、跡家守御丁内広嶋屋平蔵と申者ニ為相勤申候、右平蔵儀御町内御作法万事為相背申間鋪候、諸事一統相談之儀ニ付決而一存為申間敷候、自然御丁内差支之儀出来候ハ、

早速退セ、御丁内御差図次第ニ可仕候、為後日一札仍而如件

文化十三子年十一月

住友吉次郎印

家守
広嶋屋平蔵印

年寄（アキママ）

家守請状

家守請状之事

一南本町壱町目御抱屋鋪家守高橋屋善八相勤来候処病死仕候ニ付、則跡代り広嶋屋平蔵へ被　仰付承知仕、依之我等諸事請負ニ相立置申候処実正也、則同人寺請状町内へ相納置申候事

一従　御公儀様被為　仰出候御法度之儀者不及申、御触書之趣者度毎借屋中へ不洩様申渡、大切ニ為相守可申事

一家貸附之節者、先々身元相糺、慥成者へ貸附可申、勿論家賃之儀者毎月晦日限取集メ、其時々相渡可申候事

一町内家売買之節歩一銀之儀、其時々無相違差入可申事

一其元殿御勝手ニ付家代御仕替被成候節も無違背退役為致可申候、幷同人住居之家是又御入用之節御座候ハヽ、平蔵家内不残我等方へ引取、早速為明ケ可申候、其節ニ至聊申分無之候、右之外如何様之六ケ鋪儀出来仕候共、我等何方迄も罷出、致訳立、其元殿へ少シも掛御難儀申間敷候、為後日請状仍而如件

文化十三子年
十一月十九日

家守
広嶋屋平蔵

請人（アキママ）

住友吉次郎殿

文化十三子年十一月十九日暮半頃、本宅入口東手ニ当才之男子幼名政吉と書記有之ニ付、早速町内へ立合申遣、藤七口入ヲ以昼夜弐百文ツヽニ而為預候事、御役所へハ明六ツ時之旨ヲ以相済候事

乍恐口上

茂左衛門町
住友吉次郎
病気ニ付
代清兵衛

六 捨子を養子に遣す

一私居宅前軒下ニ当月廿日朝六ツ時頃、当才と相見へ申候男子捨置有之候間、早速拾ひ入養育仕置、御断奉申上候処、追而貰人有之候ハヽ、御断可奉申上候様被為仰付奉畏候、然ル所此度捨子、松平右京太夫様御役地摂州東成郡大今里村百性長右衛門請人ニ相立、同村文右衛門養子ニ貰請申度申之候間相糺候処、当年九才併(幷)ニ五才之女子弐人有之、女房いよ義当月二日出産致候所、同七日相果候間乳沢山ニ有之、右乳ヲ以養育仕度申ニ付、右捨子右文右衛門方へ差遣し申度奉存候間、乍恐御断奉申上候、何卒此段御聞済被為　成下候ハヽ、難有奉存候、以上

但、右捨子文右衛門方へ差遣し候儀、村方へ引合候処村役人承知ニ御座候

代清兵衛

文化十三子年十一月廿八日

月行事
泉屋
勇右衛門

御奉行様
右奉願上候通相違無御座候、右捨子私へ被為下置候ハヽ、末々麁抹無之様養育仕、末々五才ニ相成候きくと妻合申度、何卒御聞済被為　成下候ハヽ、難有奉存候、以上

松平右京太夫様御役地
摂州東成郡大今里村
貰人
百性文右衛門
同村
受人
長右衛門
庄屋
金右衛門

東
御奉行様

田中幸之助様掛り也

一札之事

一長堀茂左衛門町住友吉次郎居宅前軒下ニ当月廿日朝六ツ時頃、当才と相見へ申候男子捨置有之、早速ニ其段御断被成、御町内ニ御養育被成候処、此度我等同村百性文右衛門と申者、当月二日出産之女子有之候処、同七日相果、依之乳も沢山ニ有之候ニ付、右捨子養子ニ貰請度奉存候、尤外ニ九才幷ニ五才之女子弐人有之、此外ニ悴とも無御座候、依之東　御番所様江御願被下御聞済之上、養育料として銀弐百目幷着物料として別段御心添被下、慥ニ受取、我等請負相立候処実正也、然ル上者右貰請候男子末々麁抹無之様養育為致可申候、尤右之外ニ実子無之、自然不縁ニ付差戻し候ハヽ、右養育料幷着物料共相添差戻し可申候、且又文右衛門身上不如意ニ成候共、御町内幷ニ吉次郎殿へ対シ無心合力ケ間鋪義一切為申間敷候、勿論右男子病気等差発候迚、

是又無心ケ間鋪義為申間鋪候、万一何角と申族有之候ハヽ、私共いつ方迄も罷出、急度埒明可申候、猶又自然男子病死等仕候ハヽ、早速御町内江相届ケ候間、御立会被下御届可被下候、為後日請負一札仍而如件

但、着物料弐貫文

文化十三子年
十一月廿九日

請人
百性長右衛門

貰人
同　文右衛門

前書之通承知仕候、仍而奥印仕候

庄屋
金右衛門

年寄
泉屋理右衛門殿

住友吉次郎殿

（朱書）
「丑五月廿日
一銭弐貫文　合力

但、段々親病気之趣ヲ以合力四五度も相願出ニ付、会所ゟ断申出ニ付、藤七へ遣させ候、證文取置候」

右捨子一件入用諸入用左ニ

覚

一弐百四拾目　養育料　弐百目一　四拾目一

一拾八匁弐分　衣類料弐貫文

一拾八匁弐分　捨子十日預ケ賃
昼夜弐百文ツヽ〆弐貫文也

一拾六匁四分　　藤七へ心附金百疋
一拾三匁七分　　捨子着物三ツ代壱〆五百文
〆三百六匁五分
一　又下宿払左ニ（アキママ）
　　　　　下宿払
〆

七　伏見稲荷末社造営につき寄進

伏見稲荷之末社寄進
神主大西某之連名ニ而申来候者、当家祈禱所小祠及大破候ニ付致造営度、去宝暦七年之例ヲ以寄附之儀旧冬ゟ頼来有之、当時倹約中之事ニ候得共、旧例難黙止、彼方ゟ積書之表金子三両此度致寄進候事
　文化十四丁丑年三月五日

八　友紀死去につき松山藩の扶持を返上

乍恐口上　西ノ内認
一私祖父吉左衛門江去辰年ゟ格別之思召ヲ以不存寄拾人御扶持方被下置、冥加至極難有仕合奉存候、然ル処去子十二月病死仕候ニ付、右御扶持之義向後御断奉申上候、誠ニ長々奉崇御高恩難有仕合奉存候、此段以書付御断奉申上候、以上
　丑三月十五日　　　　　住友吉次郎
　　　　　　　　　　　　　　実印

飯塚庄太夫様

住友吉次郎
病気ニ付代
源右衛門

九　居宅炭蔵修復につき囲設置願

乍恐口上

一長堀安綿橋南詰私居宅前東手浜地之内、桁行八間、梁行弐間之納家蔵、御用銅吹立炭入置候処、此節屋根破損仕候ニ付、繕普請仕度、普請之間右足場莚囲等仕度奉存候、尤往来之通船之妨ニ不相成様可仕候、御聞届被為成下候ハヽ、難有仕合奉存候、乍恐此段奉願上候、以上

文化十四丑年三月廿日　源右衛門印

御奉行様

一〇　京都掛屋敷名前切替

京都諸掛屋敷、友紀公御逝去ニ付、当丑三月下旬当主友聞江譲請、名前切替、親類代甚次郎代判連蔵名代兼為差登候事

住友吉次郎
死後譲請主
悴　万太郎
親類代悴別家
泉屋甚次郎
代判　連蔵

親類代代判は不可

右之通諸町江致披露候処、親類代代判ニ而者代之代にて不相成候趣町代差図ニ依、甚次郎と計

苗字改の出銀につき梅宮町と争論

認、連蔵之印を用ひ相済候事、尤粟田御領者親類代不用相済

一白川梅宮町出銀、買得同様過分之上、苗字改ニ付又別段七百目計差出候様目録被渡候得共、不道理之事ニ存候間、段々及争論候而、断申入候得共不聞入、余心外之事ニ候間、北村久左衛門江談、御役人方江内々歎入置、一旦家号ニ而為済可申積認、廿二日御殿江差出候所、御役人方町人共之不法御慍御内意も有之候哉、終ニ苗字ニ改、夫ニ付一銭目も出銀不致、其上一通之出銀之内五百目相減候様ニ成行、廿五日無滞相済候事、可謂快也

但、当日丁人中出会、於白川応対之間酒宴催、肴海山取交七種、吸物三ツ、一汁五菜之料理、出入近儀江申付調候事

沽券状三通　三棟分

死後譲状三通

御年貢請證三通

丁内江死後譲状三通

苗字名乗願壱通

文化十四丁丑年三月

持主 住友吉次郎 印

死後譲受主 悴 万太郎

友聞 裏印

年寄 弥助 印

組 新八 印

同
庄兵衛印
同
惣七印
小西伝右衛門印
西村理右衛門印
出府ニ付落ヒ印
右者地方御役人

御代官
伊丹大和介様
梅嶋左馬大允様

右之通ニ而三月廿五日相済、暮早々御役人方江銀弐目之通之外弐百疋ツヽ、先年之例年寄案内ニ而連蔵相廻る

此度苗字ニ改、其上出銀之内五百目致減少候儀者、全御役人ゟ御内胬有之候事故、丁内一件十分勝ニ相成候而、諸事此方願通相済候ニ付、御役人方へ為挨拶金三百疋ツヽ、翌廿六日相廻候、名札左之通

此度苗字相名乗候儀、
奉願上候処御聞済被成下
難有仕合奉存候、右御礼
奉申上候、已上
住友吉次郎
代　高橋連蔵

右之外伊丹様・小西様両家江者内々申入候儀有之ニ付、別段琥珀袴地一具ツヽ、相贈候事

役人への付け届けを断られる

廿九日北村久左衛門を小西氏ゟ呼ニ参、右三百疋ツヽ贈候分御返脚(却)有之、仰ニ者、此度丁役人共ゟ格別過分之入用申出、夫さへも気之毒ニ存候所、入念預御挨拶忝奉存候得共、是者可受義ニあらす、宜断可申入旨被仰聞候、北村氏被申候者、全苗字ニ相改候計ニ而も無之、此度之一件住友家心外ニ存候事共、依御影内願之通十分ニ調候儀難有歎服之余り表寸志候儀ニ御座候間、

友紀に対しては青蓮院宮よりも厚く思し召される

御受納被下候ハヽ、可相悦候段色々致演舌候得共、何分断可申入候、右吉左衛門殿事者宮ニも厚被為思召、御目見以上格ニ可被仰付御内意も有之候、猶不慮御死去ニて宮ニも残念ニ思召、御憂を被催候、御境内外丁人ニ者古来ゟ有功之者も有之候得共、御目見とてハ一向無之事、於吉左衛門殿者不審ニ厚被思召候、其続之吉次郎殿御上京之節御機嫌伺ニも被上候ハヽ、其節御目見ニ而も出来間敷ものニ而も無之、左様之時ニ者目出度御挨拶も請可申事有之候間、先此度之儀者宜敷断可被申入と而御帰し有之候事

堀池町にての譲り状作成手続に不備

一御境内堀池町廿三日御割印願出置候処、廿四日夜同所家代山形屋久左衛門入来、地方西村氏ゟ呼ニ参候者、当丁古沽券先年焼失之断有之候所、此度新古両通被差出候儀如何哉、猶亦梅宮町ニ者悴吉次郎と有之、当丁ニ者孫と記有之者如何、彼是不都合千万、御上を軽しめたる致し方、泉屋とて表立候時者御用捨無之、主人者手錠、丁役人者咎可被申付定法也、如何相心得被居候哉、明朝久八可被罷出と被申聞候由

右之通不都合被申聞、一向不心付奉恐入候儀也、明朝久八差出、御断申上候者、此度為名代登り候連蔵江此両儀御断可奉申上旨主人ゟ申聞有之候所、此節諸掛屋敷名前切替一度ニ相成、彼是引合昆(混)雑取紛中ニ而、右御断可申上儀失念仕、何共不都合千万奉恐入候、幾重ニも御内々為

御済被成下候様奉願上候段相含罷出候、則書役和田氏へ申入、左之通断書認貰、無事ニ相済候事

乍恐御断書

一当町泉屋吉左衛門所持家屋敷壱ヶ所、去ル文化五年辰八月吉左衛門死後孫吉次郎江譲替申度段御願申上、譲状ニ　御割印頂戴仕居候所、其後右孫吉次郎儀吉左衛門養子ニ相成、家督相続罷在候ニ付、此度右家屋敷譲請候ニ付而者、悴吉次郎譲受候趣書認差上候得共、孫・悴とも同人体之義ニ御座候而、紛敷儀毛頭無御座候、町中立会吟味仕候処、相違無御座候ニ付、乍恐此段御断奉申上候、御聞済被成下候ハヽ、難有仕合可奉存候、以上

文化十四年丑三月

御境内堀池町
惣代次兵衛
同　吉兵衛
住友吉次郎

伊丹大和介様
梅嶋左馬大允様

苗字名乗候ニ付届左之通

乍恐奉願口上書　梅宮町も同断也

一御境内堀池町ニ家屋敷壱ヶ所、父泉屋吉左衛門所持仕来候処病死仕、此度私譲受候ニ付、御改印奉願候、然ル処是迄父吉左衛門義家号ニ而所持仕来候処、当時私儀者　御公儀表ニ而も苗字相名乗候ニ付、何卒右家屋敷名前苗字相名乗申度奉存候ニ付、以書付奉願上候、乍恐此段御

聞済被成下候ハヽ、難有可奉存候、已上

文化十四年丑三月

御境内堀池町
住友吉次郎
惣代次兵衛
同　吉兵衛

伊丹大和介様
梅嶋左馬大允様

乍恐奉願口上書

天明八年正月大火

一御境内堀池町ニ表口三拾間、裏行東拾壱間弐尺六寸 西九間、裏幅弐拾九間壱尺三寸、地面入組有之、壱ケ所、父吉左衛門所持仕来候処、右家屋敷沽券状衣棚姉小路上ル町私別家泉屋平助方江預置候所、天明八申正月大火之節相見え不申故、焼失仕候趣を以同年五月新沽券状御下ケ被成下候様奉願、御聞済被成下、新沽券状御下ケ被成下難有頂戴仕所持仕来候、然ル所父吉左衛門病死仕候ニ付、此度私江譲請候間、沽券状其外證文等入置候箱類吟味仕候所、下地所持仕候沽券状罷出驚奉恐入候、尤火災之節迄者平助方江預置候儀相違も無御座候ニ付、彼方ニ而焼失仕候而已相心得、新沽券状御願申上候儀ニ御座候得共、平助方江者外品ともも預置候儀も有之候得者、火災之砌平助方ゟ大切之品ニ存、外品ニ入交差返し候儀と存候得共、双方混雑之事故、其儀忘却仕候、焼失いたし候と計心得居候儀哉ニ奉存候、全虚言を申上、二重ニ沽券状奉願候儀ニ而ハ毛頭無御座候、且又是迄ニも見当り候ハヽ、早速其段御届可申上候得共一切心付不申、不束之段無調法奉恐入候、依而天明八年申五月御改沽券状奉返上候間、何卒御憐愍を以下地ゟ持来候

沽券状ニ今度譲受一札御継立被成下候ハヽ、御慈悲と如何計難有仕合可奉存候、以上

文化十四年丑三月　御境内堀池町
住友吉次郎
惣代次兵衛
同　吉兵衛

伊丹大和介様
梅嶋左馬大允様

右之外　御割印願書壱通
御年貢請證壱通
死後譲状壱通
町内江一札壱通

一木屋町上大坂町切替、苗字ニ改書出候処、苗字之者丁内ニ不置、町之掟之由ニ而、何卒致家号置呉候様被申、再三是悲(非)苗字ニ改度申入候ニ付、度々寄合致評儀被呉候得共、不承知之者有之趣、断ニて埒明不申、彼此押合ニ而者廿四日之御用日之間ニ合不申、且印形も久敷難留置、致思慮候儘、家号ニ而可致切替候段連蔵ゟ申越候得共、心外之事ニ存候儘、是非相改候様態人を以申遣候へ共、已切替済候而相後候得共、猶々度々掛合幾重ニも評義有之候へ共、彼是差支候儀町内ニ有之趣ニ而聞入不申、及公事候迚も難聞入程ニ固守居候而承引無之ニ付、掛屋敷持候事丁内と結遺恨候事も不好候故、先此度者家号ニ而為済、追而折ヲ以甚次郎名前ニ而も切替可申積也
（付　箋）
上大坂町より苗字切替を拒否される
折りを見て甚次郎名前に切り替える積り

「（付箋）譲状　壱通
同写　壱通　御奉行所江
同写　壱通　丁代江
親類断壱通
年寄津国屋惣助
組　河内屋久四郎
同　越後屋善吉
〆」

上柳町
一仏光寺上柳町
一札
御町内家屋敷壱ケ所、文化五年辰八月祖父吉左衛門ゟ死後譲請、家屋敷所持罷在候所、此度住友吉次郎と名前相改度、御町へ申出候処、御差支も無之忝存候、然ル上者是迄泉屋吉左衛門名前ニて持伝之通、諸事町法相守可申候、尤御公用者勿論、町用出銭等無相違承知仕候、右家屋敷普請等致候ハヽ、隣家幷御町分差支ニ相成候普請不仕、前以建姿及御相談、御心得之上取建可申候、其外丁内差支ニ相成候義致間敷候、万一違背之儀在之候ハヽ、御町法之通被成候共急度承知仕候、此已後名前替等之節者早速御案内可申候、為後日依而一札如件
住友吉次郎
代　久八

文化十四年丑三月

親類惣代
泉屋甚次郎
代　連蔵

五条坊門通上柳町
年寄平兵衛殿
御町中
参

御断書

一当町住友吉次郎所持家屋敷壱ヶ所、吉次郎死後者悴万太郎江相譲可申旨譲状町内江差出候ニ付、御断奉申上候、已上

文化十四年丑三月廿四日

仏光寺通上柳町
年寄平兵衛
五人組太兵衛
譲主
住友吉次郎

御奉行様

譲状之事

一当町我等所持家屋敷壱ヶ所、我等死後者悴万太郎江相譲候処実正也、然ル上者右家屋敷ニ付親類縁者其外他所ゟ違乱妨申者毛頭無御座候、為後日譲状依而如件

文化十四年丑三月廿四日

仏光寺通上柳町
譲主
住友吉次郎

年寄平兵衛殿
五人組町中

乍恐口上

一当町住友吉次郎所持家屋敷壱ヶ所、吉次郎死後者悴万太郎江相譲候ニ付、吉次郎本人罷出譲状
ニ　御割印可奉願処、吉次郎儀此節風邪ニ而相臥罷在候ニ付、猶更町役ゟ入念相糺候処、親類
一統聊申分無御座候、仍之吉次郎従弟泉屋甚次郎儀親類為惣代罷出、　御割印奉願候、御慈非（悲）
ニ右之趣御聞届被成下候ハヽ、難有可奉存候、已上

文化十四年丑三月廿四日　仏光寺通上柳町

年寄平兵衛
五人組太兵衛
譲主 住友吉次郎
煩ニ付親類惣代従弟 泉屋甚次郎

御奉行様

孫橋町

一孫橋町

譲状之事

一家屋敷壱ヶ所

右者当町我等所持家屋敷、我等死後者悴万太郎江相譲申処実正也、然ル上者右家屋敷ニ付親類縁

者其外他所ゟ違乱妨申者毛頭無御座候、為後日譲状依而如件

文化十四年丑三月廿四日

譲主 住友吉次郎

加茂川筋東堤南孫橋町

年寄三右衛門殿

町　中

此分弐通
一当町住友吉次郎所持家屋敷壱ケ所、死後者悴万太郎江相譲申候間、此度町中江譲状差出候ニ付、乍恐御断奉申上候、以上

文化十四年丑三月廿四日

加茂川筋東堤南孫橋町

年寄三右衛門

五人組治郎兵衛

譲主 住友吉次郎

煩ニ付 代久八

親類惣代悴 泉屋甚次郎

乍恐口上書

一当町住友吉次郎所持家屋敷壱ケ所、死後者悴万太郎江相譲申候ニ付、本人罷出譲状ニ　御割印可奉願処、吉次郎儀此節時気ニ中り不相勝難罷出候ニ付、町分ゟ猶更入念相糺候処相違無御座候、親類一同何之申分無御座候間、則親類為惣代吉次郎悴泉屋甚次郎罷出、譲状ニ御割印奉願候、何卒右之趣御聞届被成下候ハヽ、難有可奉存候、以上

加茂川筋東堤南孫橋町
年寄三右衛門
五人組次郎兵衛
譲主
住友吉次郎
煩ニ付代久八
親類惣代悴
泉屋甚次郎

文化十四年丑三月廿四日

御断書

一当町住友吉次郎所持家屋敷壱ヶ所、死後者悴万太郎江相譲候旨、町中江譲状差出候ニ付、御断奉申上候、尤右家屋敷者泉屋吉左衛門所持仕、死後者孫吉次郎へ相譲可申旨、同五年辰八月五日譲状ニ　御割印奉願、是迄所持仕、先月右吉左衛門病死仕候故、則吉次郎所持名前ニ相成、此度始而死後譲書面之通相違無御座候、尤右ニ付親類縁者其外他所より違乱出入差構毛頭無御座候、則町分ゟも得と（以下脱）

文化十四年丑三月廿四日
年寄三右衛門
五人組次郎兵衛
譲主
住友吉次郎
病気ニ付代久八
親類惣代悴
泉屋甚次郎

荻野七郎左衛門殿

諸入用

文化十四丑年三月
京都抱屋敷五ヶ所
友紀公御逝去被為遊、友聞公江御名前譲り受諸入用扣左ニ

梅宮町

粟田領梅宮町
御代官 伊丹大和介様　地方 西村理右衛門殿
一銀壱枚宛四包
同 梅嶋左馬大允様　同 小西伝右衛門殿
一金弐百疋宛四包　右四軒へ御肴料
一銀弐拾枚　顔見世料
一同　拾枚　町分振舞料
一金五百疋　年寄へ祝儀
一銀壱枚宛三包　組役三人江祝儀
一金百疋　当日行司江祝儀
一銀七枚　筆料和田江
一金百疋　右同人江祝儀
一銀五両　町用人江
一同五両　村用人江
一銀五枚　家代名代顔見世料

一同四匁五分
〆銀壱貫九百弐拾六匁六分
金三両三歩
代弐百四拾四匁五分
合弐貫百七拾壱匁壱分
内五百目　町中ゟ返却
残壱貫六百七拾壱匁壱分
右之外ニ
一銀壱枚

上柳町

仏光寺通上柳町
一金弐両
但、先年死後譲受人
替候節者諸事入用
金五百疋ニ而仕切有之候
得共、此度者本人へ譲
受之義ニ付如高送

紙諸入用色々

是迄家号ニ御座候所此度
苗字ニ相改候ニ付為祝儀差出、
尤此方心得を以贈ル

御番所へ罷出相済候上ニ而
何方ニ而成共、御酒并膳等迄
出候料
但、料物町内ニ定無之候得共、
家柄相応ニ可差出事、
町中ニ当時人数先年ゟ
相増候ニ付、其含ニ而差出
呉候様被申候故、如高差出、
尤町中ニ式目者無之

〆
右之外ニ
一銀壱枚　是迄家号ニ御座候処、此度
苗字ニ相改候ニ付、為祝儀差出、
尤此方心得を以贈ル

〆
外ニ
一南鐐壱片　家代越前屋重兵衛彼此
相働候ニ付為祝儀遣ス

〆
堀池町
粟田領堀池町

御代官 伊丹大和介様　地方 西村理右衛門殿
一銀五両宛
同 梅嶋左馬大允様　同 小西伝右衛門殿
一同拾五匁　筆耕 和田へ
一同弐匁宛　歩行両人江
一同弐枚　町内振舞料
一同五両ツヽ　町役両人江
〆

一金弐歩
当日盃入用
町中へ御酒出候筈ニ
御座候所料ニ而差出ス

右之外ニ
一金壱歩
筆耕和田へ遣ス
但、認物数々書直し等
有之、猶　御殿表
彼是取計働呉られ
候ニ付心付

〆

一鳥目弐百文
番人八兵衛江
祝儀

〆

右之外
一銀五両
是迄家号ニ御座候所、此度
苗字ニ相改候ニ付、為祝儀差出
但、堀池町者丁内人数無少
ニ付、外町ゟハ減し、如高也
尤此方心得を以贈ル

〆

南孫橋町
加茂川筋南孫橋町

一金壱両　家督祝儀
　但、壱軒役ニ付金百疋ツヽ、
　　四軒役分
一銀三両　年寄へ酒八升
　但、壱軒役ニ付
　　弐升樽之定
一同八両　顔見せ祝儀
　但、養子家督之節者壱軒役ニ
　　銀弐両ツヽ、
一同弐枚　養子祝儀
　但、壱軒役ニ銀五両ツヽ、
一同弐枚　婚礼祝儀
　但、壱軒役ニ付銀五両ツヽ、
一同三枚　家督振舞料
一鳥目五百疋　用人清兵衛江
　家督祝義
一銀五枚　婚礼振舞料
一鳥目壱貫文　用人清兵衛江
　婚礼祝義
一南鐐五片　御番所へ罷出相済候上、
　生洲へ年寄、組両人、用人、

同道致、酒飯出候代り料ニ而
差出

〆

一金百疋　御方内 荻野七郎左衛門 祝義

一銀壱両　右同人江苗字ニ相改候ニ付、御番所ニ而彼是御世話被下候故御礼

一同弐両　御方内下役 湯浅儀三郎 祝義

一同弐両　同 栗坂文吾 祝義

一同弐両　筆耕 西田弥六 祝儀筆耕共

〆

右之外ニ

一銀壱枚　是迄家号ニ御座候処、此度苗字ニ相改候ニ付為祝義差出、尤此方心得を以贈ル

〆

一 銀三両　　酒八升料、婚礼為祝儀
　　　　　　南孫橋町中ゟ到来、但、
　　　　　　壱軒役ニ付弐升宛之定、
　　　　　　四軒役分之由

〆

上大坂町

木屋町通上大坂町

一 銀弐枚　　（アキママ）

一 金弐百疋　　（アキママ）

一 銀壱両　　町代

一 同壱両　　同下代

一 同三匁　　筆料

一 壱貫百七拾六文　　酒七升代

一 弐百文　　御役所行之節
　　　　　　雇壱人

一（アキママ）　　生洲入用

銀〆弐貫七百四拾六匁六分

金〆四両三歩
　　代三百九匁七分

銭〆三貫七拾六文

代弐拾七匁六分八リ
合三貫八拾三匁九分八リ
右之外別段
一金弐歩
一同三歩
一鳥目三百文
一百四拾八匁四分
一金三百疋宛四包
此分先方ゟ段々御断ニ而返却

山形屋久左衛門彼此
掛合事相働候ニ付心付
久左衛門・平助・久八
平蔵・ゆり・子供
男両人共、御名前替ニ付
彼是心配いたし相働
候ニ付生洲入用

梅宮町番人八兵衛へ遣ス

伊丹大和介様・小西伝右衛門殿、
両家へ琥珀袴地壱ツ、
贈ル
壱具ニ付代七拾四匁弐分ツヽ、
右者内々御世話被下候故如此
御代官　伊丹大和介様　地方　西村伝(理)右衛門殿
同　梅嶋左馬大允様　同　小西伝右衛門殿

被成候故無拠請取置

右者段々御世話被下候ニ付
此方心得を以贈ル

銀〆百四拾八匁四分

金〆壱両壱歩

代八拾壱匁五分

銭〆三百文

代弐匁七分

合弐百三拾弐匁六分

一二　捨子を養子に遣す

請負一札之事

一御町内住友吉次郎殿居宅軒下ニ当月十二日当歳之女子捨有之、早速其段御断被成、御丁内之御養育被成候所、此度同村百性久左衛門と申者、当正月十一日出生之女子有之候処、翌十二日相果、仍之乳も沢山ニ有之候ニ付、右捨子養子娘貰受申度奉存候、尤外ニ三才之女子壱人有之、此外ニ悴壱人も無御座候ニ付、東　御番所様江御願被下、御聞済之上養育料として銀弐百目并着物料共、右女子ニ相添被下、慥受取、我等受負ニ相立申処実正也、然ル上者右貰受候女子末々麁末無之様養育為致可申候、尤右之外実子無之、自然右女子縁ニ付差遣し候ハヽ、右養育料并着物料共相添差遣し可申候、且又久左衛門身上不如意ニ成候共、御丁内并吉次郎殿江対し無心ケ間敷儀一切為申間敷候、勿論右女子病気等差発候迚、是又無心ケ間敷義為申間敷候、万

一何角と申族有之候ハヽ、私共何方迄も罷出、急度埒明可申候、猶又自然女子病死等仕候ハヽ、
早速御丁内へ相届候間、御立会被下御届可被下候、為後日請負一札仍而如件

文化十四丑年三月

貰人 百性 久左衛門

受人 同 惣助

庄屋 伊左衛門

前書之通承知仕候

年寄 泉屋理右衛門殿

住友吉次郎殿

○冒頭の合点は朱書にて記されている。

胎毒

乍恐口上

茂左衛門町 住友吉次郎
病気ニ付代 清兵衛

一私居宅表軒下ニ今朝六ツ時頃、当歳と相見江申候女子捨置御座候ニ付、早速捨ひ入、養育仕罷在候ニ付、乍恐此段御断奉申上候、尤右女子ニ疵所等無御座候得共、左り耳上ニ胎毒と相見へ少々はれ御座候ニ付、乍恐此段御断奉申上候、已上

文化十四丑年三月十二日

代 清兵衛

泉屋
月行司 勇右衛門

東御奉行様

○冒頭の合点は朱書にて記されている。

住友吉次郎

乍恐口上

病気ニ付代
清兵衛

一私居宅前軒下ニ当月十三（ママ）日朝六時頃、当歳と相見申候女子女子（衍）捨置有之候ニ付、早速拾ひ入、養育仕置、御断奉申上候所、追而貰人有之候ハヽ、御断奉申上候様被為　仰付、奉畏候、然ル処此度右捨子岸本武十郎様御代官所河州若江郡川俣村百性惣助受人ニ相立、同村百性久左衛門養子ニ貰受申度申候ニ付、相糺候処、当歳三才ニ相成候女子壱人有之、女房やす義先月出産之女子相果候跡乳沢山ニ有之、右乳を以養育仕度申ニ付、捨子久左衛門方へ差遣し申度奉存候ニ付、乍恐此段御断奉申上候、何卒此段御聞済被為　成下候ハヽ、難有奉存候、以上

但、右捨子久左衛門方へ差遣し候儀、村方へ引合候所、村役人承知ニ御座候

文化十四丑年三月十九日　代　清兵衛

泉屋
月行司　勇右衛門

東御奉行様

右奉願上候通相違無御座候、右捨子私江被為下置候ハヽ、末々麁抹無之様大切ニ養育仕候付、何卒御聞済被為　成下候ハヽ、難有奉存候、已上

岸本武十郎殿御代官所河州若江郡
川俣村

（朱書）
「当丑六月十四日病気之趣申来ニ付、同日
此方ゟ壱人見届ニ遣ス
同六月十六日死去申来、会所ゟ夫々付添、
届相済、死後合力願出ニ付、銭壱貫五百
文差遣ス、藤七へ渡ス」

貰人　百性　久左衛門
請人　同　惣　助

東御奉行様

○冒頭の合点は朱書にて記されている。

覚

一銀弐百九拾四匁六分壱り
一弐百四拾目　養育料
一拾八匁弐分　衣類料　セに弐貫文代
一拾四匁五分六り　日数八日預ケ先ニて　セに壱〆六百文代
一五匁五分五り　シメシ代
一拾六匁三分　藤七心付　金百疋代
〆

一二　京都白川屋敷へ粟田御殿御用絵符・提灯下付願

京都白河屋敷当時無人、且非常之節火消人足抔も多入込可申事ニ而不安心ニ付、先月友聞上京、又右衛門付添登候処、相談之上粟田御殿御灯燈願受、門内ニ備置度、内々聞合候所、随分容易事之由相聞候間、左之通願書差出候事

御目見以上格、勝手館入　文化十四年丑四月　粟田御殿御目見以上格御勝手御館入被仰付、於　御殿御目見相済、御料理被
下置候ニ付、右為御礼左之通□印之分
代九拾弐匁
○一 続命縷　一飾　　□一 御昆布料 金五百疋　大宮様　□一 金弐百疋　伊丹大和介
但、御取次被成下ニ付別段ニ贈ル
銘千鳥
○一 御菓子　一折　　□一 同 金三百疋　若宮様　□一 同弐百疋　山形屋久左衛門
但、キントンニ替ル　　　　但、御殿向聞合度々骨折ニ付別段贈ル
右大宮様　〆　□一 御扇子料 金百疋宛
代八拾三匁
○一 千歳桶　一対　　大谷宮内卿　大賀雅楽
銘キリシマ
○一 御菓子　一折　　鳥井小路宰相　小西大炊
進藤刑部卿　進藤治部卿
右若君様　望月筑後　並河丹波
並河越前介　進藤伊勢介
梅嶋左馬大允　西村理右衛門
小西伝右衛門
〆
奈良晒料
○一 金五百疋宛　坊官 大谷宮内卿殿　進藤治部卿殿　梅嶋左馬大允殿
○一 五本入扇子 壱箱宛　進藤刑部卿殿　伊丹大和介殿　西村理右衛門殿
〆　小西伝右衛門殿
丸印之分、大泉院様格別御懇命ニ被仰付候ニ付、御礼ニ友聞上京、土産為挨拶差出ス
右之通願書差出候処、五月十五日御呼出、代久八罷出候所、願之通御聞済被成下候御趣被仰渡、

則左之通御渡被下、御請印御取被成候事、右之品他国へ罷越候節相用ひ候時、幷張替等之節者前以相届可申候事

覚

一竪絵符　壱本

表　御紋　粟田御用

裏　丑五月改　焼印

一提絵符　弐枚

表　御紋　粟田　住友吉次郎

裏　丑五月改　焼印

一高張御挑灯　弐張

但、焼印小札十六番之内

左右　御紋

前　御用

後　御合印　下ニ自分紋三ツ盛抱蘘荷

一弓張御挑灯　二張

但、前同断

左右　御紋

前後　御合印　後下ニ自分紋
　　　　　　　　前之通

右之通此度御預ケ被成下、慥ニ奉預り候、随分大切ニ相用ひ、御威光ケ間敷儀等仕申間敷候、以
上

文化十四年丑五月十五日　　　　住友吉次郎
　　　　　　　　　　　　　　　代
　　　　　　　　　　　　　　　　綾木久八印

名前切替に際して粟田役人への振舞を料物に替える

一白川屋敷先般名前譲替候ニ付、御役人方丸山ニおゐて振舞可致、隣家三ツ井屋敷之例ニ心得候様内意有之候事ニ付、三ツ井方聞合候所、甚嵩山成入用候間、致猶予、能々聞合候得者、三ツ井丁内出銀者少々ニ而相済候得共、当丁内格別過分入用差出し有之上之事ニ付、内々御役人方江聞合候上、料物ニ而差送候様致度趣、又右衛門上京之節申入置候所、御役人方も勝手ニ相成可然よし相聞候得共、始ゟ料物ニ而受納可致事例無之間、先振廻之案内申入、彼方御差支有之趣相聞候上、乍自由料物ニ而差上度旨申述相送候都合ニ内意相聞候間、其趣ニ取計候事

御代官
　伊丹大和介様　　　　　地方役人
　　　　　　　　　　　　　西村理右衛門様
　梅嶋左馬大允様
　　　　　　　　　　　　小西伝右衛門様
　　　　　　　　　　　　外ニ西村理右衛門殿
　　　　　　　　　　　　子息小西大炊殿

御壱人前
　膳料
　　金三百疋

菓子料
同百疋

筆工
和田仲次殿
千畑十兵衛殿

乍恐口上

一三 居宅土蔵・炭蔵普請

一私居宅続東手御座候、桁行八間、梁行三間之土蔵、御預り御用吹銅入置候所、此節雨漏候ニ付、北添屋根葺替仕度、右普請之間丸太ニ而足場仕度、尤往来之妨相成不申候様可仕候間、何卒御聞届被為成下候ハ、難有奉存候、乍恐此段以書付奉願上候、已上

住友吉次郎
病気ニ付代
源右衛門

文化十四丑年五月朔日

源右衛門

御奉行様

乍恐口上

一長崎(堀)安綿橋南詰私居宅前東手浜地之内、桁行八間、梁行弐間之納家蔵、御用銅吹立炭入置候所、屋根破損仕候ニ付、普請之間右足場莚囲等仕度、尤通船往来之妨ニ相成不申候様可仕候間、何卒御聞届被為　成下候ハ、難有奉存候、乍恐此段書付を以奉願上候、已上

住友吉次郎
病気ニ付代
源右衛門

文化十四丑年三月廿日

源右衛門

御奉行様
乍恐口上

一去三月廿日御願奉申上候長堀安綿橋南詰私居宅前東手浜地之内、御用銅吹立炭入置候納屋蔵普請出来仕候ニ付、右足場取払申候付、乍恐此段書付を以御断奉申上候、已上

文化十四丑年五月朔日　住友吉次郎
病気ニ付代
源右衛門

御奉行様
乍恐口上

一去ル朔日御願奉申上候、私居宅東手ニ御座候御預り御用銅入置候土蔵普請出来仕候間、足場取払申候付、乍恐此段書付を以御届奉申上候、已上

文化十四丑年五月廿九日　住友吉次郎
病気ニ付代
源右衛門

御奉行様

一四　末家田右衛門へ伊予壬生川出店を譲る

乍恐差入申一札之事

一此度結構御末家被　仰付、予州壬生川御出店永々御譲被為成下、猶又取附之儀ニ付格前(別)之御憐

両三年は名代の姿

恵を以両三年之間是迄之通御仕来之儘　御名代之姿ニ而御差置、右年限之内ニ手続相成候上者、私名前を以相続可仕様被為仰付、重々御憐愍之程如何計冥加至極難有仕合奉存候、右様結構被仰付候上者、御蔭を以家業専ニ相励、永続可仕様相心得可申儀ニ御座候、右ニ付年限中聊不取都詰之儀無之様、情々取都詰可仕候、万々一損銀之筋有之候とも御本家江対し少しも御苦労御損等不奉掛候、為其乍恐差入一札如件

文化十四年丑五月

御末家
田右衛門

旦那様

又右衛門殿

半　蔵殿

一五　備後町三丁目掛屋敷家守交代

文化十四丑年五月十五日　備後町三丁目抱家敷守山家屋伊兵衛義、此度勝手ニ付変宅致候ニ付、退役願出候ニ付、跡家守之儀年寄河内屋善兵衛殿へ見立被呉候様頼遣候所、此方南向ひ屋敷呉服商ひ致候播摩屋長兵衛と申者可然哉ニ申来ニ付、山家屋伊兵衛へも承り合候所、如才無之者之趣ニ相聞候ニ付、同人江申付候、則当四日家守請印申来ニ付、当日会所へ向ケ与三兵衛出勤致ス、年寄・五人組立会之上家守調印相済、尤年寄へ挨拶罷越候事、幷ニ新ニ申付候播長兵衛宅等見届相済候事、家守出銀左ニ

覚

一金百疋　家守代り出銀
　代十六匁三分五り
一銀壱両　年寄江
一同三匁　町代
一同弐匁　下役
一同弐匁　水帳方惣代
〆
　合弐拾七匁六分五り
右之通御座候、以上
　丑六月三日　備後町三町目
　　会所

一六　一橋家貸付金利息請合

丑六月朔日川口御役所江津田・今堀・私御召出被仰渡候者、金三四千両、凡壱年位之目当ニ而御預ケ被　仰付候ハヽ、利足歩合何程位ニ而御預り可申哉之儀被　仰渡候付、左之通御請書奉差上候事、尤勇右衛門出勤仕候

一去ル朔日津田・今堀・私被為　御召成、今般従江戸御表金三四千両三人江壱ケ年限ニ奉預、利足金何程之積を以　上納可仕哉、可相成丈利分之処出情仕可申上様被　仰聞難有奉承知候、然ル処去子年も御預ケ金之儀被為　仰出候得共、近来時節柄悪敷御座候ニ付、無拠平ニ御断奉申上候仕合御座候、又々此度迚も同様御断奉申上候も甚奉恐入候、仍之外方承合候処、自然当盆

盆前ならば年五朱の利息

盆後は年三朱

前之御沙汰ニ被仰付被為下置候者、幸償成向口御座候ニ付、乍恐御預り奉申上度奉存候、尤御利足之儀年五朱之積りを以、御下被成下月より十二ケ月限ニ元利共　上納可仕候、万一盆後ニも相成候者、貸付方心当りも無御座候ニ付、年三朱之積りを以御請可奉申上候、右御尋ニ付以書付奉申上候、以上

丑六月六日　　　住友吉次郎

川口御役所

一七　オランダ風説書

ナポレオン戦争終結
ルイ・ボナパルト

風説書

一当年来朝之阿蘭陀船弐艘、五月十七日咬𠺕吧出帆仕、海上無別条今日御当地着岸仕候、右之外類船無御座候

一去戌年御当地ゟ帰帆仕候船、十一月九日海上無滞咬𠺕吧表着船仕候

一連々申上候欧羅巴諸州戦争之儀、去々亥年及平和、印度辺も弥以静謐ニ相成申候

一去巳年ふらんす国王弟ろうでうゑいきなあほうゆ(り脱)むと申者、阿蘭陀国ニ養子仕、国王ニ相立置申候処、死去仕候ニ付、国王ブリンスソ(ハ)ンヲラトニイ官名血脈之者阿蘭陀国王ニ相改、国改(政)等三十ケ年以前ニ回復仕候

一咬𠺕吧せねらる、へるまん・うゐれむ・たあんとるす退役仕、右跡はろん・てる・かつ(へ脱)れんと申者、本国ゟ差越、せねらる役相勤申候

一去酉年帰国仕候へとる、やん・こつ(く脱)・ふろむほふ、此度新かひたん申付渡来仕、古かひたん交

代可仕旨申付越候

一去々亥年以来弐ヶ年来船欠闕仕候次第者、欧羅巴諸州数年来戦争之末及平和候ニ付而者、本国表諸事取調子色々混雑仕、右ニ付而者諸貨物等咬𠺕吧表へ廻着不仕、無拠二ヶ年仕出不申儀ニ御座候、随而当年ニ至り漸居合候ニ付、自国ゟ之船ニ而渡来仕候

一かひたん、とうふ儀、本国筋戦争中数拾ヶ年御当国在留仕、御用向等相勤出情、且商売方ニ付而者格別勤功有之候ニ付、旁以国王ゟリツトルと申義立(会)之服章を差免申候

一此度於洋中唐船見掛ヶ不申候

右之外相替儀風説無御座候

古かひたん　へんてれき・とうふ
新かひたん　やん・こつく・ふろむほふ

右之趣両かひたん申上候通和解仕差上申候、以上

丑
七月四日

通詞目附
大小通詞

新任カピタン妻子同行願

妻子連越候願書

一今般来朝之新かひたん、やん・こつく・ふろむほふ義、当春咬𠺕吧表ニおゐて、日本かひたん役申付候後、持病之癪聚差起り色々保護相加へ候処、彼地出帆之比合ニ漸快方ニ者御座候得共、兎角出来不出来有之、全快ヲ得不申候、然ル処日本かひたん申付、乗渡セ候相応之者当時咬𠺕吧表居合不申、最早彼地出帆之時節ニも相成候ニ付、不得止事、同人乗渡り候ニ付而者、召使

看病のため

之黒ぼう共義も俄ニ抱入候得者、看病等相心得候者無御座、別而船中ニおゐて薬餌起刈(臥)之介抱行届不申候ニ付、病気看病人として同人妻連越候儀、頭役共ゟ差免申候、右ニ付而者十六ケ月ニ相成、出生之男子両親ニ引離レ、咬𠺕吧表ニ残し候儀も難相成御座候故、無拠妻子共連越候儀、頭役共差免候儀ニ御座候、随而重畳恐多御願事ニ御座候得共、右新かひたん御当地滞留中病気看病として妻子共、乳母壱人、召使之女弐人在留仕候儀、格別之御憐愍を以御許容被為仰付被下候ハヽ、偏御仁恵之御蔭を以病気快服ニ至り、御用向無滞相勤申度、御高恩之程生々世々難有仕合奉存候、乍恐此段書付を以奉願上候、以上

古かひたん　へんてりき・とうふ
新かひたん　やん・こつく・ふろほふ

右之趣両かひたん横文字書付を以奉願上候ニ付、和解仕差上候、以上

丑
七月四日

通詞目付
大小通詞

一八　安堂寺町五丁目掛屋敷を別家名義にする

内向きはこれまで通り家代

安堂寺町五丁目抱屋敷又右衛門家代申付有之相勤候処、家代ニ而者丁内出会之節席も相分、不面目之事ニ付、右屋敷之名前直持之姿ニ致度願ニ付聞届、此度丁内表帳面證文左之通、内間者是迄之通家代ニ而相勤候事也

一札

一御丁内ニ在之我等所持掛ケ屋敷

壱軒弐歩五厘役
一表口四間・裏行拾六間
壱軒弐歩五厘役
一表口六間・裏行拾六間

右家屋敷弐ヶ所我等名前退、地面建家不残在姿之儘、御丁内我等借屋ニ罷在候別家泉屋又右衛門江譲り渡シ申候間、御番所様幷惣会所御丁内水帳絵図張紙、御法度巻胁書被成可被下候、然ル上ハ右譲り渡之儀ニ付、親類者不及申胁ゟ違乱妨申者一切無之、万一何角申者在者之(ママ)、判形之者罷出急度埒明ケ御丁内へ少シも難儀掛ケ申間敷候、勿論古来ゟ定被置候御丁内一統之儀、不依何事違背不致、御公役丁役銀無滞差出シ可申候、若滞儀候ハヽ、印形之親類急度埒明可申候、為後日一札仍而如件

文化十四丑年九月

長堀茂左衛門町
住友吉次郎印
證人泉屋連蔵
譲り請主別家
泉屋又右衛門
親類泉屋義助

安堂寺町五丁目御年寄
仏具屋休左衛門殿
五人組中

覚

別家譲り出銀　　　　　　　　　　弐役半
一銀百五匁　　　　　　　　　　　顔見セ銀
一同弐百拾匁　　　　　　　　　　振舞銀
一同百五拾匁五分　　　　　　　　御年寄江
一同百拾三匁七分五り　　　　　　御肴料
一同七拾七匁弐分五厘　　　　　　御内室江
〆
一銀七拾匁　　　　　　　　　　　丁代永吉江
一同三拾五匁　　　　　　　　　　親　長八江
一同百五匁　　　　　　　　　　　家内五人江
一三拾五匁　　　　　　　　　　　下役伊兵衛江
一拾四匁　　　　　　　　　　　　女房いよ江
一拾匁五分　　　　　　　　　　　悴　藤吉江
一三拾五匁　　　　　　　　　　　下役徳兵衛江
一拾四匁　　　　　　　　　　　　同女房もよ江
一五拾弐匁五分　　　　　　　　　家内五人江
一弐拾壱匁宛　　　　　　　　　　髪詰(結)両人江
〆
外ニ

一六匁　猿人形中
一四匁　座頭中
一三匁　会所下女江
一引移り出銀
　金壱両　役不抱(拘)
　丁中茶代
一銀三両　御年寄江
一同六匁　丁代永吉江
一同五匁　同　家内江
一同三匁　下役伊兵衛江
一同三匁　同　徳兵衛江
一同弐匁宛　髪詰(結)両人江
〆
右之通御座候間、御差出可被成候、以上
丑九月　月行司印
泉屋又右衛門殿
右之外当日振廻料理入用、又追而町中出振廻、其外垣外へ之祝儀入用等、凡四五百目計費候分者、又右衛門自分ゟ差出候事

一九　鎊屋弥右衛門へ合力遣す

京都六条鎊屋弥右衛門江以来毎月銀拾五匁宛合力遣候儀者、友紀公庶母之由縁を以也、右庶母と

申者牧（枚）方願生坊之妹見佐と申者、当家江奉公ニ出候内、友昌公之預寵愛懐胎ニ付、有故而宿下ケ、則牧方へ帰候後、右願生坊ゟ京都近江屋市右衛門と申方へ見佐ヲ預ケ、彼方ニ而産育有之、友紀公六才之歳、豊後町理兵衛殿方へ引取候上、本家江入家有之候也、然処右弥右衛門と申者者市右衛門悴ニ而錺屋弥右衛門と申方へ養子ニ参候由、当時難渋ニ付友紀公之兄弟と申立、合力無心之事、当春已来度々下坂願出候得共、兄弟之儀者一向無之儀ニ付不取敢候得共、已ニ友紀公ゟ右之薄縁ヲ以是迄度々合力被成遣有之事ニ付難黙止、然共無果毎々申出候間、以来右弥右衛門一生涯月拾五匁宛遣し可申事、則證文左之通

證文之事

私親近江屋市右衛門と申者、貴殿主人四代已前吉左衛門殿幼弱之砌相預り、介抱致シ候儀有之、私儀者他家相続仕候得とも、老年ニ及連年難渋之至前書之由縁申立、御同人御存生中、幷去冬御死去後共御無心申入候処、其時々御合力ニ預り忝奉存候、右キ吉左衛門殿御死去ニ付前書介抱之由縁も相絶、且是迄證文も差入有之儀ニ付、又々可申出儀ニ者無之候得共、困窮差迫り、不得止事、達而御歎申入候処、御取用難被成筋ニ候得共、老衰之私御憐愍被下、格別之御取計、私存命中限りニ一ケ月銀拾五匁宛、京木屋町泉屋平助殿方ニ而御合力被下候ニ付、自身請取ニ罷出候様被仰聞、千万難有奉存候、然ル上如何之様之儀有之候共、御歎筋決而申出間敷候、為後證一札如件

文化十四丁丑年九月

京六条
錺屋
弥右衛門

住友吉次郎殿御支配人

半　蔵　殿

是迄左之通合力遣シ有之

文化三寅年十月　金七百疋

同　年同　十月　同拾両

同　八未年七月　同六両壱歩

同十三子年十一月　同五百疋

同十四丑年二月　同五両

蔵御用箪笥

右之通夫々證札有之、此度之共ニ蔵御用箪笥ニ納有之候事

二〇　御救拝借仰せ付けられるにつき家内へ申渡

先般結構拝借被為　仰付候ニ付、家内諸店一統目録差遣シ候ニ付、左之通

覚

別子銅山風雨災変吹炭遠山・鉑性薄につき拝借

去子年御銅山両度之風雨幷炭方災変等難渋相積り候ニ付、御救拝借之儀奉願上候処、結構被為仰付、誠ニ以冥加至極難有奉存事ニ候、然ル処近年銅山吹炭遠山にて仕成候ニ付失脚相懸り、鋪中者鉑性薄相成、拾ケ年以前ニ見競候而者銅元付直段百斤ニ付三拾目ゟ四拾目余宛雑費相増、壱ケ年売上高ニ積り候而者莫太之損失有之故、今度之拝借者全右風雨災変手当而已にも無之、右元付違損銀之補ニいたし、御定数無闕欠御奉公相勤、家業も相続いたし度存事ニ候、銅山方六ケ敷儀者一統存知之事ニて是迄ニも倹約相立神妙ニ被相守、令欣慰候所、今度結構蒙　仰候ニ付、万

倹約の奨励

一心得違、勢気相弛ミ、願立之趣意ニ触候而者恐入事ニ候間、此上愈倹素相守、出情被相勤候様致度候、於然者銘々身分為宜儀ニ候得共、品ニ寄候而者不勝手之筋も可有之哉、仍而乍聊夫々目録差遣シ候事ニ候間、諸事相慎候儀者勿論、益不益之筋存寄も有之輩者不論新古可被申出候事

丑九月

吉次郎

右之通相認メ江戸・与州両店江も遣シ候事

文化十四丁丑年九月

二一 津山藩館入拝命 銅鉛山稼行

津山御屋鋪ゟ館入之儀、当春助松屋忠兵衛殿ヲ以段々御勧メニ付、御国御領地銅鉛山相稼居申事故、無毛ニ御断も難申入、金子三百両位迄者御用達、且吉次郎事御用方出勤繁候間、名代を以相勤候儀、猶又御扶持方等被下候儀者兼而御断申上置度旨、内意助忠殿江御請申候処、今日御達之儀有之間罷出候様御書到来、則友聞罷出候所、左之通御書付を以被仰渡、於御留主居宅御酒被下難有請来候事

文化十四丁丑年九月十五日

住友吉次郎殿

今般館入之儀被及請候ニ付、五人扶持被相贈之候、以上

九月十五日

（付箋）

「御館入幷五人御扶持被下置候節御礼品物者、（付箋）

「寅十月十六日三人御扶持
御加増之節御礼之部ニ記之」

二二　大名所替

九月十四日
御座間

肥前唐津江所替　小笠原主殿頭様
遠州浜松江所替　水野左近将監様
奥州棚倉江所替　井上河内守様
名代織田百太郎様

二三　網島屋敷地の一部貸渡

網嶋屋敷地之内、同村弥右衛門通ひ路ニ借受度、去年来度々願出候得共不取敢候処、当年ニいたり永瀬氏へ頼入、同所ゟ段々頼ニ付難黙止、致許容候而此度借渡ス一札、左ニ

一札之事

一其許殿野田村御持地之内、間口四尺五寸・奥行弐拾四間、此坪数拾八坪、我等借用申度処、元来御入用之御地面ニ而御承知無之候得共、段々御頼申上候付、当分之処御貸付被下候段、重畳忝奉存候、然ル上者御地面御入用之節何時ニ而も早速明渡シ可申候、毛頭相違無之候、其外借用地面之内ニ何事出来候共、其許殿へ対少シも御難義筋掛ケ申間敷候、尤右地料壱ケ年ニ米弐斗四升宛毎暮急度差入可申候、為後證仍而如件

（付箋）

文化十四年丑九月

摂州東成郡
野田村弥右衛門印
北革屋壱丁目
木　屋　勘　助印

升屋直蔵殿

（貼紙）
「下ケ札之覚
本文借用地面之儀、野通ひ道ニ相用ヒ候
儀ニ而者決而無御座、私壱人勝手ニ付居
宅江通路ニ相用ひ候間、何時ニ而も御入
用次第御取揚被成候共故障之筋無之候、
為念書添申候、以上」

家賃方

網嶋屋敷地之内、此度同村弥右衛門へ間口四間半・奥行廿四間借渡候ニ付、今丁丑年十月五日家
賃方与三兵衛、新田勝三郎両人差遣、惣地面間数相改候処、左之通

奥行東西六尺棹
弐拾六間

間口　南北
拾五間三寸五分

右之通有之候事

年々帳を吟味

年々帳致吟味候処、去ル明和七庚寅ノ七月六日譲受、左之通

三畝四部　分米三斗弐升七合

代銀三貫目

右此分同村惣兵衛ゟ譲受

三畝三部　　分米三斗壱升六合
代銀三貫目
右此分同村源左衛門ゟ譲受
当地面合六畝七部
代銀六貫目
右之通ニ相成候、委細八番年々帳ニ扣有之候事

『年々諸用留八番』六九～七二頁参照

二四　泉屋理兵衛より篠山藩扶持米継続願

乍憚口上

一去春山本幸之丞様御出坂之砌、仁右衛門不都合之儀及御掛合、尤其比吉次郎・私両人共一切右之次第不奉存、去冬平野様御出坂之節初而委細奉承知驚奉恐入候、依之当春右御詫奉申上度、名代之者両人　御国表江罷上り候処、各様方ゟ段々御入訳御腹立之趣、猶亦御重役様方江戸御表迄も被為在御達候旨委細奉承知、重々恐入奉存候、然共何分幾重ニも御詫御断奉申上候外無御座、則当秋者名代之者を以御国表江罷上、御詫御願可奉申上と相心得罷在候処、彼是隙取延引仕候内、此度本郷様御出坂被遊候ニ付相縋、御詫御願奉申上候、猶又於吉次郎加判仕候上者、毛頭麁略ニ不奉存心底御座候ニ付而者、出銀出情為致申度、私ゟ及掛合候処、吉次郎近来打続臨時物入多候上、当時銅座御役所御銀操六ケ敷、銅代銀御渡方相滞申候ニ付、内間必至と差支罷在候ニ付、精々決談仕候処、此節出銀之儀者難仕候得共、来夏ニも至り候得者、銅座御銀操も可宜、左候ハヽ、其節銀弐拾貫目下地之通当座振替、弐拾貫目者当時仕銀仕、都合四拾貫目当

分御用相勤申度趣御座候、尤兼而各様思召込被下候と者内間大ニ相違仕候義ニ御座候間、銀高不都合ニ思召可被下候得共、誠時節柄無如才出情仕候上之儀ニ御座候、随而私義御存知被下候通逼塞仕罷在、　御屋鋪様ゟ被為　下置候御扶持米御利足銀等ニ而渡世仕罷在候儀ニ御座候間、去子年分、当丑年分、以前之通被為　下置候様精々奉願上候、尤右四拾貫目、米夏調達仕、十二月御勘定之積りを以御承知被為　下置、何卒前書之趣当年内之中御聞済被成下候様偏宜御執成之程奉願上候、以上

丑十一月　　泉屋理兵衛

鈴　木　鼎様

内藤弥五左衛門様

平　野　市　蔵様

本　郷　兵　太　夫様

二五　八王子に隕石落下

武州八王子地内怪石降御座候写

私御代官所武州多摩郡八王子横山村宿之内、字子安宿地内百性忠七所持之上野原麦畑江、当月廿二日昼八ツ頃、晴天雷鳴致、怪物落候様子ニて白気立登り黒煙立候ニ付、村内之者駈付ケ打寄見請候処、地四尺程窪ミ、黒く焼焦ケ候石委く砕落有之候間、堀出、砕目寄セ合候処、凡長サ三尺程、巾六七寸、厚サ五六寸も有之候段、村役人共訴出候、依之右石砕壱つ相添、此段御届申上候、以上

郡代付
御代官
小野三良右衛門

御勘定所

二六　捨子を養子に遣す

戊寅年二月十三日夜初更頃、吹所用水之辺当歳計丑二月出生之男児捨有之、垣外喜助取上、
町内会所江申遣候、則左ニ

乍恐口上

茂左衛門町
住友吉次郎
病気ニ付代
清兵衛

一私居宅前軒下ニ今朝明六ツ半頃、当才と相見江申候男子捨有之候間、早速拾ひ入、養育仕候ニ
付、乍恐此段御断奉申上候、尤右捨子ニ疵所等一切無御座候、以上

但、番人引取候後ニ御座候

文化十五寅年二月十四日

月行司
代　清兵衛
泉屋
勇右衛門

西
御奉行様

早川伝三郎様懸り也

乍恐口上

茂左衛門町
住友吉次郎
病気代
清兵衛

一私居宅軒下ニ当月十四日朝六つ半時頃、当才と相見得申候男子捨有之候ニ付、早速拾ひ入、養育仕置、御断奉申上候処、追而貰人有之候ハ、、双方申合御断奉申上候様被為仰付奉畏候、然ル処此度右捨子大久保加賀守様御領分河州若江郡山本新田百性徳兵衛請人ニ相立、同村百性孫兵衛養子ニ貰請申度申ニ付、相糺候処、女房いし去十一月ニ女子出産いたし候処、同十二月ニ相果申候跡乳沢山ニ有之、右乳ヲ以養育仕度申ニ付、右捨子孫兵衛へ差遣申度奉存候ニ付、乍恐御断奉申上候、尤右捨子遣シ候義御聞済被為　成下候ハ、、難有奉存候、以上

但、右捨子孫兵衛江差遣し候儀、村方江引合候処村役人承知ニ御座候

文化十五寅年
二月廿七日

代　清　兵　衛

月行司
泉屋
勇右衛門

右奉願上候通相違無御座候、右捨子私へ被為　下置候ハ、、末々麁抹無之様大切ニ養育仕候ニ付、乍恐此段御断奉申上候、何卒御聞済被為　成下候ハ、、難有奉存候、以上

大久保加賀守様御領分
河州若江郡山本新田百性
貰人　孫兵衛

同村
請人　徳兵衛

支配人　勝三郎

御奉行様

右捨子入用左ニ

一弐百五拾目　　養育料

一銭弐貫文　　衣類料

代（アキママ）

〆

外ニ拾弐匁　　わた入二
ふとん壱帖
しばん壱

銭壱〆四百文　預り賃

代（アキママ）

金百疋　　藤七心付

代（アキママ）

〆

二七　谷町二丁目掛屋敷家守交代

谷町弐町目家守

去ル酉年迄相勤候（家脱カ）守河内屋重兵衛相果候ニ付、同年河内屋宗兵衛江申付置候処、故重兵衛養子実躰成者ニ付同人江申付度存候所年若ニ付、当時宗兵衛江為相勤候、右家守代り入用者重兵衛ゟ相弁出ス、然ル処久々宗兵衛義不快ニ付此節養子重兵衛へ被申付候様宗兵衛ヲ以願出候間、

聞済遣し候、則町内へ出銀入用左ニ

覚

一　四拾五匁　町中江

一　銀六両　年寄江

一　九匁　内室江

一　拾弐匁九分　町代江

一　拾弐匁　同女房
悴へ
〆六匁ツヽ

一　弐拾四匁　下役弐人
髪結弐人
〆六匁ツヽ

一　四匁三分　当日会所
茶料

一　拾匁　座頭猿引
人形仲間へ

一　四匁五分　張紙之節
入用支度代

〆
銀百四拾七匁五分

外ニ垣外番へ祝儀札追而家守ゟ申出候筈也

右之通御座候、以上

寅二月　谷町弐丁目
年行司印

二八　高津新地掛屋敷家守交代

内間は会所新次郎引請

戊文化十五年寅二月
高津新地家守代り

同所家守泉屋与兵衛江申付、内間之所者会所新次郎引請世話いたし候所、去夏病死ニ付跡家守承り合候得共宜者無之、右ニ付与三兵衛ヲ以年寄岩田屋与兵衛江相談ニ及候所、幸ひ同人子息与市廿一才ニ相成候ニ付、同人名前出し、此人江相頼可申儀ニ相談いたし候、尤年若之儀ニ付万端年寄与兵衛引受世話いたし呉候筈ニ申付候事、則出銀左ニ

覚

一弐拾目　町内出銀
一三匁　年寄江
一弐匁　町代江
一壱匁五分　下役江
一壱匁　髪結江
一拾弐匁五分　張紙入用
一銭五百文　垣外源七
　　　　　　　長兵衛
　代四匁六分
〆銀四拾四匁六分

右之通御座候、以上

寅二月　高津新地
　　　　年寄

二九　北堀江一丁目掛屋敷家守交代

戊寅年三月廿五日　北堀江掛屋敷家守代り

北堀江南手築地附家守近江屋儀三郎相続年来家守申付置候処、当時義三郎若年万事不行届之上、親五郎兵衛老衰いたし、且近年不仕合ニ付自ラ家賃銀遣込ニ相成、明キ塞等迄も親子行届兼、此節ニ而ハ同役柴屋治右衛門へも憐愍相移り、町内よりも心添も有之、旁以捨置かたく候ニ付、此度相退セ、跡借家内南路次筋西角堺屋喜兵衛と申者へ申付候、尤四五ケ年前ニ宅替いたし者ニ候得共、実躰ニ相聞へ下地家守も相勤候よしニ相聞へ候ニ付申付、則出銀左ニ

覚

一四拾壱匁六分　丁内振舞銀

一弐拾弐匁三分六り　御年寄へ

一拾壱匁壱分八り　丁代へ

一拾五匁六分　下役二人
　但、七匁八分二り

一拾六匁四分
　金百疋

一拾八匁
　但、弐匁九り

一四匁　髪結両人へ
　弐匁ツヽ

〆
銀百弐拾九匁壱分四り

右之外張紙之節支度、其外舟賃等入用相懸り可申候事

乍憚口上

北堀(江脱カ)壱町目

一他町持長堀茂左衛門町住友吉次郎掛屋敷、表口弐拾間、裏行四拾間、但三役六歩、此御地代壱ヶ年金四両弐歩ト銀九匁、水帳之表也

一筑(築)地屋敷、表口弐拾間、裏行拾弐間五尺、但八歩役

右之通家守町内近江屋義三郎幷柴屋治右衛門相勤罷在候所、右義三郎相退、跡家守堺屋喜兵衛相勤、右治右衛門義者是迄之通り御座候、御番所幷惣会所水帳御切替被下度奉頼候、以上

文化十五年
寅三月

持主　住友吉次郎 直印
家守　右吉次郎かしや　堺屋喜兵衛
家守　同　柴屋治右衛門
年寄　淡路屋六兵衛

惣御年寄中

三〇 居宅土蔵修復につき囲設置願

乍恐口上

長堀茂左衛門町
住友吉次郎
病気ニ付代
与三兵衛

一私居宅之内土蔵一ヶ所破損仕候ニ付、繕普請仕度奉願上候、尤箒屋町筋ニ而間口五軒(間)板囲仕、往来之妨ニ不相成様可仕候間、此段御聞済被為成下候ハ、難有奉存候、以上

文化十五寅年三月廿八日　　　　　　　　　　与三兵衛

御奉行様

東地方御役所御懸り金井塚与四郎殿

緑側より届出る

右届之節袴羽織、帯剣、緑側ゟ罷出候事、尤以来共銅炭蔵ハ勿論諸蔵之外破損たり共、緑側ゟ罷出可申事、捨子家出等之類ハ下ゟ惣而御役所江名代出候節者緑側ゟ帯剣ニて罷出可申事

届出の節年寄奥印の有無

一近年普請届ニ付年寄奥印無之様相成候頃は

文化九年申七月廿二日安綿橋南東角、桁行十間、梁行三間半之土蔵莚囲届之節

同十酉年六月四日浜蔵幷浜座敷新建届候節

同十二亥年九月十二日馬繋届之節

〆右之節ハ年寄奥印受有之、其後者構之内破損届ニハ年寄奥印ニ不及事ニ相成有之

三一　北堀江一丁目掛屋敷家守請状

家守請状之事

一北堀江壱丁目御抱屋敷壱ヶ所之内、中溝ゟ南通り家守近江屋義三郎相退キ、跡此度堺屋喜兵衛江被仰付、依之諸事町内仕法之通可相勤段承知仕候

一御公儀様御法度之趣者不及申、御触書其外其度々不洩様借家人江末々迄申渡、諸事為相守可申段承知仕候

一家貸附候節者入念相調子、慥成者江貸渡可申候、家賃銀之儀者直ニ御取立候段承知仕候、自然私方へ右家賃幷丁内諸株代、歩一銀等持参仕候者早速相渡可申候、右之外喜兵衛儀ニ付万一不

埒之儀有之候ハヽ、私罷出急度訳立仕候而、其元様江御難儀懸ヶ申間敷候、御勝手ニ付家守御替被成候ハヽ、早速退役仕可申候、其節聊申分無之候、為後日家守請状差入候処如件

文化十五年寅四月

家守
境屋喜兵衛
南堀江壱丁目
請人
炭屋庄兵衛

住友吉次郎殿

三二　江戸にて瑕金引替御用拝命

弐分判一件

五月廿七日三井次郎右衛門殿ゟ廻文之扣

一後藤役所御懸り御勘定方ゟ御尋之趣左之通

一御公用相勤居候者有之候哉、尤何御用相勤候哉之事

一御三家方御用相勤居候哉
　右同断之事

一苗字御免之者有之候哉之事

一十人衆と相唱候身分之者有之候哉之事

右之通御尋御座候間、巨細ニ被仰聞候ニ者不及候得共、荒増御書取、下札ヲ以可被仰下候、尤御心配之筋ニ者無御座候、以上

五月廿七日

三井次郎右衛門

竹　原
播磨屋
升　屋
殿　村
此　方

下ケ札
予州別子立川両御銅山相勤候ニ付
御用達名目幷苗字御免之事
田安御屋形御用相勤候事
一橋御屋形御用相勤候事

一同日後藤年寄衆樫村専右衛門殿・大西杢右衛門殿ゟ、重立候手代壱人只今罷出候様申来、則弥兵衛罷出候処、後藤於役所　御勘定田中太左衛門様・西村定太郎様、御両人御立会之上ニ而御尋之趣書取、明五ツ時罷出可申旨被仰付候事

一廿八日朝五ツ時後藤役所江弥兵衛出役、御答之趣左ニ
御尋ニ付以書付奉申上候

予州銅山御用達
大坂住宅
住友吉次郎
右同断ニ付御用取扱所幷
本両替家業中橋上槇町
同人出店
名代　直蔵

一吉次郎儀古来ゟ屋号泉屋と相唱来候処、文化八未年二月十六日於大坂銅座御役所苗字御免被仰付候、右御書付写左ニ

此所へ苗字御免被仰付候御書付写認候事略之

右之通被仰渡、御請書差上候、以来都而苗字相認候得とも、御当地本両替之儀者外業之儀ニ付
前々之通泉屋と相記申候

一田安御屋形・一橋御屋形、金銀包改御懸屋御用相務、年々拾人扶持宛頂戴仕候

右之通御尋ニ付奉申上候、以上

文政元寅年五月廿八日　本両替屋
泉屋吉次郎
大坂住宅ニ付
名代　直蔵

右之通差上相済候事、夫ゟ仲間一同相模屋へ寄合相談之上、猶又来月四日再応相談之積りニ而
引取申候事

一廿八日八半時、御勘定所ゟ御切紙到来、則左之通

御用之儀有之間、明廿九日九ツ時大手御番所後御勘定所へ可罷出候、以上

五月廿八日　井上三郎右衛門

泉屋吉次郎へ

一廿九日九ツ時、弥兵衛出勤之処被仰渡、左之通

此度其方共へ瑕金等引替御用被　仰付候ニ付、右引替金壱万両宛相渡、右之内弐歩判幷に小
判・壱歩判・弐朱判取交可相渡候間、武家在町とも瑕金等所持いたし候もの為引替罷越候
ハヽ、引替可相渡候、尤金高割合之儀ハ引替当朝支配向ゟ可相達条可得其意候

右之通被　仰付奉畏御請申上候、以上

三井次郎右衛門
三谷三九郎
泉屋吉次郎
竹原文右衛門
播磨屋新右衛門
升屋源四郎㊣
殿村佐五郎

御勘定
田中太左衛門様
同
西村貞太郎様

御勘定奉行
服部伊賀守様
古川山城守様
御勘定吟味
明楽八郎右衛門様
御組頭
井上三郎右衛門様

右懸り
青山下野守様
水野出羽守様
堀田摂津守様
植村駿河守様
町御奉行
永田備後守様

今般暇金引替御用被
仰付冥加至極難有仕合奉存候、
右御礼奉申上候

泉屋吉次郎
名代　直蔵

六月朔日、右手札相認、御掛り御役人様方へ弥兵衛上下着用、御礼廻無滞相済申候

三三　居宅土蔵普請出来につき囲取払い

乍恐口上

住友吉次郎
病気ニ付代
与三兵衛

去ル三月廿八日御願奉申上候、私居宅之内筈屋町筋ニ而土蔵壱ケ所繕普請出来仕候間、右板囲取払申候ニ付、乍恐此段以書付御断奉申上候、以上

文政元寅年六月廿四日　与三兵衛

御奉行様

三四　浅草店請人森田屋市郎兵衛へ合力遣す

江戸浅草米店請人森田屋市郎兵衛殿不如意ニ付合力落着一件

一森田屋一件之儀、先頃ゟ御地江も登候伏見屋庄左衛門度々参り、市郎兵衛殿ニも当方近在ニ被居候由ニ而、殊之外難渋之趣、右ニ付近々ニも札差株式も相人有次第早々可被譲渡由、右等ニ付而者先達而中度々御寄合御苦労被下、其後貴家様御取替元利共半減ニ被成下候様、又其後壱ケ年弐拾両宛、拾ケ年金弐百両御合力可被下趣、御深切被仰下候処、其砌者兎角身上取立之相談、余分之無心而已申上、彼是致居候内も不身持不得止事、親類中ニも絶交同様相成、誠ニ大難渋仕候得共、何卒金子三百両も御恵被下候様度々被参候得共、下拙答、御気毒ニも御座候得共、去丑年中登坂致候砌、折々本家支配人中共咄合候者、此節成者中々十ケ年ニ而も弐百両抔

と申合力者出来不申候由、其後種々之変災等有之、叔父・甥・兄弟、別之厚親類ニも逼塞致居候者有之候得共、格別之貢も不出来位之儀、余分之儀ニ而者何ケ度も同様御断申候、何程急之御頼御座候而も、下拙了簡ニ而者是迄之儀者不残破談致シ、此度御難渋、急之御頼之処ニ而三拾両歟極々之処五拾両ならハ致合力進上可申候、其余之義者如何様御頼御座候而も、又々大坂本家へ問合之上ならては何程手間取候而も御挨拶難出来、先代幷当店先代ゟ之入置證文類、猶又別段貴家様ゟ入置一札御入被成候得者、早速ニも相渡可申候得共、迚も余分之儀被仰聞候而者何ケ度も同様御断申候趣、両三度も掛合候処、能々急之入用も可有之哉、且ハ近々株譲候得者自然と請合も相離、役ニ不立様ニ相成候故哉、無拠五拾両ニ而承知被致、外ニ御同人ゟ引請居候札旦那御年賦当店へ譲請、此差引ニ而市郎兵衛殿取替残金弐百五拾両元利共不残差引請取申候、尤御同人取替済方元利半減ニ致候ゟ少々割悪敷候得共、其位之所ハ勘弁仕譲請候得者、是ニ而右取替差引残り金弐拾壱両三歩余、右五拾両とも都合七拾両余ニ而差引、無出入ニ相成、当月八日取引相済申候、其砌先々従　旦那様御入置壱通、当店祐左衛門ゟ之入置壱通、市郎兵衛殿ゟ此度請取候入置壱通、都合三通今便為差登申候間、可然様被仰上、御差上可被下候、此序ニ札差株式も被譲候様子、最早其節ニ至候而も格別彼是と申候事も有間敷、譬無心被申候而も、御入置も取返し、此度入置證文面々も其事も書入有之候得者子細有間敷奉存候、先ハ右一件存之外手軽相済候間、此段御安心可被下候

森田屋引請の札旦那を譲り請け、借金を相殺

天明七未年四月当地ゟ壱通、浅草ゟ壱通、都合證文弐通相渡置候分取返シ、此度彼方ゟ左之通一札取之

『年々諸用留八番』三五四〜八頁参照

入置申一札之事

一拙者身上連々不如意ニ相成難渋ニ付、先達而貴殿方へ被遊御転宿候札旦那三軒様御年賦、貴殿ゟ借用之方江向置候分、御双方相談之上御勘弁之(脱アルカ)を以御譲請被下、則借用差引残金弐拾三両壱歩ト壱匁六分弐厘慥ニ請取申候、且此度御無心申入、金五拾両御合力直様御渡被下慥請取申候、尤大坂御本家御先代幷当御店御先代ゟ拙者先代江御入置之證文弐通返却仕候、尤貴殿ハ肉縁之続柄と申ニも無之候得共、札差株式是迄請合ニ相立候義、理合ヲ以右御聞済被下忝存候、然ル上者以来如何様之儀出来、譬株式及絶転ニ候共、聊無心ケ間敷儀決而申入間敷候、万一右躰之難渋申懸ケ候共、此一札を以御断可被成候、其節一言之儀申間敷候、為後證親類加判一札如件

文政元寅年六月

当人　森田屋　市良兵衛　印

親類加判人　伏見屋　庄左衛門　印

同　小林屋　半五郎　印

泉屋
甚左衛門殿

三五　手代役替

一九月十六日就吉辰役替左之通

一又右衛門依願日勤差免、月六斉(斎)三八勤申付之

一半蔵仍願支配役差免、老分末家其上日勤申付之

一連蔵本家支配役申付之

一官兵衛吟味役幷大払兼帯申付之
一貞助吹所差配役申付之
一金右衛門此度末家申付之
〆
右之通今日申渡候事

三六 一橋家御用金取扱いにつき別段手当を願わず内々の金主である松平好治より手当として奉書紙拝領

一橋様川口御役所ゟ今日四ツ時罷出候様御差紙到来ニ付、早速ニ小兵衛右刻限御名代差遣候処、御用金取扱之儀毎々世話ニ相成、気之毒ニ存候間、江戸表へも申遣し、全躰右金子主者松平越前守様之御金子、当御役所御取次之事故、其趣越前様屋敷懸合候処、此度為御挨拶奉書紙壱束被遣候、余軽少之品如何敷、又々申遣候得共、一旦被差出候事故、先々此品差遣候様被申候間相達候、若又毎度費も有之、迷惑之筋ニも有之者可申出候、無其儀者此書付之通相認持参可致と被仰聞候趣、且又越前様御屋敷江御礼之儀ハ代人ニ而者不可然候間、友聞公御直々御全快次第罷出られ候様、是又入念被仰聞候儀ニ御座候、則差出候書付之写

別段手当が必要か一橋役所よりの御尋に対する返答

乍恐御内々御尋ニ付奉申上候
一当年私江取扱被為　仰付候御用金之儀者、御内々松平越前守様之御貸被遊候儀ニ付、右御用金御奉行所ゟ御引渡之節、幷当御役所江持参仕候度々、私代人共其外御金持運人足等差出、尚又年賦御返済中も同様取扱、骨折候間、越州様ゟ相応之御手当御座候様被遊度段、当地御蔵屋敷御出役御役人中様江当御役所ゟ御内々御掛合被成下候処、今般越州様ゟ奉書紙壱束被下置候と

被仰渡、則御品御渡被成下冥加至極難有仕合奉存候、右為御礼御蔵屋敷江罷成候様被仰渡奉畏候、併度々代人并人足等差出候処、御手軽之御取扱之様ニも相心得候ハヽ、内存之処有躰可申上旨御内々御尋御座候得共、右者　御屋形様御用向と相心得罷在候儀ニ付、別段御手当奉願度心底ニ者曾以無御座候、御尋ニ付此段御内々奉申上候、以上

一橋家に対する御用と心得ているので別段手当は願わず

文政元寅年九月　住友吉次郎実印

川口
御役所

右之通相認又々小兵衛持参、御礼手札等同様之事

三七　久留米屋敷へ銅直売の風聞につき弁明

九月廿八日、西御番所ゟ御差紙到来左ニ

住友吉次郎

右者明廿九日五ツ半時、西役所江可罷出候、病気ニ有之候共押而可罷出候、且亦罷出候者大森十次兵衛へ相達可申事

乍恐奉申上候

別家官兵衛が拝借銅を久留米屋敷へ売渡す

此節世上風聞承候処、当地久留米御屋敷江私手元ゟ銅直売仕候而不正之筋も有之候様承伝、於私一向存知不申、誠ニ以奉恐入候、右ニ付私手代并別家共得と相調候処、先達而当地船越町米屋重郎兵衛手代庄助と申者、私別家手代泉屋官兵衛と申者、兼而心安取引仕候処、久留米御屋敷入用之由ニ而吹銅四千斤相調度段申之、折節私ゟ相渡置候拝借銅有合候ニ付、百斤ニ付弐百六拾三匁替を以八月・九月、四ケ度ニ売渡候応対仕、則米屋重郎兵衛ゟ之送り状ヲ以久留米御屋敷江船ニ

別子銅山難渋御救のため吹銅を拝借し、別家手代による銅器物売上を銅山経費に充当

而積廻シ候由ニ御座候、右拝借銅と申者、去丑年五月予州別子御銅山難渋之筋相嵩候ニ付、御救之儀御願申上、同七月御聞済被為　仰出候、吹銅三拾万斤五ケ年ニ割合拝借仕候内、当年分六万斤先達而銅座御役所ゟ御渡御座候而、兼而願立候通私別家手代共之内銅器物商売仕候者ともへ相渡、銘々手元ニ而器物ニ仕立、諸家様方其外諸向入用之節為売捌、右代銀取集、銅山方難渋之融通ニ仕候儀ニ御座候、右官兵衛江申付、器物ニ仕立売捌候儀と奉存候処、正銅ヲ以売渡候段、於私者毛頭不奉存候、此段奉恐入候、乍然不正之銅ニ而者決而無御座候得共、風聞不宜候故、乍恐御訴奉申上候、猶右拝借銅当時取扱差配仕候九之助町壱丁目泉屋官兵衛御召出之上、御糺被為成下候者委細ニ相分り候様奉存候、此段乍恐以書付奉申上候、以上

文政元寅年九月廿九日　住友吉次郎

御奉行様

右之通別書相認、翌晦日銅座御役所江届書差出候事、尤奥書左之通

右之通昨廿九日　西御番所江御訟（マヽ）訴奉申上候間、此段御届奉申上候、以上

文政元寅年九月晦日　住友吉次郎

銅座
御役所

三八　武蔵国溝口にて双頭の亀発見

江戸中橋店ゟ申来候者

甲　弐寸五分
　　弐寸

此之通新町惣次郎店伊之助、当月十二日妻之里、武州稲毛領溝之口片町久兵衛と申者之方江罷越、同人裏之居宅前、畑之内より弐ツ首有之候亀這上り候を見付、取揚、伊之助方江持帰り、昨十九日南御番所へ差上候処、伊予守様御登　城ニ而直々御持参被成、　上江上ル

文政元年寅九月

三九　久本寺に位牌を納める

久本寺〆四霊之位牌相納呉候様、西理右衛門殿方江向頼入来候間、此度調相納候事、尤是者良快霊迄拾五霊切ニ而納不申候処、去年盆〆心得違ニ而斎米油料等増かへ送有之候付、寺ニも可相備目当無之故、頼来候事と被察候、此度心付候ニ付間違之段申入、向後者如以前拾五霊計相贈可申儀断申入、此度之分者月牌料添相送ル

一白銀四拾八匁　良心・良順・良縁・良現

右四霊月牌料

一金弐百疋

右位牌四基開眼廻向料

一白銀壱両

右来ル廿日開眼修行之節持参香料

右之通手代小兵衛持参為致相納候事

文政元戊寅十月十日

四〇 松山藩に対し名代太兵衛へ御紋付裃下賜願

乍恐以書付奉願上候

一私儀当御屋敷様江従往古年来不相替御館入仕候ニ付、近年御扶助米被為　仰付、且名代仁右衛門迄御扶持頂戴仕、其上御紋付御上下御時服等も被為下置、冥加至極難有仕合奉存候、就中御預り所予州御銅山江私名代ニ相詰居申候太兵衛儀毎度御用向ニ付＊松山御城下江出町仕候節者、御役人中様ゟ蒙御懇命、御用向無滞相勤、誠ニ去年　太守様御入部之節御目見(朱書)「○ケツシ」之上御料理被為下置、且御能拝見等迄結構被為仰付、(朱書)「此所少シ上ルめ」誠ニ以外聞旁難有仕合奉存候、右御銅山之儀者私家業第一之場処ニ御座候得者、数十年来相勤候者之内人柄相撰、名代為相勤候得者、私同様ニ被為思召下、恐多御儀ニ御座候得共、(朱書)「○此所少シ上ルめ」御紋付御上下拝領被為仰付(朱書)「○此所少シ上ルめ」下置候様奉願上度候、然ル時者私者勿論名代之者槐(規)模相立、(朱書)「○御紋附御上下之御威光ヲ以○」一山大勢之者之指揮行届申事ニ御座候得者、何卒願之通御聞済被為下置候様、可然御執成之程奉願上候、以上

寅十月　　　　住友吉次郎印

(朱書)「飯　庄太夫様」
御留守居様

(朱書)「右之通相認、友聞致持参、内意承候所、可然旨被仰聞、且朱印之通御添削被下候ニ付、西之内半切江認替差出ス」

○＊印の「松山」の文字を朱線にて抹消している。

四一 嵯峨庵室お保退身

京都嵯峨庵守お保事、及老年病気ニ付生国江州大溝中西三之允殿方江引取、養生為致度願聞済候、

弥来十月十六日引越候由届来候間、難渋之趣ニ付左之通差遣ス

一　銀弐百目　　引越費用心付

一　金弐百疋　　餞別

一　銀五拾目　　当中払前飯料分

〆

右之通差遣候、向後扶持方一季五拾目ツヽ可遣ニ相究候事、右ニ付庵有物諸道具、去ル辛未年（文化八）義

誠ゟお保へ引渡候通、此度白川久八立会、跡役お政江為引渡候

嵯峨庵諸道具書付　一冊

但、此品ノ訳者辛未年之年々帳ニ扣有之候間略之

『年々諸用留十一番』二〇六～一一頁参照

右之通是迄保預り居候処、此度国元へ引越候ニ付、私江被相渡、慥ニ請取奉預り候処相違無御座

候、以上

文政元戊寅年十月　　さか庵　政

大払

右書付大払ニ納有之候

四二　津山藩より扶持加増

津山ゟ御差紙左ニ

御達申候儀有之候間、明十六日四時御出可被成候、此段為可申達、如斯御座候、以上

十月十五日　　伊丹健左衛門

住友吉次郎殿

外ニ手代勇右衛門儀、同文言ニ而御差紙到来

一今十六日四時、津山様江友聞并手代勇右衛門出勤致候所、於　御殿御留守居伊丹健左衛門様并能理善次様、次之間ニ中村藤助様、伊丹様被仰渡、左ニ

住友吉次郎

御加扶持三人扶持、都合八人扶持被下之候

岡　勇右衛門

年々為御手当米拾俵宛被下之候

右之通被仰付候ニ付、先今日之御礼、主従以手札御家中廻勤、猶明十七日別段御礼致伺公候事

四三　大坂町奉行所へ名代交代願

当月十二日両御番所江口上書左之通御勝手掛り御家老方江差出候処、御取請有之候

乍恐口上之覚

私儀文化八未年銅山御用達蒙仰候以後、差掛病気ニ而出勤難仕節者名代松井仁右衛門と申者を以御用向相勤、継上下着用仕、御伺等ニも罷出、年朔五節句式日ニ者麻上下着用、御目通被為　仰付難有仕合奉存候、然ル処仁右衛門義昨年病気相煩、全快仕候者元之通名代為相勤候心得ニ御座候所、長病之儀退身相願候ニ付、此度右代り岡田勇右衛門と申者相定置申度奉存候、尤是迄於江戸名代直蔵と申者　御勘定所并諸御役宅江継上下着用出勤仕、御目通りも被為　仰付候儀ニ御座

候間、此度相定候勇右衛門儀、仁右衛門幷直蔵勤来候通御聞済被為　成下候者重畳難有仕合奉存
候、以上
寅
十月　住友吉次郎印

四四　江戸浅草火災

江戸出火、寅十月廿三日尾張屋吉兵衛ゟ申来
一当月十七日未刻、浅艸中国なんだら堂地内ゟ出火、西北風本所中郷竹町川岸通不残焼、松浦肥前守様御下屋敷、表町石原御組屋敷一丁目ゟ五丁目迄不残焼、吉田町、三笠町、長岡町、原町ゟ百軒家人飛火、扇橋、元町、徳右衛門町、釜屋堀川岸橋、猿江町代地弐丁目迄、凡一り半、横六七丁計焼、同夜子刻鎮申候

四五　久本寺へ納めた月牌回向料の請取

領納
一白銀四拾八匁也
為
大泉院進誉随喜良心居士
光泉院明誉照山良順居士
真泉院実誉誠心良縁居士　菩提
勝泉院縁誉境悉良現居士（大姉ノ誤カ）
右之精霊為月牌被指上慥致寺納候、依之永代不易毎月命日回向可相勤者也
文政元年寅十月　久本寺印

講　中印

住友吉次郎殿

四六　久本寺借財返済のため寄付

久本寺借財為済方、此度旦家中江勧化、西理助殿方江向、講中罷越、入寄進儀頼来候趣、理右衛門殿入来被申之候、時節柄且堂塔修覆と申ニ而も無之、断可申入筈ニ候得共、態々入来被致候義も難黙、依之白銀五枚致施入候ニ付、左之通請取書来ル

覚

一白銀　五枚

右之銀子当寺江御寄附被下、深志之至感入、慥致寺納候、依之家運長久子孫繁栄為祈禱、永代不易誦経可相務候也

文政元年寅十月　久本寺印

講中印

住友吉次郎殿

四七　津山藩より館入拝命、扶持下賜につき御礼

丑九月十五日

津山様御館入被仰付、其上五人御扶持被下置候ニ付、為御礼左之通

一丹後袴地一着

一鰹節　弐連

御留守居
伊丹健左衛門殿

〆

一海気風呂敷一ツ、　能理善次殿
一鰹節　一連ツ、　斎藤俊平殿
〆
一海気風呂敷一　中村藤助殿
一扇子　一箱
〆
寅十月十六日従　津山様三人御扶持御加増、幷名代勇右衛門江為御手当米拾俵被為下置、為御礼
左之通
一龍門壱反　代三十八匁八分
　松魚一連　代拾匁位　伊丹健左衛門殿
〆
一白紬壱反　代三拾壱匁八分　能理善次殿
〆
一白紬壱反　代三拾匁六分　北嶋甚平殿
〆
一下緒一組　壱組十五匁替、但半月操
壱匁八分替、〆十六匁八分ツ、　伊丹喜一郎殿
〆
一同　伊丹八百蔵殿
〆

一同　上原伝左衛門殿

〆

一同　中村藤助殿

〆

外ニ南鐐一片健左衛門殿御家来江

名代勇右衛門ゟ為御礼左之通

一胸紐弐掛入壱箱　伊丹健左衛門殿
（壱掛三匁三分替、桐半月操壱匁八分
〆八匁四分

一同　能理善次殿

一同　北嶋甚平殿
壱掛三匁三分、桐無足壱匁弐分
〆七匁八分宛

一同　上原伝左衛門殿

一同　中村藤助殿

右之通差出候事

四八　鰻谷一丁目
掛屋敷家守交代

一札

一御丁内ニ我等掛屋敷、表口八間、裏行弐拾間、但壱役、同八間半、裏行弐拾間、但弐役、所持之処、是迄代印家守泉屋半蔵為相勤候処、右半蔵相退キ、跡代印家守、則我等掛屋敷ニ罷在候泉屋百助と申者為相勤申度段御頼申入候処、御承知被下、然ル上御番所并惣会所表、御丁内共、

右百助御切替可被下候、此儀頼入候、依之御丁内御作法之儀ハ不申及、壱人立差図ケ間敷儀為
申間敷候、若御差支等も御座候ハヽ、何時ニ而も為相退可申候、為後日頼一札依而如件
文政元寅年　　住友吉次郎判
泉屋百輔
右之通承知仕候、尚又御丁内御作法之儀ハ不及申、借屋等ニ到迄不念無之様相勤可申候、為後
日依而如件
鱣谷壱丁目御年寄
大和屋弥三兵衛殿
幷五人組衆中

四九　豊後町開店のため除方災・祈禱執行

豊後町江本家ニ而取扱居候諸屋鋪掛屋引移、十一月廿八日ゟ店開之積、元十六日ゟ下繕ニ取懸り
可申処、当年当月北方凶殺相重、大禁方位ニ付難相用候間、方考者松浦長門掾殿江除方災幷家内
清祓祈禱相頼、則十一月十日ゟ三日之間除方災執行、十五ケ夜家内祓祈禱入来有之相済、小附飯
酒出ス、右挨拶礼式如約束金千疋、外ニ入来之面々江会釈、左之通手代小兵衛を以相贈候事
一金千疋　　御檀料
一同百疋　　松浦氏子息へ
一白銀壱両宛　　神役両人へ
一同　弐匁宛　　家来両人へ

五〇　江戸上野にて三つ子出産の珍事

珍事　江戸表ゟ申来写

上野町弐丁目源兵衛店喜三郎妻岩、当月十三日朝五半時頃、追々女子三人出産致候ニ付被下之

鳥目五拾貫文

寅
十一月

五一　半助を出入方並に任ずる

申渡覚

其方儀十ケ年余無滞相勤候ニ付、此度白銀拾枚被下之、向後出入方並、一日役鳥目百文宛之積ニ被下之、右目録之銀者其儘月五朱之利足付預り置、商売ニ而も取始候節渡し可遣候

倹約之時節ニ候間、諸事心付、是迄役前ニ不行届之事も有之者、以来相改、贅《ムタノ》之費無之様可致候、勿論惣男女共藤七差配之事ニ候得共、同人も多用ニ候間申合、男女無作法之義無之様兼而心副教諭可致候

卯三月　　台所方

半助へ

五二　田安家掛屋拝命引当の家質（『年々諸用留十一番』三二一～六頁参照）

文化四年午年（ママ）

田安様御掛屋御用相勤候付、為引当差上置家屋敷、左ニ

差上申引当之事

一　鱣谷壱丁目弐ケ処続
　表口都合三拾軒（間）
　壱間ニ付三貫目
　　此代銀九拾貫目
一　九之助町壱丁目壱ケ処
　表口拾間半
　壱間ニ付三貫五百目
　　此代銀三拾六貫七百五拾目
一　順慶町壱ケ処（ママ）壱丁目
　表口拾間
　壱間ニ付弐貫四百目
　　此代銀弐拾四貫目
一　同三丁目壱ケ処
　表口三軒半
　壱間ニ付弐貫六百目
　　此代銀九貫百目
一　南米屋町壱ケ処
　表口弐拾間半

壱間ニ付四貫目
此代銀八拾弐貫目
一大宝寺町壱ヶ処
表口八軒
壱間ニ付弐貫五百目
此代銀弐拾貫目
〆
合銀弐百六拾壱貫八百五拾目
右之通為引当奉差上置候処、依而如件
文化四午年
住友吉次郎
長柄
御役所

五三 京都堀池町掛屋敷家守交代

一京新建堀池町家代山形屋久左衛門死去ニ付、跡役丸屋宗兵衛ニ相極申候、尤家代請負人者京姉小路堀川西へ入ル樽屋町升屋久兵衛ゟ證文ニ調印致被差出申候
文政二卯年三月廿二日

五四 大坂町奉行荒尾成章在役中入用金取替

文化十四丑年

荒尾但馬守様当地御在役中諸入用金差掛り御用弁難被遊、御不案気ニ被思召、仍之於江戸御同所様蔵宿大口屋弥平次方ゟ浅草店表へ被相頼、急御入用之節於本家取替可申段承知、就右同人ゟ約定請合證文左ニ

荒尾家蔵宿大口屋より浅草店へ依頼

一札之事

一大坂町御奉行荒尾但馬守様御蔵宿拙者方ニ而相勤居候処、急御入用之節為登金被仰付候共、遠路之義ニ付即刻御用弁難行届、御差支ニも可相成と御不案気ニ被思召、仍之彼地ニおゐて右急御入用之節者為替ニ而即刻御用弁之義手積を以取極可申様被為仰付候間、貴殿御本家住友吉次郎殿へ相頼候処、早速御請合被下忝存候、然ル上者拙者印鑑御渡申置候間、右印鑑為御引合、何時成共御用弁被仰付次第、金六百両迄ニ限り御差出可被下候、右御出金之分為替手形御差下シ次第、御同家泉屋吉次郎殿方へ早速差出、返金可申候、且又御下し金有之候節者定例之通為替御取組可被下候、右之通約定いたし候上者聊違変無之候、為後日一札仍如件

文化十四丑年四月　　大口屋
弥平次印

泉屋
甚左衛門殿

御同所荒尾様御入用金当時御用立可申上様御家老中ゟ度々御頼有之、折節江戸蔵宿大口屋弥平次殿外用ニ而出坂、同人請合ニ被相立ニ付相談相調、仍而差入證文之表左ニ

差入申置一札之事

荒尾但馬守様者拙者方札旦那ニ御座候処、此節御入用有之、当方ゟ御用立可申筈ニ候得共、勝手

ニ付頼入、貴殿本家住友吉次郎殿方ゟ金四百両御立替御差出在之候、御返済之義、当五月・十月ニ金五拾両宛、来辰・巳三季御切米之節金五拾両宛、三ケ年限都合四百両御返済之御約定ニ有之候、若相滞儀有之候ハヽ、此方ゟ元利之辻急度相弁返済可致候、万一其期ニ至差支等有之候ハヽ、願上、貴殿江御蔵宿差替相渡可申候、為後證仍如件

大口屋
弥平次印

文政二卯年四月

泉屋
甚左衛門殿

五五 網嶋桜宮正遷宮につき寄進

屋敷は無く空地

一網嶋下座敷跡空地預り有之候徳兵衛と申者罷出演舌いたし候者、当四月十七日に同所氏神桜宮正遷宮ニ付往還南辺弐百間程之間挑灯出し候義ニ付、同所ニ屋敷等所持之人々不残挑灯被出、其外寄進等も被致候趣ニ付、村中一統より当方ゟも出し呉候様申出候得共、此方者余方と違、建家等も無之、只空地預り有之候而已之事故、外方同様ニ致候訳ニも有間敷、其義相談致出来旨理解申入候処、又々村内之者四人、徳兵衛同道ニ而罷出申候者、此度之儀者平生有之事ニ而も無御座、猶御持地間口拾三間余有之、村内真中ニ御座候故、兼而者無数候而も八張程者御出し被下候様相含居候得共、被仰聞候子細も御尤ニ候間、五張尺（丈）ケハ是悲（非）共御出し被下度、彼是御外聞ニも抱（拘）り候抔申出候得共、其処は如何様ニも申切も有之へく候得共、村内真中と申、且者同所氏神之義余り理強申候も如何と、挑灯五張分ハ大勢折角御出之義ニ付無拠差出可申段申入候処、又候被申候者、纔ニ而も外同様ニ寄進之義御聞入被下度被申、丁ちん之儀一旦相済セ

置、其上ケ様被申候段甚不道理存、此上者如何様被申候而も不苦候間、挑灯も寄進も得不仕趣
手強申切候故、先方も少し当惑之様子ニ而、然らハ我々申出候処も相立候様挑灯三張ニ仕候而
鳥目壱〆文出し呉候様段々入割被申候ニ付、纔之違故左之通四月十六日徳兵衛江相渡、尤此上
いか様之義申出候共取合不申趣申置候事

覚

一拾匁五分　挑灯三張代三匁五分替
一三匁六分　右棹竹代、工手間共
一七匁八分八厘　蠟燭六拾三丁代、尤五匁懸
　　　　　　　　正遷宮廿日之間一夜三丁之積
〆弐拾壱匁九分八厘
外ニ銭壱貫文寄進
卯四月十六日相渡

五六 伊予より手代帰宅の届出

覚

一此度手代金右衛門義予州ゟ引取、直様別宅被致候処相違無御座候、右予州ニおゐて一切諸懸り
合無之候、為其差入申一札依而如件

卯四月十四日　住友支配人
　　　　　　　連蔵印

年寄
泉屋理右衛門殿

五七 九之助町一丁目掛屋敷家守交代

一九之助町壱丁目抱屋鋪家守、是迄泉屋九郎右衛門江申付有之候処、此度手代与惣兵衛江改申附候ニ付、町内出銀左ニ

家守替出銀

一銀弐両　顔見世銀
一同弐両　御年寄江
一同六匁　丁代江
一同三匁　同女房江
一同四匁　親江
一同三匁　子供江
一同八匁　下役弐人江
一同八匁　若き者弐人江

外ニ

一同三匁　水帳方惣代江
一同壱匁五分　若きもの
一同四匁　座頭江
一同六匁　人形廻し

〆

一同弐匁　御年寄江

一同壱匁五分　　会所

一銭百五拾文　　下役江

但、右三口与惣兵衛自分出銀之分と会所ゟ印来候分一同ニ遣し候事

〆銀六拾七匁弐分

銭百五拾文

右之通九之助壱丁目会所江相渡申候、以上

文政二卯年四月廿七日

前文之通九郎右衛門退役申付候ニ付、同町ゟ印形申来、左之通

一札

一御町内我等所持之抱屋敷御座候処、右代印我等借主ニ罷在候泉屋与惣兵衛為相勤可申候間、此段御承知被下忝奉存候、然ル上者借屋吟味者急度為致、人別増減度毎会所江為相届可申候、且又御町内寄合相談之節者自分了簡申出間敷、御多分ニ為附可申候

一従　御公儀様被仰出候御法度之趣幷触書之趣可為相守候、幷月並印形無懈怠罷出為申候、万一御町格相背候者、早速家守為相退可申候、為後日一札仍而如件

文政二卯年四月

住友吉次郎印

泉屋与惣兵衛印

河内屋源七殿

五八　江戸にて二分金引替御用につき白銀下賜

被仰渡

一弐分金引替御用骨折相勤候ニ付、白銀五枚宛被下之

但、古川山城守様御演達

出席之次第左ニ

三井次郎右衛門様
代　元之助殿

三谷三九郎様
後見同善次郎殿

此方
代　弥兵衛殿

竹原屋文右衛門様

殿村屋佐五(平)郎様
代　万蔵殿

右五斬(軒)罷出候様田中様御差図ニ付罷出候処、被仰渡相済、白銀五枚頂戴御引取申候、直ニ跡へ

御奉行様方御出席如前

播磨屋新右衛門様

枡屋源四郎様
代　新七殿

一弐分金引替御用相勤、精出し引替高も多有之候ニ付、白銀七枚宛被下之

右ニ付御礼廻り田中太左衛門様ゟ御差図被下、手札認方も御下書被下候事

右之通江戸中橋ゟ申来ル

五九　銅吹屋仲間より大坂町奉行所への礼勤発端

銅吹仲間御番所御礼発端年号控

一寛政九巳年六月初而式日御礼被仰付候事
一同年十一未年六月十三日初而御勝手方御館入被仰付候、五節句御礼相勤候よし、尤表向無之
一同年より暑寒御窺相勤、尤歳暮御勝手方之分も相勤候よし
一歳暮御礼者表向御座候而往古ゟ相勤候よし

〆

六〇　京都南孫橋町掛屋敷家守家出

京孫橋家代泉屋平蔵家出ニ付左之通

引取申證文之事

一加茂川筋南孫橋町其元殿家ニ泉屋平蔵と申者借宅仕罷在候処、右之もの此度勝手ニ付我等かたへ本人諸道具共不残引取、家明ケ相渡申候、然ル上者右平蔵義ニ付自然如何様之出入掛り合出来仕候共、我等方へ引請、何方迄も罷出急度埒明ケ為相済、御町中幷ニ家主へ少も御難義相掛ケ申間しく候、為後證引取證文依而如件

文政二己卯年
閏四月

小川通蛸薬師通上ル町
引請人　小出茂左衛門印

加茂川筋南孫橋町
住友吉次郎殿

六一　孝子等褒賞

西高津新地九丁目
大野屋善右衛門借屋
歌舞妓役者

『大阪市史』第四上達一四八三・一四八四参照

西村紋九郎
卯三拾六歳

右之者儀祖母江孝心を竭候段寄（奇）特成儀ニ付褒置、鳥目五貫文為取遣候

江戸堀五丁目
湊橋町
治郎兵衛町
兼帯年寄
木屋情（清）右衛門
卯四拾九歳

右之者年寄役万事心を用ひ、役儀出情に相勤、丁内入用等も精々減方心掛ケ候之段寄特成儀ニ付褒置、銀壱枚被下之

御地（池）通六丁目
京屋安兵衛借屋
大坂屋安五郎

右之者儀孝心を竭し家業出情候段寄特成ニ付、鳥目三貫文取セ遣候

阿波橋町
丁代　直作

一其方儀養母江孝心を竭し、丁用出情致候段寄特ニ付褒置、鳥目三〆文取せ遣候

右之通申渡候条、所之者共一同可令承知候

船町加嶋屋専助

其方儀主家を大切ニ致、（脱アルカ）年奉公出情相勤候段寄特ニ付褒置、銀弐枚取セ遣候

右之通申渡候条、所之者共一同可被令承知候

葭屋町年寄
播磨屋忠兵衛

其方儀兼而心を用ひ役儀出情ニ相勤、丁内取締宜趣相聞候ニ付褒置、銀壱枚取セ遣候、弥此上可相励候

南久太郎町三丁目
大和屋六兵衛支配借屋
津田保庵
娘　まつ
卯三十四歳
同　こま
卯三十歳
同　さと
卯弐拾五歳

右之者共儀親江孝心を致候段寄特成儀ニ付褒置、鳥目二〆文宛取セ遣候

御池通弐丁目
岩田屋伊兵衛借屋
同人姉りゆう

其方共儀母江孝心を竭、家職出情ニ致候段寄特ニ付褒置、鳥目弐〆文宛取セ遣候

右之通申渡候条、所之者共一同令承知候

梶木町升屋小三郎同居
小右衛門

其方儀主家へ二代大切ニ相勤、盲人ニ相成候後も不相替出情相勤候段、忠勤之次第寄特成儀ニ付

褒置、銀三枚被下之

中津町長浜屋七郎兵衛
家守　河内屋藤兵衛
　　　卯五十四歳
　　　同　家　ふじ
　　　卯三十八歳

同町丸屋次兵衛支配借屋
　河内屋勘右衛門
　卯四十三歳

其方儀孝心を竭し、家業出情致候段寄特ニ付褒置、藤兵衛江鳥目三貫文、ふし・勘右衛門江ハ弐〆文取セ遣候

難波新地二丁目
　角屋正兵衛支配借屋
　湊屋金十郎
　　養娘　かる
　　卯三十九歳

其方儀養父江孝心を竭候段寄特成儀ニ付褒置、鳥目三貫文取セ遣候

六月朔日
　　　　南組
　　　　惣年寄

六二　近江大地震

六月十二日地震京都来状之写

白川屋敷の被害

昨十二日未の刻過、大地震ニ御座候、未申之方ゟゆり出、余ほと長き間ゆり、驚入申候、白川御数寄家庭之石燈籠壱本倒、待合之北之方ニ御座候石燈籠壱本倒レ、御書院之遥向ニ御座候小サキ

石燈籠一本倒レ、御数寄家之雨戸一枚はづれ脇へ飛ひ有之、右裏屏風形り竹門之門はつれ遥脇へ飛ひ有之、御屋敷川端石かけ、南の方ニて四五尺計も頽れ申候、其外ニ先損し候処者相見へ不申候、前之土橋弐所もひゝき破申候、扨々恐敷義ニ御座候、諸々石燈籠抔倒れ候義者夥敷、土蔵抔

粟田植髪堂

も損し候処多分有之、粟田植髪堂之境内土蔵之庇落候而、男壱人大ニ怪我いたし命危く御座候由噂御座候、祇園新地縄手東石かけ抔、当春焼失後之新建之土蔵抔は大ニひゝき入り、新宅大ニ損

永養寺文珠院石碑

し候由噂御座候、所ニ寄寺の塀等倒候由、諸々ニ怪我人御座候と申事ニ御座候、永養寺御境内文珠院様御石牌之前ニ御座候石燈籠倒れ破申候、燈籠之軸三ツニ折申候、火袋は落所宜破れ不申、御石牌之廻り之油石灰も損し申候

大溝家中の被害

江州大溝家中家十四五軒頽、前田幸右衛門殿家半分ほと頽候よし申来

六三　捨子を養子に遣す

己卯年六月廿七日夜初更頃、西路次用水之上ニ当才と相見へ申候男子捨有之、垣外喜助取上、町内会所へ申遣シ候、左ニ

乍恐口上

茂左衛門町
住友吉次郎
病気ニ付代
勝次郎

一私居宅表軒下ニ先月廿七日朝六ツ時過ニ当才と相見へ申候男子捨置有之候ニ付、早束(速)拾ひ入養育仕置、御断奉申上候所、追而貰人有之候ら(衍カ)へ者御断可申上候様被　仰付奉畏候、然ル処此度右捨子久世長門守様御領分泉州大鳥郡東山新田百性伊助請人ニ相立、同村百性浅右衛門へ養子

ニ貰請度申ニ付相糺候処、当年九才ニ相成候久松と申者壱人有之、女房その義当春ニ出生致候男子御座候処、先月十五日相果候跡乳も沢山有之、右乳ヲ以養育仕度申ニ付、浅右衛門方へ差遣シ申度奉存候間、乍恐此段御断奉申上候、何卒右御聞済被成下候ハ、難有奉存候、以上

但、右捨子浅右衛門江差遣し候儀、村方へ引合候処村役人承知仕候

文政弐卯年
七月九日

代 勝 次 郎

月行司泉屋
勇右衛門

右願上候通相違無御座候、右捨子私へ被　下置候ハヽ、末々麁抹無之様大切ニ養育仕候間、何卒御聞済被為　成下候ハ、難有奉存候

但、此之外ニ悴壱人も無御座候

久世長門守様領分
泉州大鳥郡東山新田
貰親　百性浅右衛門

請人　同村
百 性　伊　助

付添　同村年寄
武 兵 衛

東
御役所
丹羽弁助様御掛り

請負一札之事

一御町内住友吉次郎殿居宅軒下ニ先月廿七日、当才之男子捨有之、早束(速)其段御断被成、御町内ニ御養育被成候処、此度我等同村百性浅右衛門と申者当春ニ出生之男子有之候処、先月十五日相

果、依之乳も沢山ニ有之候ニ付、右捨子養子ニ貰受申度奉存候、尤外ニ九才之男子壱人有之、此外ニ悴壱人も無之ニ付、東　御番所様へ御願被下、御聞済之上養育料銀弐百目、右男子ニ相添被下、慥ニ受取、我等請負相立申候処実正也、然ル上者右貰請候男子末々麁抹無之様養育為致可申候、尤右之外ニ実子無之、自然右男子縁ニ付差戻シ候ハヽ、右養育料相添差戻シ可申候、且又浅右衛門身上不如意ニ成候とも、御町内幷吉次郎殿へ対シ無心ケ間敷義一切為申間敷候、勿論右男子病気等差発候迚、是又無心ケ間敷義為申間(敷脱)候、万一何角と申族有之候ハヽ、私共何方迄も罷出、急度埒明可申候、猶又自然男子病死等仕候ハヽ、早東御町内江相届ケ候間御立会被下、御届ケ可被下候、為後日請負一札仍而如件

但、着物料銀拾匁受取申候

文政弐卯年
七月九日

請人百性　伊　助
貰親同　浅右衛門
年寄　武　兵　衛

前書之通承知仕候

年寄
泉屋理右衛門殿

住　友　吉　次　郎殿

覚

一　銀弐百四拾目　　*1　養育料

一 同　拾目　＊1　衣類料

一 同　拾壱匁　＊1　単物弐つ
ふとん弐帖

一 銭弐貫六百文　＊1　昼夜十三日之間預り賃
代廿三匁六分六り

一 同　五百文　＊1　下役長兵衛へ
代四匁五分八り
但夜ニ入候而ゟ五里計も行聞合候ニ付差遣ス

一 金　百疋　＊1　藤七へ心付
代拾五匁五分六り

一 銭壱貫八百八拾文＊1　両度分下宿はらい
代拾七匁壱分四り

〆如高
合＊2三百弐拾壱匁九分壱り＊1

○＊1の箇所に「合」丸印、＊2の箇所に「改正」丸印が捺されている。

六四　分銅改

町内ゟ分銅改之儀申参リ候ニ付左ニ改ニ出ス

覚

一 五百目ゟ壱匁迄　弐組

一 五百目ゟ弐匁迄　壱組

右之通所持仕候、以上

文政弐卯年七月　　　　住友吉次郎

但、先歳改者文化三寅年十月有之候事

六五 松山藩扶持米半減

家中同様の渡方

文政二己卯年七月十九日松山御留守居飯塚庄太夫殿ゟ手紙被申越候趣左ニ

以手紙致啓上候、然者　隠岐守殿ゟ被相送候扶助米、当卯七月ゟ来辰六月迄五割引之積ニ有之候、尤勝手向漸々不如意之処、近年別而　公務初無余儀物入打続、此度改而諸事省略被相行、家中知行米等も半減ニ被申付候付、各方渡方之儀者下地定法も有之候得共、格別之訳を以乍聊家中同様之渡方ニ御座候、右之段宜得御意旨、在所役人共ゟ申越候条如此御座候、以上

七月十九日

六六 分銅代りに丁銅使用につき御尋返答

ためし銅

御用銅吹所ニおゐて丁銅ヲ以分銅代りニ相用候義、分銅御役所ゟ内々御問合在之ニ付、委敷相認出候様御申越致承知候、此義成程平日ためし銅と相唱、壱丁四貫匁ツヽ、四丁ニ而拾六貫匁之丁銅相用、斤量準当之目印付候義ニ御座候、即左之通

享保十三戊申九月
弐　拾　五　斤
五ケ所商人中大坂堺住友吉〻搆中改

右之通彫刻年号之節ゟ当時迄相用ひ来候、尤

伊勢両宮御造営

禁裏御造営

日光御造営

御本丸御修覆(復)

長崎御用

難波御蔵所

右御用吹立、向々相納候節、御勘定御普請役、諸御役人方御立会ニ而懸改ニ右様シ《タメシ》銅相用ひ、猶又諸山ゟ出銅糺吹幷掛請取之節も同様之儀ニ而、是迄聊故障無之候、此方吹所之外四丁様シ銅御用ひ有之候方左ニ

難波御蔵所

銅座御役所

江戸古銅御役所

唐物御役所

長崎御役所

右之外吹屋仲間も同様相用申候、尤今極後藤四丁百斤分銅壱組当方所持致居候へ共、諸向様シ銅摺引合ニ而已相用、平日者重襲相納置申候、少も摺無之ゆへ是迄御改ニも差出不申候、此趣可然御申達可被下候、以上

文政二卯
八月
茂左衛門町
会所
住友
店

六七 豊後町店の一部名前切替

甚次郎名前では銅座掛屋御用が出来ないので豊後町店の一部を吉次郎の出店名義とする

此度銅座懸屋御用相勤候ニ付、銀子取扱方豊後町泉屋甚次郎方ニ而致度願候処、同人名前ニ而者難相成間、吉次郎出店と相改候様被仰渡有之、仍而同店思案橋筋を吉次郎出店ニ譲り請、名前切替町入用左之通出銀

覚

一白銀壱枚　顔見世銀
一同　壱枚　振舞料
一同　三枚　右同断
別段譲りニ付
〆定式出銀外
一同　五両　年寄江
一同　弐両　同人へ
樽肴料
一同　三両　丁代
角右衛門へ
一同　五匁　同
菊三郎へ
一同　五匁弐り　下役弐人

一同　弐匁弐り　同人女房弐人

一同　三匁三り　髪結三人

一同　弐匁弐り　会所召使者ものへ

一金　壱両　当日年寄組合振舞料

〆

右者譲り請出銀

一金　百疋　年寄江

一銀　弐両　丁代角右衛門江

一同　壱両弐り　下役へ弐人

〆

右出店ニ相成候ニ付、住宅同様之儀ニ付別段出銀

一銀　六匁　人形猿引弐人

一同　四匁　座頭へ

〆

一銀　五拾目　壱役半ニ付弐役之出銀　顔見世銀

一金　弐百疋　年寄江

一銀　拾七匁弐分　丁代角右衛門へ

一同　八匁六分弐り　下役弐人へ

〆

右者出店預り人出銀也

一銀壱役半　五拾五匁　家守顔見世幷樽肴料

一同　拾匁　年寄江

一同　六匁　丁代角右衛門へ

一同　四匁弐り　下役弐人へ

〆

右者家守弘祝儀

一白銀三両　丁代角右衛門へ

右別段骨折ニ付心付遣ス

一鳥目壱貫文　天王寺与兵衛へ

一同　五百文　丁内親方甚兵衛へ

〆

合　*1銀四百九拾三匁五分*2

　*1金壱両三分*2

六拾匁五分替代百五匁八分八り

*1　銭壱貫五百文　　*2
九匁替　代拾三匁五分
*2*1　〆六百拾弐匁八分八り
右之通御座候、以上
○*1の箇所に「改正」方印、*2の箇所に「合」丸印が捺されている。

六八 祭礼につき寄進

六月五日
一銭壱貫文
　代九匁
但、祭礼ニ付挑灯出候よし、蠟燭代寄進致呉候様町内ゟ頼来候ニ付如高遣ス
同八日
一銭五百文　*
但、六月五日当町祭礼ニ付町内挑灯出候由ニ而頼来候ニ付、壱貫文遣置候処、又候五百文出呉候様申来候ニ付、如高差遣候事
○*の箇所に「合」丸印が捺されている。

六九 地震にて損壊の住吉大社奉納石灯籠修復・清祓

一住吉江先祖ゟ奉納石燈籠之内一基地震ニ而損候ニ付、山上金大夫ゟ申参、清祓料幷燈籠繕賃左ニ
*1一　四匁三分　*2

＊1一三匁　　＊2
＊1一百文　　＊2
代九分壱り
〆清祓料
＊1一壱貫四百文＊2
代拾弐匁七分四り
〆石燈籠繕直人足賃
〆

○＊1の箇所に「改正」丸印、＊2の箇所に「合」丸印が捺されている。

七〇　北堀江一丁目掛屋敷家守交代

乍憚口上　　北堀江壱丁目

一他町持茂左衛門町住友吉次郎抱屋鋪、表口弐拾間、裏行四拾間、但三役六歩、此御地代金壱ケ年ニ四両弐分、銀九匁、水帳表也
一築地屋鋪、表口弐拾間、裏行拾弐間五尺、但八歩役
右家守町内境屋季兵衛・柴屋次右衛門両人ニ而相勤罷在候処、右次右衛門病死仕、跡家守池田屋平兵衛相勤、季兵衛儀者是迄之通ニ御座候、御番所様幷惣会所水帳御切替被下度奉願上候、以上

文政二年
卯九月

持主　住友吉次郎印
右吉次郎借家
家守　池田屋平兵衛印

右吉次郎借家
家守　境屋季兵衛　印
年寄　淡路屋六兵衛　印

惣御年寄中

一 右家守替り出銀左之通
一 四拾壱匁六分　　振舞銀
一 弐拾弐匁三分六厘　　御年寄
一 拾壱匁壱分八厘　　町代
一 拾五匁六分　　下役弐人
　　七匁八分ツヽ
一 四匁　　髪結弐人
　　弐匁ツヽ
〆
外ニ金百疋
　銀弐匁包十ヲ
右銀百拾四匁七分四りト金壱歩
右之通差遣候事
　卯九月

七一　地震にて損壊の住吉大社奉納石灯籠修復

文政二卯年六月十二日昼八ツ時、大地震之節住吉山上氏より石燈籠破損致候段申来候ニ付、翌十

三日普請方芳兵衛見分ニ罷越候所、痛候分弐本有之、於彼地及相談為相直候事、燈籠順左ニ印置

宮居ノ方ゟ一番
享保十二丁未九月　壱対　住友氏友昌
同二番
享保十二丁未十二月　壱対　予州別子銅山 住友氏
同三番
享保十二丁未九月　壱対　内　北ニ有之方 住友周豊 入江良久　南ノ方 住友武雅 友房
同四番
元文二丁巳六月吉日　壱対 ── 住友友昌
同五番
元文二丁巳年六月吉日　壱対　予州別子銅山 住友氏
同六番
宝暦八戊寅十二月吉日　壱対　住友氏友記（紀）
同七番
天明元辛丑九月吉日　壱対　住友氏友輔
同八番
文化三丙寅十一月吉日　一対　住友氏友端
同九番
文化八辛未三月吉日　一対　住友氏友聞

七二　友聞娘久を養子に遣す

一住友吉次郎娘久儀、城州八幡今橋大和守方へ養子ニ差遣し候間、町内宗旨帳御除可被下候、以

上

年号月日　支配人 泉屋連蔵

年寄 泉屋理右衛門殿

七三　江戸にて新金引替御用拝命

此度新金引替御用可被　仰付ニ付、身元糺有之、家業躰、居宅、人数并所持地面等、名主ゟ御聞糺有之、夫ゟ町年寄へ書上ニ相成候事、其後後藤役所ニ而右御用向被仰付候而も差支無之哉之段御尋ニ付、左之通書面仲間一統差出ス

一此度新金引替御用被仰付候ニ付差支之儀無之哉之段御尋之趣奉畏候、私共是迄相勤可申候、尤元手金御下ケ被下置候節、別紙銘々新類（親）加印之一札可奉差上候、仍一同右御請奉申上候、以上

文政二卯年
九月日

仲間四人銘々
代　印
当店
代茂兵衛

後藤
御役所

新類請合一札左之通り

差上申一札之事

此度新金引替御用可被仰付ニ付て者、御下ケ金等御座候趣御内意被仰聞奉畏候、右御預り中吉次郎所持之沽券状證人方江預り置申候、然ル上者同人身元、若故障之儀有之上納金相滞候ハヽ、右沽券之地所證人立合為売払、右御金無相違上納為致可申候、為後日新類加印一札差上申処仍而如件

文政二卯年九月

泉屋甚左衛門印
泉屋吉次郎

摂州住宅ニ付
店預り人
御金預り主　尚蔵

後藤
御役所

御勘定所ゟ御剪紙左ニ

御用之儀有之間、明十六日四ツ半時、服紗小袖、麻上下着用、大手御番所後御勘定所へ罷出候、
以上

九月十五日　　　高山弥十郎

泉屋吉次郎へ

追而当表ニ不詰合候ハヽ、名代之者可差出候、以上

一今十六日四ツ時仲間一同、此方茂兵衛、麻上下着用、下御勘定所へ罷出候処、御役人御立合之
上、左之通被　仰渡

七分を小判、三分を壱分判

此度其方共へ御吹直金引替御用被仰付候間、右引替方之儀者先々ゟ差出候金高之内七分小判、
三分壱分判を以相渡、尤尤(衍)皆小判、皆壱分判ニ而差出シ候共、右同様七分、三分之割合を以
相渡候様相心得、右金集り次第、後藤三右衛門役所へ相納候様可取計候

卯九月十六日

右御立合御役人左ニ

町御奉行
榊原主計頭様

御勘定組頭
高山弥十郎様

御勘定奉行
古川山城守様
御吟味役
明楽八右衛門様

御勘定
田中太左衛門様
同
飯田市右衛門様

〆

右御請書左ニ
前文被仰渡書之通相認ル
右之通被仰渡承知奉畏候、依之御請奉申上候、以上
卯九月十六日

両替屋
石川屋正兵衛
嶋屋吉兵衛
井筒屋善次郎
本両替人
殿村屋佐五兵衛
升屋源四郎
播磨屋新右衛門
竹原屋文右衛門
泉屋吉次郎
御勘定所御用達
三谷三九郎
拾人組年番
嶋田八郎右衛門
三井組年番
三井元之助

金引替の江戸町触
『御触書天保集成』五九六九参照

御勘定所
町御触左ニ
此度吹直被仰付候小判、壱分判之儀、来ル廿日ゟ追々引替可遣候、尤有来り小判、壱分判之儀も追而及沙汰候迄新金取交請取方、渡方、両替共ニ無滞通用可致候、上納金も同前為事
一引替金之義者小判、壱分判無差別、譬者皆小判、皆壱分判ニ而差出し候共、引替方之儀者小判七分、壱分判三分之割合ヲ以取交引替候筈ニ候条、来ル廿日ゟ後藤三右衛門役所を初メ別紙名前之者共方へ差出し引替申事
一武家方其外共町人江相対ニ而申付、右名前之(者脱カ)共方へ差出し、引替させ候儀も勝手次第之事
一引替ニ可差出小判、壱分判共員数相知レ候事ニ候間、貯置不申、段々引替可申候、若貯置不引替者相知レ候ハヽ、吟味之上急度可申付事
卯九月　　前書人数名前町所有之
此度御勘定所ゟ御剪紙左ニ
御用之儀有之間、明廿二日四半時、服紗、麻上下着用、大手御番所後御勘定所江可罷出候、以上
九月廿一日　　高山弥十郎
泉屋吉次郎江
追而当表ニ不詰合候歟、又者病気差合等有之候ハヽ、名代之者可差出候、以上
今廿二日御勘定所へ罷出候処、左之通被仰渡
申渡

銀七枚宛

為御替三井組
三井三郎助
同　次郎右衛門
同　元之助

為御替十人組
荒木伊右衛門
奥田仁左衛門
嶋田八郎右衛門
小野善九郎
竹川彦太郎

御勘(定所脱カ)御用達
三谷三九郎

本両替屋泉屋吉次郎
竹原屋文右衛門
播磨屋新右衛門
升屋源四郎
殿村屋佐五平

銀五枚宛

両替屋
井筒屋善次郎
島屋吉兵衛
石川屋庄兵衛

其方共儀御吹直金引替御用相勤候ニ付而者、諸失脚も可相掛間、右御用中年々書面之通御手当被

下之

卯九月廿二日

右之通被仰渡、御立合御役人町御奉行、御勘定御奉行を初メ、去ル十六日御列座之通り

七四 銭屋弥助店にて火災　取引先

文政三辰正月四日、前日ゟ雪降、近年之大雪也、四ツ時過銭屋弥助殿方女部屋二階ゟ出火、不残焼失、折節風なく、外へ飛火も無之、壱斬(軒)切ニ而火鎮り、此方取引先之義ニ付、早速水鉄砲人足等夥敷差遣候、家内之衆中者、茂左衛門町同人別家銭屋利助方へ逃延被申候よし、握飯煮染等為見舞差遣ス、尚又当方振廻銀も夥敷有之ニ付、夜分之手当、御用高張等入用之事も候ハヽ、可差出趣、勇右衛門ヲ以申送候所、兼而手当も有之趣ニ付不差遣候、翌五日出火為見舞杉六部板五拾坪、住友店ゟとして目録勇右衛門持参候事

但、焼後翌五日ゟ同所別家銭屋次兵衛方ニ而取引之旨申来候事

七五 松山屋敷稲荷社に手水鉢寄進

松山御屋敷稲荷社御普請ニ付御寄附物左ニ

然者松山御屋鋪稲荷社御普請有之、当正月廿一日二日頃之内御宮移有之、四五日之間者御神事有之候ニ付、御一統様ゟ為御祝儀御寄進物之義、先頃ゟ御主公様方之内御直談有之候御方も被為在、又者私ゟ御内々御相談申上、神前手水鉢御寄附之義弥取極メ、石屋方申付候義者、私ゟ得斗申付、廿四五日頃迄之内ニ者出来可申候、此段為念申上置候、且内々右御申合之段御屋敷御噂仕候処、兼而御拵被成度思召ニ御座候事故、甚御悦ニ御座候而、乍御内々私ゟ愈々申上候様被仰聞候、然

処各様方ニ者御名前書記し候ニ者不及申哉ニ思召段御噂ニ御座候得共、御屋敷思召ニ者折角御一統様ゟ御寄附被下、後年ニ至不分明ニ相成候も甚残念ニ御座候間、迚も之儀ニ御苗字丈ケ彫付候様被成度段御望ニ御座候、不害（苦）候ハヽ、裏手へ御名字計彫付候而可然哉、此段一応御相談申上候、否無程兼合ニ仰下候、右之段御相談申上度如此御座候、以上

但、御寄附物此度上ケ切ニ而、雨覆ひ鉢前障□等後年破損取繕之義者御屋敷へ御受持被成、御一統様江重而御世話無之様積りニ御相談仕置候間、此段承知可被下候、以上

文政三辰年
正月十三日　　備前屋
　　　　　　　権兵衛
名代宛

七六　田安家より命ぜられた為替取組を断る

乍恐以書附奉申上候

一旧冬被為召出、於江戸私名代之者ゟ正銀為替之儀奉願上候処、御聞済被為下置、其趣本店表江為申登次第、為替取組候様被為仰渡奉畏候、然ル処此節迄未何之義も不申越、如何間違之儀御座候哉、定而彼地正銀払底ニ付、当春御金為替之所正銀下シニ被為成下候様奉願上候義と奉存候、是迄為御替等之義者当地年番御掛屋取扱御儀ニて、私ゟ取組仕候而者年番組合差障り之儀も御座候ニ付、矢張年番之者へ被為　仰付被下候様仕度奉存候、乍恐此段以書附奉願上候、以上

これまで為替は年番掛屋の取扱い

辰
正月十三日　　住友吉次郎　印

長柄
御役所

七七　手代役替

一十二月廿八日就吉辰役替左之通
一又右衛門是迄月六斎勤之所、再三因願御免
一官兵衛支配差添役申付之
一芳兵衛大払見習申付之
一百輔家賃方申付之
一源右衛門買物方申付之
〆
右之通今日申渡候事

七八　京都笹屋町家屋敷売渡

京都東洞院家屋敷別家故徳兵衛ゟ引当ニ取置候内、此度同所同町美濃屋佐右衛門殿と申仁へ銀七貫目ニ譲渡候、即町内ゟ左之書付ニ調印致呉候様申来り候ニ付調印致候

一札之事

一当町我等別家泉屋平助所持家屋敷弐ケ所共、我等江死後譲り有之候処、売払ニ付被入御念御尋、聊何之申分無御座候間、宜敷御取計可被下候、為其一札依而如件

文政三年辰正月

大坂
住友吉次郎実印

東洞院笹屋町

年寄平兵衛殿
幷御町中

七九　福井藩の産物取扱・掛屋を豊後町店にて拝命
これまで京都へ陸送していたところ新に大坂へ船廻し
豊後町店には基業がない

越前様御国産諸色売捌支配幷ニ掛屋、豊後町甚次郎方ニ《江》而引請候儀左ニ
一文政弐己卯年十一月別家半右衛門方江大和屋太三郎殿と申仁ゟ申来候者、越前様御米幷諸産物、是迄者御廻米無之、其外諸品者陸運送ニ而町人・百性ゟ多分ハ京都江相廻り来候得共、代銀諸問屋数口ニ而相滞、町人・百性難渋ニ付、此度御仕法相立、大坂江船廻シニ相成候ニ付、御勝手方銀主之外ニ而家柄宜敷方江蔵元幷売支配御頼被成度、当家江引請不申哉之段申来候趣、半右衛門ゟ申立候ニ付、右多三郎へ官兵衛対面之上承合候処、大造之銀高、且ハ不案内之義、殊に六ケ敷時節柄旁以一旦断申入候処、其後御国郷士池田嘉左衛門殿と申仁同道ニ而精々被相頼候者、荷物売捌無之内出銀等ニ者不申及、其外何ケ様とも御勝手御望次第御相談可仕候間、何分ニも引請呉候様被相頼候ニ付、再応相談致候所、当時豊後町方基業無之、何れ此姿ニ而者難相済、幸之事ニも候間、出銀も不致、蔵元名目も相断、御懸屋幷売支配丈ケ之義ニ候ハヽ、猶豊後町引請候而も可然一決致候ニ付、旧冬押詰引請ニ相成、則一札取為替、左ニ

為取替申約定一札之事

一此度於御国許ニ融通御貸附之御趣法相立、右貸附銀之方江御取立之御国産諸品、新規御廻船被為成候ニ付、私方へ売捌方支配幷御掛屋相勤可申段、追々御談方有之候処奉承知候、依之御互ニ御熟談之上約諸規定仕候趣左之通

口銭

一御国産当所着岸之節、右御荷物売払候代銀之内ニ而為替銀等相渡可申事
一蔵敷入用御国許ゟ御渡被下候事
一菜種壱石ニ付口銭壱匁ツ、御渡し被下候事
一大小豆壱石ニ付口銭三合三分ツ、御渡被下候事
一御国産諸御荷物代銀拾貫目ニ付銀弐百目ツ、口銭被下候事
　但、右被下置候口銭ニ而御掛屋諸入用共相勤候事
一年中御会所諸入用等之儀者、御国元ゟ御賄被下候事
一諸品御売払之節立会入札開封之事
一御国ゟ御積出シ御荷物、当地御会所へ着岸之節、海難等有之候共御国元可為御損毛事
一大坂ニ而水火盗難、是又同様御国元可為御損毛事
一水揚蔵出入御取扱幷仲仕賃之儀も、御国元ゟ御渡し可被下候事
一御国御注文之品代銀之儀者、御国産売払代銀之内ヲ以御渡し被下候事
　但、口銭者銀百目ニ付五分宛被下候事
右之条々御互ニ御熟談之上相定候処、聊相違無御座候、然ル上者永久御定法ヲ以売支配可仕候、万一右御荷物ニ付如何様之故障筋幷ニ難ハ破船、水火盗難御座候共、此方ニ者一切不抱（拘）御国元江御引請御差配被下候事、為後日約定證文仍而如件

文政弐卯十二月

御掛屋幷諸産物
売捌御用達
泉屋甚次郎

越州御産物懸
池田嘉左衛門殿

前書泉屋甚次郎江御産物取扱幷御掛屋被仰付候、代銀不納、不埒と有之候ハヽ、私方ゟ急度相弁
へ少シも御損失相懸申間鋪候、依而奥印仕候処如件

住友吉次郎

池田嘉左衛門殿

文政三辰年正月

右之通之儀ニ付、則已来者豊後町方支配人才右衛門幷与三兵衛、八郎右衛門三人江役替り申付有
之間、諸用御引合在之候様申遣置候事

八〇 京都広隆寺開帳につき金灯籠寄進

京洛西太秦広隆寺
聖徳皇太子御宝前ニ掛り有
大金燈籠　壱対
右御寄進　享保十六年亥八月二日
大坂住
和泉屋吉左衛門

当辰二月十五日ゟ三十日之間御開帳ニ付、右燈籠再建仕度奉存候ニ付、何卒御寄進被成下候様奉
願上候、以上

京都醒井五条下ル町
鋳師
伊勢屋茂右衛門

吹所取引先

右之通伊勢屋茂右衛門吹所取引先ニ而、広隆寺之使として申参、即旧記見候所記無之ニ付、白川

久八へ申付、吟味為致候所、家号ニ和ノ字有之由、定而寺ニ旧記も可有之哉ニ付、今一応得と吟味被致候処相違も無之ニ付、即白川出入錺師雁金屋重兵衛江磨為積候所、上ノ方弐百目、中ノ方百五拾目ニ而、尤中ノ方百五拾目ニ而磨申付候事

八一　御用金手当停止につき申達

辰二月九日、於東御番所、両御奉行様幷御勘定・御普請、其外与力衆、惣年寄御立会被仰渡候趣

天王寺屋五兵衛、其外町人百七拾四人之者、文化十酉年差出候御用金、去丑年より為手当三朱差遣有之所、当辰年より拾ケ年程不相渡旨、出羽守殿勘定方江被仰付候間、此段可得相心候

八二　石清水八幡宮新文庫に書籍寄進

城州八幡御社御境内ニ新御文庫御取立ニ付、諸国ゟ本類寄附有之、因而当家江も今橋大和守殿ゟ御噂被仰越候間、左之品三筥致奉納之事

武備志　百二十巻入　一箱

十三経　一箱

和刻　康熙字点　一箱

右文政三庚辰年
四月廿五日登ス

八三　居宅続吹床前屋根普請

乍恐口上

一私居宅続鰻谷通り東堀大道ゟ西江三拾壱間御用銅吹床前之内、屋根雨漏候ニ付、桁行九間之間普請仕候ニ付、足場莚囲仕度候、尤普請中往来之妨相成不申様可仕候間、何卒御聞届ケ被成下候ハヽ、難有仕合奉存候、乍恐此段以書付奉願上候、以上

住友吉次郎
病気ニ付代
平兵衛

文政三辰年五月朔日

平兵衛印

御奉行様

乍恐口上

一当月朔日御願奉申上候、私居宅続鰻谷通御用銅吹床前普請之儀出来仕候間、足場取払申候ニ付、乍恐此段以書付御届奉申上候、以上

住友吉次郎
病気ニ付代
平兵衛

文政三辰年五月十二日

平兵衛

御奉行様

八四 幸生銅問屋名跡相続願

乍恐以書附奉願上候

御廻銅大坂問屋
泉屋
真兵衛

一羽州村山郡幸生村字大切沢御廻銅大坂表問屋之義、先年より私江被為　仰付置難有仕合奉存候、然ル処私儀も及老年、病身ニ相成、依之実子悴真次郎と申者、当年廿六歳ニ相成候ニ付、真兵衛と改名為致、名跡相譲申度奉存候、尤前以右御廻銅大坂表問屋取扱方、幼年ゟ為見習置候間、都而是迄之通右問屋御用向、右同人江被為　仰付被下度奉願上候、御聞済被為　成下候ハヽ、私家名相退、同家ニ住居仕、猶更御用向大切ニ為相勤、聊御差支ニ不相成様心添仕候積りニ御座候間、右奉願上候通悴真次郎江右問屋御用被為　仰付被下候者広大之御慈悲冥加至極難有仕合可奉存候、以上

文政三辰年五月

問屋
泉屋
真兵衛印

右真兵衛奉願上候通、悴真次郎義真兵衛と改名為仕、問屋御用被為　仰付候而も、是迄之通證人私相勤可申候間、何卒御聞済被成下度、於私も重畳奉願上候、依之奥印形仕候、以上

大坂長堀茂左衛門町
住友吉次郎

池田仙九郎様
御役所　御手附
奥野右源太殿
御手代
太田原慎蔵殿

八五　武家方へ洪水見舞

文政三年辰五月十九日水見舞遣ス

五月七日頃より雨天続、十六七日より河水増溢、浜石かけ上より六ツ目次不残隠れ候程之大水故、十九日台所方杢之助、供壱人、一橋様江水御見舞ニ差遣、彼地屋敷門前水深き事凡弐尺余、依之

一橋家

翌廿日御役人方江見舞遣、左之通

一酒五升　御代官　矢嶋与一右衛門殿

一同弐升宛　〆　岡田市之進殿
渡辺左金吾殿
増嶋権六郎殿
大村孫右衛門殿
同　定太郎殿
右同家ニ付弐升遣候処、矢張別段家居ニ付、跡ゟ弐升遣ス
布野惣右衛門殿
大嶋類右衛門殿
本田助太郎殿

〆七八軒

一酒壱升宛　御門番并　下宿木屋太助

一同弐升　富しま家守　中屋嘉兵衛

〆　此処見廻遣候得共　格別之事無之候事

右之外、阿波御屋敷・津山御屋敷江も杢之助御見舞ニ罷出候得共、御両所ハ常躰、格別之事も無之候故、御見廻之品等ハ差出不申候事、十九日頃ゟ弥水増、一橋様御門内江水入候よし、見舞者右ニ遣候故、手代平兵衛見舞挨拶ニ遣ス、外ニ富嶋年寄丁代江酒弐升ツヽ差遣候事

徳島藩・津山藩は被害なし

八六　京都白川洪水

去ル十五日ゟ雨降続、白川追々水増、十八日昼後より大水ニ相成、大道者勿論、家々庭へ水入、地面低キ家敷者、上りかまち迄水つき、町内其外隣町皆々大騒動仕候、夜ニ入り候得者、家別々灯燈を表へ出シ、篝をたき、大ニ混雑仕候、夜四ツ時過ニ水少シ引候故、町々町々(衍)人足引キ申候、乍去当御屋敷者外々之家敷ゟ者御地面高ク御座候故、表之鋪居ゟ内へ者少シも水入不申難有仕合奉存候、併御門前大道へ者水上り申候、白川筋未水高不安心奉存候、浜先キ石かけ少々損シ申候、此間大水之節者白川石橋、土橋往来差留メ申候、此頃者石橋往来為致候得共、御門前之土橋者未縄張ニ御座候、且又八幡辺歟葛葉辺歟堤切レ候との(脱アルカ)御座候、当地清水寺音羽山少々壊レ、音羽瀧潰レ候、滝之下ニ御座候石像之不動尊も埋、奥院之傍ニ有之地蔵堂も壊レ候、大津海道も大ニ荒レ通路難成、所ニ寄候而ハ筏を(脱アルカ)候事

五月廿六日

八七　銅座掛屋御用につき名代裃着用許可

一六月四日東御役所ゟ差紙到来、左之通

被達候義有之候間、明五日五半時ニ御役所江可被相越候、以上

六月四日

篠崎覚左衛門
森山承次郎

切封上書

住友吉次郎殿

一同五日右時刻友聞出勤いたし候処、御家老篠崎・森山御立会、篠崎氏口達候ニ而御申渡

住友吉次郎

右者銅座懸屋御用向ニ付出勤之節、若病気差合等候ハヽ、名代之者継上下着用之儀、願之通
被聞届候
辰
六月

『別子銅山公用帳十一番』二二〇～五頁参照

右御礼廻り等之儀、委敷者拾壱番公用帳記有之

辰六月銀主中内用示談之儀有之趣ニ而、松山御役人御奉行役伊藤十郎左衛門様、御勘定奉行
下村佐左衛門様、勘定鍵役古川兵右衛門殿登坂被致、廻状を以右之趣被申越候ニ付、当方ゟ
勇右衛門出勤致候処、以書付左之通御頼故、罷帰候而相談之上御返答申上候筈、則書付之写
左ニ

八八 松山藩への調達銀返済仕法替

松山表勝手向追年不如意ニ付、去ル戌(文化十一)年家老始役人共登坂、年来之御調達銀不容易筋を以、及御
示談候処、追而当時之仕法通預御承引、其已来内間差操取渡候処、当辰右年限ニ付而者戌年前之
振合ニ相復可申と家老始役人共一統兼而ゟ甚致心配、段々取締方も申達、家中知行米等も厳敷引
方被申付、巨細之無差別、諸事法外之省略被取行候得共、米価者漸々下直ニ相成、折悪敷領分損
毛打続、且又去ル子年日光御名代初公務筋ニ付而者難黙止大小入用相重、別而去歳者日光御普請
御用被蒙仰、莫太之入用も全各方厚預御出情、右御用向も都合克被相勤候得共、前後益借財者相
嵩、然ル処前書之通米価者格別之下落ニ至、実ニ定用も差支候程之場合ニ付、不本意至極ニ候得
共、此度年限明キ之処、来巳一ケ年者聊前約之訳ヲ以戌年前江引直、来々午年ゟ別紙仕法書之通
御都合可申候間、此段御承知被下度候、従来預御苦労、且者当時迄も御迷惑ヲ懸、猶此上臨時用

来年は文化十一年以前と同様の利足返済

向者御世話ニ相成候処を相省候而者誠ニ以心外之至、重々御迷惑之程も察入、気毒千万存候得共、不被得止右御頼申候様被申付、登坂いたし候、尤先々米価引直、支配向差繰相整候節者、此度之仕法ニ不拘御都合可申候、前段之通御許容之程幾重ニも頼入存候

覚

一去ル戌年之仕法、当辰年限ニ付、来巳年ゟ前々之趣ニ立戻可申処、支配向差支、委細者及演説候通ニ付、乍不本意無余義左之通御頼申候事

一元銀置居、利足之儀来巳一ケ年者戌年以前之趣ヲ以相渡可申事

再来年以降の返済仕法

来々午年以後左之通

一十一ケ年前文化元子年已前之分

来々午年ゟ元三拾年賦納減、利足月弐朱

一十ケ年前去ル丑年以来巳年迄之分

右同断、元二十年賦納減、利足月三朱

一五ケ年前去ル午年以来之分

来々午年ゟ五ケ年元居

但、年限中利足月四朱之処、来々午ゟ戌迄五ケ年月五朱ニ〆、一ケ年十三月之積

一去ル酉暮乗出用ニ付新借之分

来々午年ゟ五ケ年元居

但、年限中利足月七朱、一ケ年十二ケ月之積相渡候処、来々午ゟ月七朱、一ケ年十三月

之積

右之通被　仰出候ニ付、銀主中寄合相談之上書附出ス、則左之通

〆

銀主よりの提案

口上

この仕法では金子加入の者が難渋する

一去ル戌年之御仕法、当辰年限ニ付、来巳年ゟ前々之趣ニ御立戻可被下筈之処、御支配向御差支被為在候ニ付、委細ニ御入訳被為仰聞、夫々具ニ承知之仕候、乍憚無御拠御儀と奉存候、右之御中ゟ此度御仕法書を以口々御訳立被為成下候段者難有仕合奉存候、然ル処江御願申上兼候得共、私共者勿論外ニ銘々於手元出銀之節、金子加入之者御座候処、是等之者別而必至と難渋仕候段、私共迄早々申立、何共難黙止奉存候ニ付、旁以不得止事御願奉申上候、御当家様江御用達銀之儀者、外々様江御用達仕候利足と者違、去ル戌年前々ゟ地場ニ格別利足引下ケ、銘々相働、年来御用向相勤来候ニ付、此義者去ル戌年ニも専奉申上候、旁以御憐察被成下、当辰御年限明ニ付而者、於御当家様ニ者実ニ御約定之通ニ皆々不残戌年以前之趣ニ御立戻被下候御儀と奉存居、御年限明キを何れも相楽御待申上居候事ニ御座候、御米価下直ニ付其外色々私共も甚不仕合成事共段々御座候而、甚難渋仕居候事ニ御座候、何角御憐察被成下候而、左ニ御願奉申上候儀、何卒宜御聞上可被成下候

一此度御仕法口々御書立之内、先来巳年一ケ年ハ戌年已前之趣を以御渡可被下旨、此度被仰下難有仕合奉存候

一当時月弐朱利ニ相成御座候分ハ、来々午年ゟ利足月弐朱、元三拾ケ年賦ニ御返済可被成下旨此

度被仰付、何卒此御返済拾五年賦ニ被成下度偏ニ奉願上候、御利足も今少し御増被成下度奉願上候

一当時三朱利ニ相成御座候分者、来々午年ゟ利足月三朱、元弐拾ケ年賦ニ御返済可被成下旨被仰付、何卒此御返済十ケ年賦ニ被成下度偏ニ奉願上候、御利足も何卒今少し御まし被成下度奉願上候

一当時月四朱利ニ相成御座候分ハ、来々午年ゟ戌年迄五ケ年元居、月五朱之利ニして一ケ年十三ケ月之積可被成下旨此度被仰付候、此元利御渡し之義も此上御願奉申上度品も御座候得共、先此分ハ不得止事、被仰付候通ニ御受可奉申上候、来ル亥年ニハ元利御皆済可被成下候

一去ル酉暮御乗出し御用ニ付御新借之分、来々午年ゟ五ケ年元居、但、是迄御年限中利足月七朱、一ケ年十二ケ月之積ニ御渡被下候処、来ル午年ゟ月七朱、一ケ年十三ケ月之積ニ利足御渡可被下旨、此度被仰下難有仕合奉存候、来ル亥年ニハ元利御皆済可被成下候、右之通御願甚奉申上兼候得共、何卒御重役様へ宜御執成御願可被下奉頼上候、且又御米直段も引上、御操合宜敷年柄ニハ此度之御約定外ニも御増渡被成下候様、是又奉願上候、何分可然御執成可被下奉頼上候

六月

平野屋五兵衛
住友吉次郎
泉屋甚次郎
助松屋忠兵衛
山家屋権兵衛

近江屋休兵衛

宇佐美五右衛門様
安　岡　惣　八様
芥　川　又　八様

八九　立入大和守より無心を言い掛けられる

京白河詰久八方ゟ来状写、左ニ

一夜前岡崎村立入大和守と申方ゟ口上書来り候写、左ニ

口状

領分之儀ニ付面談之事有之候間、明十八日巳刻入来可有之候也

六月十七日　　立入大和守

泉屋家代
久八殿

右之通申参候ニ付、十八日昼時分ニ立入大和守方へ参り申候処、同人被申候者、此度大坂本家方ゟ用金申付候間、別紙書付早々大坂江差下し、其方ゟも能々可申遣被申候、書付之写、左ニ

口状

領地之由緒ニ付金五両助成頼入候也

六月　　立入大和守

和泉屋殿

右書付被相渡候上、委細無心之訳被申候故、此方ゟ返答者、近来本家方□年々銅山銅出方不進ミ

ニ而大ニ困り居候上、内々色々六ケ敷迷惑筋も御座候而大ニ困り心痛仕居申候、内分不勝手ニ御座候ニ付、先年より厳敷撿（倹）約を立、都而諸家方ゟ金銀取替之儀ハ勿論、寺社方諸寄進等之義抔一切御断申候時節ニ御座候得者、迚も本家江申入候而も出来難仕、御断可被申上旨、色々と断申候得共、中々承引不被致、此方ゟ申出候儀於違背者不相済、早々金五両為差登可申旨早々可申下候、本家ゟ不承知申立差支断等申出候共、曾而聞入不申、若支配人ゟ申度義有之候ハ丶、草（早）々上京可仕候様可申下候、此方支配人も面談不致、若亦支配人上京不致候者、此方ゟ大坂江罷下り、本人江直々面談可致と被申候、併右様相成候而ハ甚六ケ敷相成可申候、此方者先年岡村淡路守とも入魂ニ致候得者、当主も其儀等聞及居候と思ひ候間、何分本家方江能々可申達と被申候ニ付、無是悲（非）立入ゟ之書付差下し申候、御入手被成下、艸（早）々御返答被成下度奉頼上候、御多用之御中、右様御面倒之段恐入候得共、何分宜敷偏ニ奉頼上候

右者孫橋町御抱屋鋪兼々御存之通、三条大橋ゟ東川端北江不残地面、裏行角倉領分と岡崎之領分と入交御座候地面ニ御座候、裏行十七間有之内、表七間者角倉領、裏拾間ハ岡崎領ニ御座候ニ付、御年貢も表七間分ハ角倉江相納、裏拾間分ハ岡崎江相納申候、仍之立入之書付領地之由緒ニ付と相認候と奉存候

右岡崎領之御年貢者一条様江相納り、立入者七十石地面ニ而取候由兼々承り居候

右立入ハ　禁中江年頭八朔ニ者醴を献上、七夕ニハ奈良漬を献上之家と申事ニ御座候、往古ゟ今に右二品ヲ　禁中江奉差上候由

右立入往古者岡崎一円ニ領分ニ御座候処、昔乱世より領分減し候由ニ而、次第ニ困窮之由ニ

岡村淡路守と入魂

孫橋町掛屋敷の領主という由緒により無心

立入家は禁裏へ醴・奈良漬を献上

京都の大家の多くが岡崎村に別業を持つ

立入に無心を言い掛けられたら百年目

合力金を遣す

御座候、古き家ニ而家筋も宜敷御座候旨承り候得共、甚困窮と奉存候
右立入当地大家之分江ハ折々無心申掛ケ、断申候得者至而短気者ニ而鉄扇ヲ以人を叩き、仮初ニも刃物ヲ抜、人を威し候而、言懸候無心之金銀色々断申候而も頓着不致、言懸候金銀尺（丈）ケハ取切候人之由、京中ニ而も誰知らぬ者も無御座候無法者ニ而御座候、先日より孫橋町中江も少々金子用立呉候様言懸候所、年寄ハ此節病気ニ付此間中組頭弐人を始、其外町内之人々代り〳〵色々懸合御座候、一昨夜立入孫橋町江来り、右之一件ニ付組頭両人懸合被申候処、面談ニ少し気ニ障り候事有之、大ニ憤、組頭大津屋五兵衛と中仁を鉄扇ヲ以大ニ打叩き、甚事荒相成、今ニ相済不申、誠ニ立腹之時者乱心同前ニあばれ候無法ものニ而御座候、岡崎村之百性衆も段々いぢられ困り候と之事ニ御座候、京都之大家岡崎村ニ別業を持候衆多御座候、是等抔も毎々いちられ困り居候と申事ニ御座候
右之通ニ御座候、右立入ニ無心言懸られ候得者百年目と当地ニ而申候而、無是悲（非）金銀を差出候と之義ニ御座候、乍憚宜敷御賢考被成下度奉頼上候、まつハ右申上度恐惶謹言

六月十八日　　綾木久八

高橋連蔵宛

右之通申来り候ニ付、連蔵ゟ返答ニ者、御申越之様子ニ而ハ少も不差出相済可申儀とも不被存、併差出候尺ケハ丸々損失之儀ニ付、纔なり申出候金高無数手軽く相済候様、以書中久八方江申遣候事
六月廿三日認之京都ゟ書状至来、白川詰久八色々骨折懸合候処、金千疋ニ而相済候事、則立入大

和守受取書左ニ

覚

此度金子調達相頼候所、金千匹御差越致落手候也

辰
六月廿一日　　立入大和守㊞

和泉屋殿

九〇　松山藩への調達銀返済仕法替を承諾する

松山出銀之儀、銀子中（主）ゟ願書付此間差出有之候処、御役人より平五名代九郎兵衛江御内意被　仰聞、無拠左之通書付出ス、尤勇右衛門出勤

追口上書

別紙口上書之通、此間中度々御願申上候処、御出役様、其外御留主居様・御内用方中様ゟ度々無御拠御入割被為仰聞、猶又此節御家老様御通坂ニ付御逢被成下、御入訳委細ニ御叮嚀被為仰付、其後猶又御留主居様・御内用方中様ゟ呉々御支配向御六ケ敷御入訳被為仰聞ニ付、最早此上者今度被為　仰出候御仕法書之通、夫々御請申上奉畏候、然ル上者強而御願奉申上候訳ニ而ハ無御座候得共、委細者初ゟ別紙を以御願奉申上候通、於私共も実ニ迷惑仕候ニ付、夫等之段者幾重ニも御憐察被成下、乍此上猶厚御勘考被下候様仕度奉存候、以上

辰六月　　平野屋五兵衛
住友吉次郎
泉屋甚次郎

助松屋忠兵衛
山家屋権兵衛
近江屋休兵衛

飯塚庄太夫様
同　助太夫様
宇佐美五右衛門様
安岡惣八様
芥川又八様

一先日〆懸合致候松山出銀之出入、左ニ
一弐朱利三拾年賦之口、五ケ年相縮、二十五年賦ニ返済可申候事
一三朱利二拾年賦之口、五ケ年相縮、十五年賦ニ返済可申候事
〆
右之通相談決着、書付御渡有之候事

九一　末家卯三郎孝子褒賞につき褒美遣す

文政三庚辰年八月廿七日、末家卯三郎儀孝心ニ付、従　御公儀為御褒美鳥目三貫文被下之、因之
従本家も左之通差遣す
一養老絹　壱端　龍門絹之事也
一白銀　弐枚

右之通九月朔日呼寄、友聞手自差遣之、外ニ直書如左

〆

其元養父卯右衛門事、先年より中風半身不遂、二便不自由ニ候処、朝夕介抱無怠、竭心力孝養被致候趣、兼而相聞致感心候、此度従　御公儀為御褒美鳥目被為　下置候由、実天報不空名誉之事ニ存候、於此方も難有奉存候事ニ候、因之為歓別紙目録之通相贈候、幾久祝納可被致候、不備

庚辰
九月　吉次郎
友聞書判

卯三郎殿

外ニ末家中ゟ金五百疋、座中ゟも銘々祝贈、宇三郎町内ゟ白銀三枚、其外知音先々ゟ追々相贈候よし

九二　立入大和守より再度無心を言い掛けられる

当六月立入大和守ゟ無心申掛候ニ付、金千疋差遣候処、又候無心申掛候口上書、左ニ

口状

一先達而岡崎村掛屋敷銘々江金子五両宛無心申入候所、時節柄申述断候方も有之候得共、押而相頼候処半減分受納候、当年又々先年之半減分調達相頼、則掛屋敷町内白木屋ゟも金子千疋差出候、其御方南孫橋町ニ御掛屋敷有之候儀、先年存不申候故不能其儀候所、当夏承知ニ付外々振合ヲ以金子五両借用之儀御頼申入候処、久六(八)入来ニ而金弐両弐分被差出致受納候、其砌も久六御申述之通、外々御家並之所都合金五両預合力候、其元方も都合御頼可申候得共、外々両度ニ致受納候間、先此度者半金致受納、重而御頼申入候、其節外並之通重而御無心申間敷候書付も

御渡可申段掛合置申候、然ル所今年納米下直ニ付差支候儀有之候間、何卒右半金之所来晦日迄ニ借用之儀御頼申候、此段承知可給候、尤自今之所堅ク御頼申間敷書付其節相贈候覚悟ニ候間、何分頼存候也

十月十八日　　立入前大和守

右ニ付金千疋差出候所請取書、左ニ

覚

以領地之由緒金弐千疋助勢之儀御頼申入候所、当六月千疋被差出落手候、此度残金之儀御頼申入候所、御指登致落手候、自今之所少金ニ而も堅御頼申間敷候、仍状如件

文政三年辰十月　　立入前大和守印

住友吉次郎殿

九三　小田原藩士の敵討公許

御届ケ書之写

大久保加賀守足軽
只助養子　浅田鉄蔵　当辰二十一歳
実子　浅田門次郎　当辰十二歳

右之者親浅田只助、其外之者共江去々寅之七月、傍輩足軽成滝万助致乱心、手疵為負、只助者深手ニ而翌日相果、万助儀於其場捕押一件吟味申付候所、全乱心ニ相違無之候、吟味中入牢申付置

候所、当二月牢抜いたし候ニ付、厳敷尋申付候得共、今以行衛不相知候、然ル処牢抜致候上者、本心ニ立戻り候儀と相察、領分者勿論御府内幷ニ何国迄も相尋、見逢次第親々敵討取申度段書面之者共願出候ニ付承届ケ、見逢次第討留、其場之役人等江相断可申段御帳江付置候様致度、此段以使者申入候、以上

八月　　大久保加賀守家来

志谷弥源治

右之趣文政三辰年八月廿一日　公儀御帳面江留ル

一江戸御曲輪之内両山抔者可為遠慮、其外右准シ候場所憚候而可然候

一万助病死之趣急度相分候ハヽ、慥成證拠ヲ以立戻り可申事

八月廿四日

向井源右衛門組

浅田鉄蔵

養父只助敵、成滝万助行衛尋申討留度段、依之御暇相願候ニ付、願之通申付候、勝手次第可致出立、首尾能打果候ハヽ、其所之役人江始末相届ケ、掟之通り取計候之上帰参被　仰付候之間、江戸表御屋敷成とも小田原表江成共最寄へ早速可相届候、家内之者共江者御養扶持三人分被下置候間致安堵可遂本望、且御心付として金拾両被下置候

家内者是迄之御長屋御入用有之迄者御貸被成候、尤親類共方へ罷在候儀者勝手次第ニ可致候

右於頭申渡

門次郎義も同様申渡候

八月廿五日

御勘定所千賀八左衛門殿被仰渡候趣、左之通り

向井源右衛門組
浅田鉄蔵
武田伊右衛門組
浅田門次郎

今般親々敵討相願候、昨日於頭申聞候通り、父之仇ニ者共ニ天を不戴之理ニ而、左も可有之儀と尤至極之心底、委細達　御聴候処、寄(奇)特之御沙汰有之候、公儀於御奉行所も御旧家之御家来者格別之儀と御沙汰も宜敷候、鉄蔵義者養子之身分、門次郎義者若輩ニ而右躰之大望願立候心底寄特之儀、首尾能本望相遂候上者、弥其方共孝道も相立、其上格別之可被及御沙汰、万一未練之働於有之者一己之恥辱而已ニ無之、御上之汚御名をも候事候、随分身分堅固、勇気励、身分相慎、潔ク本望相達、目出度帰参可致候様、此段申聞候

九四　一橋家御用金名代にて持参を願う

乍恐書附ヲ以奉申上候

今廿日御用金弐千三百拾両、西御奉行所へ私持参可仕候様被　為仰渡奉畏候、然ル所差掛り病気ニ付、名代岡田勇右衛門江被為仰付被下候ハヽ、難有奉存候、以上

辰十二月廿日

住友吉次郎
病気ニ付
岡田勇右衛門印

川口
御役所

右者当日四ツ時ニ嶋町播(磨)屋重五郎方へ一橋役人衆被落附候ニ付、七時刻ニ相届申候事

一当年〆名代之者継上下帯刀ニ付、御番所地方届方左ニ
乍恐以書附奉頼上候
今廿日従一橋御役所奉預り候御用金、当御役所へ私持参仕候様被仰渡御座候処、差掛り病気ニ而難相勤、折節名代岡田勇右衛門儀、外御用向御勤仕居申候ニ付、乍序相勤候様ニ御聞済被為　仰付下候ハヽ、難有仕合奉存候、以上

文政三辰年
十二月
住友吉次郎
病気ニ付
岡田勇右衛門印

御奉行所様

九五　中橋店直蔵相続家勧請の稲荷宮に正一位授与

江戸中橋店直蔵相続家、千住宿飯塚庄五郎屋敷是迄勧請有之候稲荷宮へ此度正一位大西氏へ相頼候節

正一位稲荷大明神御安鎮御幣物定式

一大祀式　判金壱枚　附下行金壱両
一本祀式　白銀五枚　附下行金三百疋
一中祀式　銀五枚　同金弐百疋
一小祀式　金五百疋　同銀五両
一略祀式　金三百疋　同銀三両
但式外
願主格別入魂金弐百疋　同銀壱両

以上

文政四巳年
正月
城州紀伊郡
稲荷惣本宮神主
大西三位
大西相模守
神役人

九六 川越藩の館入を辞退

川越御屋鋪先達御館入被仰付候処、此度莫太之出銀被仰付、柄時節ニ付御断書差出シ候写、文言左ニ

乍恐口上之覚

別子銅山鉑性劣

文化十三子年四月　大森十次兵衛様御引合ヲ以、御館入被為　仰付、冥加至極難有仕合奉存候、然ル処私第一之業鉢（躰）予州御銅山方近来鉑性相劣、歩附不宜、且諸色高直ニ而難引合難渋仕候ニ付、御公儀様江御願奉申上、御手当拝借銀ヲ以仕入仕、右御余光ヲ以漸々御定数無闕欠相勤罷在候上、銅座御役所御銀操不宜、銅代銀御渡方数々年越ニ相成、御銅山仕入必至と差支候ニ付、所持之家屋敷等迄引当ニ差入、高歩銀子ヲ以仕込仕候儀ニ付、是以歩銀内損夥敷当惑仕候処、将又去六月両度大風雨銅山方大破損、鉑石幷炭材木等流失、莫太之損銀相立、早速御見分奉願上候義ニ而、誠ニ以種々難渋相重り、十方ニ暮、困窮至極罷有候、右御館入被為仰付候而者、往々御勝手御用向も相応相勤申度心願ニ御座候儀、前条之仕合唯今之振合ニ而者迚も後年聊たりとも御用相勤かたく見越候ニ付、御館入被仰付候詮も無御座、実以奉恥入候義、御館入御銀主中へ対し而

も却而相隙り、於私者無面目次第ニ御座候、勿論旧来御館入仕候誰御方様江も御立入御免相願、
厳敷倹約仕法相立候義ニ御座候間、当　御屋鋪様御館入之義も差扣申度奉存候間、何卒御赦免被
為成下候様奉願上候、此段御聞済被為成下候ハ丶、重畳難有仕合奉存候、右之段宜御執合之程奉
願上候、以上

正月

九七　太郎左衛門町掛屋敷家守交代

文政四巳二月、太郎左衛門町家守岡崎屋利兵衛相果、段々願ニ付悴江跡家守申付候出銀左ニ

一銀拾五匁　　丁中振舞銀
一同壱両　　年寄へ祝儀
一同三匁　　丁代江祝儀
一同四匁　　下役両人江祝儀

〆

外ニ

一銀三匁　　張紙之節惣代江祝儀
一同弐匁　　右同断、同若き者江

〆

右之通太郎左衛門町会所江芳兵衛持参、同所切ニて相済候事、尤友聞印形持参致ス

九八　居宅浜先石垣普請願

乍恐口上

長堀茂左衛門町
住友吉次郎（アキママ）
代

一私居宅浜先石垣痛候ニ付、弐間之間相直し、四《五》間之間繕申度奉願上候、尤△通船之○妨ニ少しも不相成様可仕候間、此段御聞済被為成下候ハヽ、難有奉存候、以上

文政四巳年三月十一日

右之通奉願上候ニ付、乍恐奥印仕候

年寄
泉屋理右衛門

御奉行様

右ハ川方
左ハ地方
右之通弐枚相認、壱枚者地方へ差出候事
△大道往来妨等之○

右之一件初メ年寄奥印なしに罷出候処、無之候而者御聞届難被成、依而年寄奥印いたし、源右衛門罷出、帯剣縁側より上訴訟之事、但し御用ト文言無候とも上訴訟之事

吹所普請等之節、御用銅――と相認候節者年寄奥印無之事

右掛り御与力地方　　同川方
安東三郎兵衛殿　　早川藤九郎殿

住友吉次郎
手代　信八郎
下人　弥兵衛

大須賀茂左衛門殿

〆

九九　長崎へ手代差下す

覚

右銅方就御用事、長崎浦五嶋町溝江勘助方へ差下候間、御差紙御出被成可被下候、以上

文政四巳年三月　　住友吉次郎
病気ニ付
代弥十郎　印

惣御年寄中様

一札

一私手代信八郎、此度銅方就用事長崎江差下度奉存候、御当地幷長崎　御奉行所ゟ被仰出候御制禁之趣承知仕、相背申間敷、勿論唐物商売一切携不申候、彼御地へ着次第、大坂会所御在勤之御年寄江早速御断申上、諸事御差図請可申候、宿者浦五嶋町溝江勘助方差置申候、滞留中不寄何事不埒之儀御座候ハヽ、被仰上、如何様共越度可被仰付候、則長崎下り御差紙往来御渡被下慥奉請取候、帰宅之節猶又御断申上、御切手返上可仕候、為後日證文仍如件

文政四巳年三月
住友吉次郎
病気ニ付
代弥十郎印
大沢　𠘑八郎印

糸割符
惣御年寄中

長崎差紙写
大坂長堀茂左衛門町住友吉次郎手代𠘑八郎上下弐人、銅方就用事此度長崎へ被下候、宿者浦五嶋町溝江勘助方ニ罷在候由、右用向之外𠘑八郎儀、唐物商売一切携不申證文取置差下申候所如件
年番
文政四巳年三月
井吉次郎兵衛

長崎在番
安井九兵衛殿

往来書写
大坂長堀茂左衛門町住友吉次郎手代𠘑八郎上下弐人、此度銅方就用事長崎江罷下り候、海陸無相違御通可被成候、以上
年番
文政四巳年三月
井吉次郎兵衛
所々人改衆中

右弐通三月十八日請取罷帰候事

右年番井吉氏江為挨拶銀壱両

掛り役両人江銀壱封ツヽ、但し弐匁也

当人僖八郎持参いたし相済候事

一此度喜八長崎江持下り候印物左ニ

一扇子箱（生肴一折添）　一　但、五本入

一胸紐　三掛

〆

守田儀五郎殿江

一扇子箱　一　但、三本入

一胸紐　二掛

〆

右同人御子息江

一紙袋入扇子　三本

一胸紐　二掛

〆

組頭 篠原春平殿江

一右同断

〆

組頭 多喜平太左衛門殿江

一銀壱両　日行使江
一同三匁　下日行使江
一同弐匁五分ツヽ　下役三人江
〆

一〇〇 大宝寺町掛屋敷家守交代

大宝寺町和泉屋吉兵衛跡屋守備前屋惣兵衛江申付候

一札

一御丁内表口八間、裏行弐拾間、但、地尻ニ而東西弐間、南北五間之入地有之 三役ニ而、他町持長堀茂左衛門町住友吉次郎殿掛屋敷、此度我等家守相勤申候処実正也、勤方之義者御丁式万端先規ニ相随、無違乱急度相守可申候

一従　御公儀様被為　仰出候御法度之趣幷御触度毎借屋之者共急度申聞、火之元万事用水等者平日心を附、風吹立節者不限昼夜借屋見廻り、別而明借屋入念相改可申候、借屋貸附候ハヽ不取究前出所商売筋委細書附、会所へ差出可申候、御丁内差支無之候ハヽ貸附可申候、尤変宅引取、或者家内人別増減等毎月相調、其度毎無滞会所江差出可申候、勿論右家守御丁内差支候義有之候ハヽ、何時成共相退可申候、為後日仍而如件

文政四巳年四月　家守 備前屋惣兵衛

右之通為相勤候処相違無之候、若又家守差支候ハヽ、何時成共為相退、跡屋守之義者御丁内江御差図を以相究可申候、為其如件

家主
住友吉次郎

年寄
丸屋権兵衛殿

右家守出銀

一銀六両　丁中
一同九匁　御年寄
一同六匁　同樽肴料
一同九匁　丁代
一同六匁　女房へ
一同三匁　子共壱人
一銀四匁五分ツヽ　下役弐人江
一同三匁ツヽ　女房江
一同四匁五分　髪結弐人江

〆

右之通出銀相違無御座候、以上

巳四月

大宝寺町月行司
平野屋清兵衛
同
奈良屋惣兵衛

住友吉次郎殿

一〇一　御張紙　文政四年夏

覚

当巳年夏御借米弐百俵有余以下共分限高四分一、御役料者三分一之積
但、渡方之儀者、御借米御役料共請取高之内江米金半分宛可相渡候
一御奉公勤候百俵以下者　四月廿八日ゟ五月二日迄
一御奉公勤候百俵有余者　五月三日ゟ同六日迄
一御奉公不勤百俵以下者　五月七日ゟ同九日迄
一同　百俵有余者　五月十日ゟ同十二日迄
一御役料弐百俵有余以下共　五月十三日ゟ同十四日迄
右日限之通安井平十郎・野呂弥右衛門裏判取之、米金請取候儀者、五月三日ゟ六月廿九日迄可限之、但、米金請取候儀も右ケ条ニ准之可相心得、直段之儀者百俵ニ付金三拾弐両之積たるへき事
以上

巳四月廿五日

一〇二　肥前唐津沖にて別子棹銅積船難破

巳四月廿八日着長崎来状之写

一先達而申上置候別子棹銅三万斤、肥前伊万里吉祥丸積請、御地十二月廿五六日出帆、夫々所々ニ船かゝり風待いたし罷下り候処、肥前唐津領丸太村之沖ニ而破船仕、唐津国主より右しづミ銅入念取揚、弐百九拾六箇御手船ニ積替、役人乗組相廻し、三月廿九日当浦へ入津仕候、四月三日水揚被　仰付、不残懸調子候処別紙之通ニ御座候、右者此儘唐・紅毛江御渡ニ相成候哉、

先年の難破船の際には吹き直しを命じられる

又者先年難船銅之通吹直シ被　仰付、為登方ニ相成可申哉決定不致、相分り次第可申上候、下り銅無数候ニ付何卒此儘懸渡度内願相談仕居申候

一高　三万斤　　肥前伊万里清蔵船吉祥丸

内

三百九拾六斤八合七勺五才　海失之分

差引弐万九千六百壱合弐勺五才　唐津ゟ御届高

内

弐百六拾三斤六合弐勺五才　懸改欠滅

正有高

弐万九千三百三拾九斤五合

右之通御座候、以上

四月十一日

一〇三　江戸浅草大火

書類は船積にしたので無事

巳

四月十八日着江戸状写

四月十日辰之上刻、浅草三間町ゟ出火之処、北風烈敷、猿屋町代地原迄焼出申候、頃西風交ニ相成、北者諏方(訪)大明神社内脇迄、請方(諏訪)町残すくなニ類焼、南者黒船町榧寺脇迄、三好町御厩屋川岸迄不残焼通り、昼八ツ時頃火鎮り申候、右ニ付当店且店子共類焼仕候得共、諸向様御判物・諸書物・諸帳面共無差支船積ニ而差出候間、無難ニ御座候、偖又両蔵并穴蔵共相助、家内中何れも無

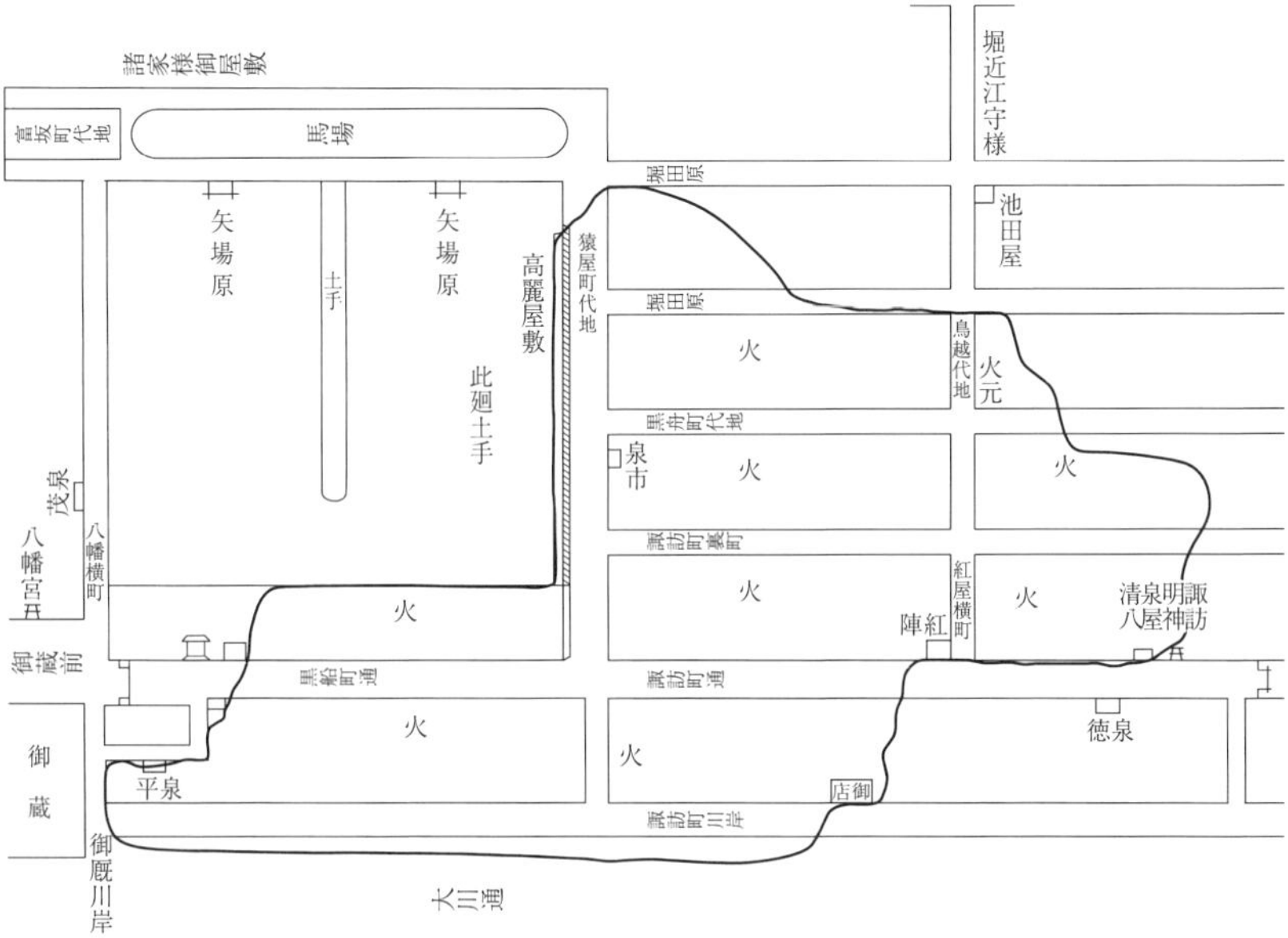

○図の内、焼失範囲を示す線とその内側の「火」の字は朱書にて記されている。

有金は中橋店に預ける

怪我立退申候、店焼落否哉、蔵之廻り穴蔵共水之手当いたし、有金之分ハ中橋店江相預ケ申候間、御安慰可被下候、右ニ付三好町泉屋平右衛門殿類焼、蔵者残り申候、御別家並諏訪町泉屋清八、猿屋町代地同泉屋市右衛門、其外御店出入之者五六軒類焼仕候、茂右衛門殿・徳兵衛殿ハ運能遁レ申候、金右衛門殿者残り候得共、屋根譬(壁)大破ニ相成候間、類焼同様ニ御座候、乍併怪我ハ無之候

四月十一日　　　　青木彦右衛門（花押）

増田半蔵・高橋連蔵・米谷官兵衛宛

○図は前頁に別掲。

一〇四　長崎店名代交代

先達而信八長崎江罷下候節、同所銅方掛役人中江佐兵衛と更代之義相頼、以印状申遣候処、左之通認替差出候様申来ル　但、西之内ニ相認、外ニ白紙一枚副遣

乍憚口上書

一其御地江私為名代差下置候太田佐兵衛義近来病身ニ付、御用向不弁ニ御座候故、右佐兵衛為代大沢信八郎差下候間、以後御用向右之者へ被　仰付被下度奉頼候、以上

銅山御用達
大坂
住友吉次郎印

銅方掛御役人中

(後筆)「以後文政十一子年正月之振合ヲ以取計可申事」

一〇五 居宅浜先石垣普請出来

乍恐口上

一去三月十一日御願奉申上候、私居宅浜先石垣繕普請出来仕候、乍恐此段御届奉申上候、以上

文政四巳年五月晦日

長堀茂左衛門町
住友吉次郎
病気ニ付代
源右衛門

源右衛門

御奉行様

一〇六 泉屋理兵衛より豊後町掛屋敷を譲請

豊後町掛屋鋪譲受扣

文政四辛巳年七月上旬、徳井町入江理兵衛殿末家杢兵衛ヲ以被仰越候者、御同人抱屋鋪豊後町・松屋町ニ有之候分、無拠銀子入用ニ付本家へ御譲受被下度、右家屋鋪家賃上り高、家代給、下屎代差引候所、一ヶ年凡弐貫七百目徳用有之候間、格別之御用捨ヲ以六拾貫目ニ譲受呉候様御頼之趣致演舌、尚理兵衛殿ゟ支配人宛頼書持参候ニ付、致算当見積候所、四拾貫目ニ求候当ニ候得共、不外御間柄之事故、丁内諸祝儀込五拾貫目ニ被成候ハヽ、御相談可申上申入候所、段々御歎ニ付、度々御懸合、諸入用外御手取五拾貫目之応対ニ相極、則八月三日者未七月節中ニ而方位も宜敷候間、致帳切貫、甚次郎名前ニ譲受候證文如左

甚次郎名前で譲請

一札

一豊後町我等掛ヶ屋敷、表口五間壱尺弐寸五部、裏行拾弐間半壱尺六寸五歩、但半役、壱ヶ所

一同丁掛屋敷、表口七間、裏行拾弐間半壱尺六寸五部、但半役、壱ヶ所

一同丁掛屋敷、表口八間、裏行拾弐間半壱尺六寸五部、但半役、壱ヶ所
右三ヶ所他町持ニ所持仕罷在候所、御町内住宅仕候泉屋甚次郎儀者我等甥住友吉次郎悴ニ而、親類ニ相違無御座候ニ付、此度甚次郎へ右懸ヶ屋鋪三ヶ所相譲り申所実正也、然ル上者譲り渡一件ニ付故障無御座候、万一何角と申出候者御座候ハヽ、此印形之者引受、急度埒明御町内へ少も御難儀御不念等掛ヶ申間敷候、為後日掛ヶ屋鋪譲り渡一札依而如件

文政四巳年七月

他町持徳井町
泉屋理十郎方ニ同家
泉屋理兵衛

親類
泉屋理十郎

豊後町年寄
伏見屋吉右衛門殿

五人組衆中

(朱筆)「此家屋敷当方へ譲請候ニ付、泉屋理兵衛方ゟ之譲渡一札奥ニ記す」

一札

一豊後町泉屋理兵衛掛屋敷、表口五間壱尺弐寸五部、裏行拾弐間半壱尺六寸五歩、但半役、壱ヶ所

一同町掛屋敷、表口七間、裏行拾弐間半壱尺六寸五部、但半役、壱ヶ所

一同丁掛屋敷、表口八間、裏行拾弐間半壱尺六寸五歩、但半役、壱ヶ所

右三ヶ所、徳井町泉屋理十郎方同家泉屋理兵衛他処持ニ所持仕罷在候所、此度理兵衛甥住友吉次郎悴、御丁内泉屋甚次郎へ右懸ヶ屋敷三ヶ所譲り受名前ニ仕、当巳拾三才ニ付代判鱣谷壱丁

目住友吉次郎借家泉屋連蔵為相勤候所実正也、宗旨者代々浄土宗ニ而是迄寺請状差出置御座候、
依之右譲り受候儀、三ケ条御證文巻幷水帳絵図人別帳御切替可被下候
一従御公儀様被　仰渡候御法度之儀者不及申、御町先規ゟ申合万事急度為相守可申候、尤普請仕
候砌者御町内江相断、御差図を受可申候、尚又町入用幷臨時入用物無差滞出銀為致可申候、万
一後年無役被仰付候儀御座候共、前入用物者無相違差出可申候、右掛ケ屋敷一件ニ付故障之儀
出来候共、此判形之もの罷出引受、急度埒明御町内へ少も御難儀掛ケ申間敷候、為後日譲り受
一札依而如件

文政四巳年七月　　　　丁内　泉屋甚次郎
　　　　　　　　　　　代判　泉屋連蔵
　　　　　　　　長堀茂左衛門町　受人　泉屋理右衛門

豊後町年寄
伏見屋吉右衛門殿
五　人　組　衆　中

右ニ付出銀左ニ
一白銀三枚　　顔見せ銀
一同　三枚　　振舞料
一同　九枚　　別段養子弘之格ヲ以外振舞料
一金　壱両　代六拾目　　当日振舞料
〆

一銀六拾四匁五分　御年寄へ
一銀　六両　御年寄へ樽肴料
一同　九両　丁代角右衛門へ
一同　九匁　菊三郎へ
一銀拾五匁ツヽ弐ツ　下役弐人へ
一同　六匁弐ツ　同人女房弐人へ
一同　九匁三ツ　髪結三人
一同　六匁　会所召仕へ
〆
右三屋鋪分譲受出銀
外ニ
一銀五拾目　代判之出銀
一金弐百疋　御年寄へ
一銀　四両　丁代へ
一銀　弐両弐ツ　下役弐人へ
〆
一銀五拾五匁　家守出銀
一同　拾匁　御年寄へ

一銀　六匁　　丁代へ

一同　四匁弐ツ　　下役弐人へ

〆

合壱貫百拾壱匁四分

養子名目とする

但、右町内甚次郎名前出有之儀ニ付、同人名前ニ譲受、尤養子ニ而者無之候得共、養子と名目不致而者歩一銀も相掛り候儀ニ付如斯ニ致候事

一金壱歩　会所別段心付　　一六匁　人形遣　　一四匁　座頭　　一壱貫文　丁内垣外
　壱〆五百文　垣外与兵衛

右懸り物追渡、豊後町〆中来候ニ付同所へ九月朔日差遣ス

一〇七　浅草店類焼につき見舞・心付を遣す

当巳四月十日江戸浅艸店類焼ニ付見舞幷心付等左ニ

一金拾両　　四月十日朝早速馳付候而相働候ニ付為心付遣ス表

内訳

一壱両壱分　ふじや　豊次郎
　但、茶船持参働居候内自分宅丸焼ニ付心付見廻共

一弐分　常陸屋船　持参ニ付

一三分　同　船頭三人へ

一弐分　鹿嶋屋　船頭三人

一壱分　住吉屋　文助

一壱分　髪結　甚兵衛

一弐朱　女よし宿

一弐朱　箱崎　善吉へ

一弐朱　女なわ宿

一壱両　馬持孫兵衛
　但、四人宛四五日参り候ニ付

一弐朱　伊勢町　勘兵衛

一弐朱　糀町　鉄蔵へ

一弐朱　隅田豊次郎

一壱分　左官　仁兵衛

一弐朱　人形町又蔵　一壱分　持込虎右衛門　一壱分　本屋梅沢　一三分　同半四郎
但、四人参目ぬり致候ニ付

一弐分　大工直七　新太郎　一壱分　大工善六　一壱分　巴屋弥七

一弐朱　同庄兵衛　一壱分　柏　五兵衛　一弐朱　日雇定七　一弐朱　日雇弥助

一弐朱　常吉　一弐朱　助五郎　一壱分　持込真木屋　一弐朱　茶番勝五郎

一壱分　船頭地内富五郎　一弐朱　料理人喜八　一弐朱　髪結菊之助　一壱分　植木屋兄弟

一弐朱　権兵衛

右之通割振相配候由、尤高拾両之内也

一金弐拾八両弐分　但、末家中見舞、店心付幷出入方類焼之者へ見廻とも

銀七匁三分九厘

内訳

一五両　泉屋平右衛門　一三両　泉屋金右衛門　一弐両弐分　御店彦右衛門　一壱両三分　兵助
但、御目録金　但、同断

一壱両弐分　徳右衛門　一壱両壱歩弐朱　佐右衛門　一壱両　安兵衛　一壱両　金蔵

一壱両　竹蔵　一壱両　新蔵　一弐分弐朱　宗兵衛　一弐分弐朱　義兵衛

一弐分弐朱　忠蔵　一壱分弐朱　源助　一壱分弐朱　栄蔵　一壱歩弐朱　清右衛門

一壱分弐朱　直三郎　一壱分　為八　一壱分　円蔵　一壱分　子供五人
七匁三分九厘
但、壱人前銭五百文ツヽ

一弐朱　男 弥助
一弐朱　同 嘉助
一弐朱　同 宇助
一弐朱　男 戸助
一弐朱　女 なか
一弐朱　女 よし
一弐両　但、類焼当座寄合所借賃　徳右衛門渡
一弐分　但、類焼ニ付末家並出入方見廻付心分　泉屋 市右衛門
一弐分　但、類焼ニ付末家並出入方見廻心付　泉屋 清八
一弐分　但、同断　家守 忠兵衛
一弐朱　但、同断　背負 専蔵
一弐朱　同　肴屋市兵衛
一弐朱　但、同断　信濃や 助八
一弐朱　同　はこや 八五郎
一弐朱　同　春入 治助
一弐朱　同　瓦師 五郎兵衛
一弐朱　同　土屋 権八
一弐朱　同　石屋 喜平次
〆

〆
弐口
合金三拾八両弐分
銀七匁三分九厘

右江戸浅艸支配人彦右衛門ゟ申来

一〇八　豊後町掛屋敷家守請状・家質証文

豊後町家屋鋪譲受ニ付家守一札幷家質證文写左ニ

家守附證文之事

一町内持我等掛ケ屋敷三ケ所、此度家守御町内我等借屋ニ罷在候三文字屋藤助ニ為相勤申度段御頼申候所、御承知被下候、然ル上者御公用幷御町内何事ニよらす急度為相勤、第一御触渡之義者借屋末々迄入念申聞、尚又御町内申合為相守違背為致間敷候、其外御相談御座候節、独立我

儘成義為申間敷候、自然藤助ニ而御差支御座候ハヽ、早速家守為退可申候、借屋貸附候節ハ随分入念相調、御町内へ相届候上貸付可申候、若御不承知有之者貸付申間敷候、諸事入念臨時之儀者御町内へ相断、御差図ヲ請可申候、為後日家守附一札依而如件

文政四巳年八月

家主
泉屋甚次郎
当巳拾弐才ニ付代判
泉屋連蔵
家守町内右甚次郎借家
三文字屋藤助

豊後町年寄
伏見屋吉右衛門殿
五人組衆中

家守請状之事

一豊後町御町内御抱屋敷三ヶ所家守、此度三文字屋藤助江被仰付、依之諸事丁内仕法之通可相勤段承知仕候

一御公儀様御法度之趣者不及申、御触書其外其度々其度々不洩様借屋人江末々迄申渡、諸事為相守可申段承知仕候

一家貸付候節者入念相調子慥成人江貸渡可申候、家賃銀之儀者直ニ御取立候段承知仕候、自然私方へ右家賃幷丁内歩一銀等持参仕候者早速相渡可申候、右之外藤助義ニ付万一不埒之儀有之候ハヽ、私罷出急度訳立仕候而、其元様へ御難儀懸ケ申間敷候、御勝手ニ付家守御替被成候ハヽ、早速退役仕可申候、其節聊申分無之候、為後日家守請状差入候所如件

文政四巳年八月

家守
三文字屋藤助印

請人
山田市右衛門印

泉屋甚次郎殿

家質證文之事

一豊後町天神橋通思案橋筋西南角泉屋甚次郎、当巳拾弐歳ニ付代判泉屋連蔵家屋敷、表口五間壱尺弐寸五歩、裏行拾弐間半壱尺六寸五歩幷土蔵壱ヶ所、本戸前付、但半役、南隣住吉屋源兵衛、西隣者住友吉次郎掛ケ屋敷、東北者大道也、此家屋敷土蔵とも当巳八月ゟ来午七月迄銀拾三貫目家質ニ差入、右之銀子慥請取申所実正也、然ル上者家質利銀一ヶ月銀三拾九匁宛毎月無遅滞相渡、公役・町役此方ゟ相勤可申候、万一滞儀候ハヽ、右家屋鋪土蔵共致帳切、無異儀相渡可申候、為後日家質連判證文依而如件

文政四巳年八月

家質置主
泉屋甚次郎
代判泉屋連蔵
五人組　住吉屋源兵衛
同　小西甚五郎
同　炭屋猶代判珂兵衛家守
丸屋吉兵衛
同　日野屋茂四郎家守
日野屋半九郎
同　泉屋甚次郎家守
三文字屋藤助
年寄
伏見屋吉右衛門

炭屋猶殿

代判珂兵衛殿

家質證文之事

一豊後町天神橋筋中筋西北角泉屋甚次郎、当巳拾弐才ニ付代判泉屋連蔵家屋敷、表口八間、裏行拾弐間半壱尺六寸五歩幷土蔵壱ヶ所、本戸前付、但半役、北隣者右甚次郎懸ヶ屋敷、西隣者同人家屋敷、東南者大道也、右家屋敷土蔵共当巳八月ゟ来午七月迄銀弐拾壱貫目之家質ニ差入、右銀子慥受取申所実正也、然ル上者家質利銀壱ヶ月ニ六拾三匁ツヽ、毎月無遅滞相渡、公役・町役此方ゟ相勤可申候、万一滞儀候ハヽ、右家屋鋪土蔵共致帳切、無異義相渡可申候、為後日家質連判證文仍而如件

文政四巳年八月

家質置主
泉屋甚次郎
代判泉屋連蔵
小堀屋庄左衛門家守
五人組　小堀屋五兵衛
同　小堀屋五兵衛
米屋平右衛門家守
同　鍵屋記兵衛
泉屋甚次郎家守
同　三文字屋藤助
年寄
伏見屋吉右衛門

炭屋猶殿
代判珂兵衛殿

一〇九　長崎店銅欠過請負人交代

長崎御手頭之写

右病身ニ付願之通暇申渡候

銅欠過請負人
太田佐兵衛

大沢信八郎

右御用銅欠過請負人願之通申渡候

七月

一一〇　銅座詰勘定・普請役交代屋敷設置につき祝儀

一是迄御勘定・御普請、船場中町内会所ニ壱ケ年ツヽ廻りニ御旅宿有之候処、此度御交代屋敷鈴木町ニ相定り、文政四巳年八月十八日御引移ニ付、左之通為御歓贈候事

但、右御屋敷地方御代官嶋田帯刀様跡明き屋敷へ御引移被成候事

一松魚節　双連
酒印紙　五枚

銅座詰御勘定
飯田清七郎様

一松魚節　壱枚
十本入
酒印紙　三枚
宛

同御普請役
渡辺啓次郎様
田中金次郎様

〆

一一一　田安家御用提灯等名代へ下付

乍恐書附ヲ以奉願上候

住友吉次郎

一私義御掛屋御用相勤候ニ付、御紋附御挑灯御絵符幷御用印御挑灯御下ケ被為成下難有仕合奉存候、然ル処別家手代勇右衛門と申者年来名代為相勤、諸御用向ニ付毎々出勤仕候処、御用之節右御下ケ有之候御挑灯本店私方へ取ニ参り居候而者非常之節間ニ合不申、其上万一急御用之節者刻限等延引相成候而者甚以奉恐入候儀ニ付、非常為手当右御挑灯之内勇右衛門方へも兼而相渡置申度、乍恐此段奉願上候、何卒御勘弁ヲ以御聞届被為　下置度、猶又右之段御奉行所へも御達置被為成下候ハヽ、冥加至極難有仕合可奉存候、以上

文政四巳年月日　住友吉次郎㊞印

長柄
御役所

田安御役所ゟ来書附之写

其方江渡置候高張御挑灯之内壱張名代勇右衛門江為相渡候旨、昨十五日町奉行内藤隼人正方江届相済候ニ付、可被得其意候、以上

巳十一月十六日　長柄
御役所

住友吉次郎方

乍恐以書附奉申上候

本町五町目
泉屋勇右衛門

一田安御役所御用相勤居申候ニ付、御紋附高張御挑灯壱張、従　右御役所御下ケ被為　成下候、

尤右御挑灯御用之外ハ一切相用候義無御座候、乍恐此段以書附御届ケ奉申上候、以上

文政四巳年十一月

勇右衛門

御奉行様

右之段於丁内差障り無御座候ニ付、乍恐印形仕候

年寄

上田誓斎

一二三　手代役替

除目覚

袴着

古役吟味方

豊後町仮詰

末家勇右衛門

替紋付羽織一着被下

袴

豊後町

支配役

吹屋差配方

貞助

吹所差配方預り、加増一ケ年弐百目

都合高弐貫目被成、定紋付小袖一着被下

袴

吹所差配方

見習

大払見習

芳兵衛

加増弐百目、一ケ年高壱貫四百目

定紋附上下一具被下

吹所差配方
　差副　　　　　　　　吹屋銭払
　　　　　　　　　　　伊右衛門
加増百目、一ヶ年九百目
吹所銭払方
　見習　　　　　　　　義蔵
加増百目、一ヶ年五百五拾目
右之外者外帳面ニ記有之候
　文政四巳十一月十七日

一二三　払銅入札不正につき落札人取放

　奉差上御請書之事
其方義当月十七日払銅入札差出候書面ニ本町五丁目住居之由申立、荷札ニ相成候ニ付、請書印形申付候得共、外組合も無之、壱人立大銀引請候義ニ付、身元聞糺候処、本町五丁目ニ名前無之、再応聞糺候処、入札差出候翌日同所炭屋吉兵衛借屋借請候約束いたし候由、左候得者入札差出し候節者当表ニ名前無之者ニ候処、大躰偽候義申立不届之至ニ依之落札人取放し候

入札時に本町五丁目に名義なし

右之通被仰渡奉承知候、依之請印形差上候処仍而如件
　巳十一月

一二四　橘通二丁目掛屋敷家守交代

文政四辛巳年十一月廿三日、南堀江橘通弐丁目抱屋敷家守明石屋嘉兵衛儀病死仕、跡家守同人悴利助江申付、出銀左ニ

一金弐百疋　町中江出銀
一同弐百疋　町中江盃料
一銀弐両　年寄江
一同六匁　町代江
一同四匁　下役江
一同六匁　人形猿引江
一同四匁　座頭江
一金百疋　惣年寄江
　張紙挨拶
一銀弐匁宛　同物書三人
　八包　堀江物書弐人
　惣会所守壱人
　筆工壱人
　小使壱人
〆如高　〆

右之通調印相済、家守利助諸事請負一札立売堀裏町天王寺屋弥助請印取置、家賃方ニ入置候事

家賃方

一一五　泉屋理兵衛より豊後町掛屋敷譲請証文

家屋敷譲渡一札

一豊後町我等掛屋敷、表口五間壱尺弐寸五歩、裏行拾弐間半壱尺六寸五歩、但半役、壱ケ所
一同丁掛屋敷、表口七間、裏行拾弐間半壱尺六寸五歩、但半役、壱ケ所
一同丁掛屋敷、表口八間、裏行拾弐間半壱尺六寸五歩、但半役、壱ケ所

右三ヶ所於其町内我等所持罷有候処、此度貴殿へ代銀五拾貫目ニ譲渡、則町内帳切相済候ニ付、
右代銀慥請取申所実正也、此家屋敷ニ付違乱妨申者有之候ハヽ、我等罷出急度相弁可申候、為後
日之譲渡一札依而如件

文政四巳年

他町持徳井町
泉屋理十郎方ニ同家
泉屋理兵衛
親類
泉屋理十郎

泉屋甚次郎殿

一一六　手代役替

一休足末家、以来日勤申付
一支配役申付
右辛巳年十一月十七日夫々申渡候事

支配人
連蔵
差副役
官兵衛

一一七　末家泉屋儀兵衛に合力遣す

文政四年巳十一月摂州住吉中在家村泉屋儀兵衛ゟ申来候者、先祖平左衛門享保十八年丑十二月松
平讃岐守様江出銀之内致加入候由、左ニ

高松藩用達銀の枝手形持参

覚

一銀壱貫三百八拾三匁九分壱厘　但、巳極月ゟ寅十一月切壱歩弐利足
右者松平讃岐守様江銀子弐拾弐貫目用達候内江右銀高被致加入候所実正也、證文并切手此方ニ取
置候、重而返弁之上相渡可申候、仍而枝手形如件

享保十八年丑十二月　　　　　　　　　泉屋吉左衛門（印）
泉屋
平左衛門殿

右枝手形持参、当家親類之由申来、合力願出候ニ付、段々致吟味候所、末家ニ相違無之、其上余程銀高貸候證文有之ニ付、其由申聞候所、右儀兵衛当時不如意ニ付、少々ニ而も合力致呉候様度々願出候ニ付、右枝手形幷一札取置、金弐百疋差遣候事、左ニ

一札之事

一貴殿御先祖ゟ　松平讃岐守様江享保十八年丑十二月銀弐拾弐貫目御用達御座候内江、私先祖平左衛門ゟ銀子壱貫三百八拾三匁九分壱厘致加入候枝手形有之候所、私近年身上不如意難渋ニ付、右手形持参致、相応之御助成被成下度頼上候得共、旧年之事故容易ニ御取受無之、殊ニ私先祖江貴殿ゟ御借付銀返済方不埒ニ相成有之候分者不被及頓着、当時難渋之私再三御助成頼上候ニ付、格別之御憐愍ヲ以金子弐百疋為御助成被下忝受納仕候、然ル上者以来如何様之書物出候共、重而御助成等之儀申上間敷候、為後證差入申一札仍如件

文政四巳年十一月　　　　　　住吉中在家村
泉屋儀兵衛印

住友
御文配人中様

右一札枝手形取置、乾蔵御用簞笥江入置候事

乾蔵御用簞笥

二一八　松前藩蝦夷地復領

巳十二月七日水野出羽守様御申渡

松前志摩守

其方義最前蝦夷地手当行届兼、難捨置様子ニ付、東西蝦夷地追々上り地ニ被仰出、年来従　公儀（脱アルカ）御取掃相整、夷人撫育、産物取捌等万端居合、御案堵之事ニ候、其方儀彼地草創之家柄数百年之所領ニ候得者、旧家格別之義を被思召、此度松前蝦夷地一円如前々可被返下旨被　仰出候間、彼地是迄之御主法無迷（違）失相守、異国境御要害之義厳重可取計候旨御沙汰候

松前奉行江

一此度松前蝦夷地被返下ニ付而者、取来知行九千石者上り候、蝦夷地之義、異国境御太切之事ニ候得者、津軽越中守・南部吉次郎警固之義者如是迄相心得、以来人数松前・箱館江不及差渡、銘々領分渡海日々備置、万一非常之義有之節者、其方ゟ案内次第早々渡海手合候様可致旨被仰出候間、兼々示合、御備向之義無隔意可被申談候、尤両家之警固を頼心得、自国之備不等閑様可被心掛候、且又彼地之御主法取計方之義者得と松前奉行江承合、入念可申附候、右之通志摩守江相達候間得其意、彼地之御主法取計向申送り等之義万端取調可被相伺候

巳十二月

二一九　京都上柳町・大坂九之助町一丁目掛屋敷家守交代

一京都仏光寺通上柳町抱屋敷、是迄家代越後屋又右衛門と申者為相勤候処、少々故障有之、跡代り同町伊賀屋吉兵衛と申者江申附候旨、白川ゟ申来候ニ付扣置候事、尤請證文者茨木屋太兵衛と申者実躰成者ニ付、請状取置事

（貼紙）

文政五年

午正月

「（貼紙）文政五壬午正月三日、九之助町壱丁目抱屋敷家守三人之内泉屋
与三兵衛、同人義不埒之儀御座候ニ付退身申付候、跡役芳兵衛
相勤させ、出銀左ニ

一八匁六分　顔見セ料
一八匁六分　年寄へ
一六匁　町代へ
一三分　女房へ
一四匁　親へ
一三匁　子供へ
一四匁宛　下役弐人へ
一四匁宛　若者弐人へ
〆
一三匁　水帳方惣代へ
一壱匁五分　若者へ
一四匁　座頭へ
一六匁　猿引人形共

〆
都合六拾三匁七分出銀高也
右之通会所へ年寄・月行司立会之上切替相済、張紙等も相済候
事
当方ゟ請印一札差入候事
是ハ会所ゟ認メ差越候処調印遣候事」
(裏書)「九之助町壱丁目家守代り
出銀之書付」

一三〇　別家中より本家召抱につき嘆願

乍恐以書附奉願上候

一御本家様御陰ヲ以別家共家名相続仕難有仕合奉存候、然ル処先年ゟ御別家之内家名相絶候も段々有之、尤　御本家様ゟ結構御家督被為　下置候得共、無拠不仕合ニ而相続難相成儀等者乍申、甚以歎ケ敷奉存候、右ニ付以後別家共永々相続相成候様仕度奉存候ニ付、一統左之通奉願上候

一御本家様幷諸御店御召抱之御手代小供到迄別家中ゟ出勤為致度候事

　但、他向ゟ口入ニ而御召抱之儀御無用被為　成下度候

右願之通被為　仰付被為　下置候ハヽ、出勤小供之儀成長之上永ク御奉公仕、老年到首尾能御別家被為　仰付被下置候時者、何某之家名続、家督其家ニ重、又ハ其子如斯相成、左候得

別家の子息を雇用
不足分は年番行司が選考した者を別家の養子とする

ハ後々到別家中永々繁昌仕、然ル上者猶以　御本家様御仁恵御陰而已難有、日々忠勤仕、出情可仕と奉存候、尤御本家様御店々諸方御繁栄ニ付、人数余程無之而者万一御差支ニも被為思召候段奉恐入候得共、此儀者先別家中家々より実子有之候者壱両人ツヽニ而も成丈出勤為致、相残ル不足人数之分者別紙ニ相認メ置候別家中取締書之内両三人ヲ年番行司と相定、是ゟ　御本家様幷諸御店新ニ御召抱之御手代小供到迄、其家元者不申及、人柄等得と吟味仕候而御為ニ可相成人ヲ見立、別家中之内江順番ニ割付養子分ニ仕、其家々ゟ為致出勤可申候、左候へハ後々到り　御本家様幷諸御店御手代小供迄不残別家中之悴分ニ相成、然ル上者相互ニ教訓も無遠慮仕候ニ付、自と不忠不儀之者ハ出来不仕哉と乍恐奉存候、万一御家風相背、心得違之者御座候得ハ、別家一統ゟ得と糺明仕、以正路取計仕、　御本家様へ一切御苦労相懸申間敷候

右願之通御聞済被為　成下候ハヽ、難有御儀奉存候、以上

文政五年
午正月

市良兵衛印
林　兵　衛印
慶　　助印
藤右衛門印
喜　兵　衛印
卯　三　郎印
半右衛門印

杢右衛門印
伊右衛門印
治　兵　衛印
仁　兵　衛印
半　兵　衛印
勘　　　七印
儀　　　助印
祐左衛門印
七右衛門印

印　□

御本家様

下ケ札

前書願之趣尤ニ相聞候ニ付、　又右衛門印
□印　御聞済被為　成下候而も乍恐　仁右衛門印
可然哉と奉存候、以上　真右衛門印

別紙添願書

内札

一御本家様、御店、諸方御店幷別家中以内札忠勤専一相励候事
但、為内札箱御店々幷別家中ニ壱箱宛拵置、委細者左ニ

一内札箱開者年分ニ何ケ度と相定置、御本家様御重役幷老分別家行司立会ニ而札開仕、則於其序吉凶多少仕分ケ、忠勤専一之入札多有之候者者其宜相糺、弥以忠勤堅直ニ相定り候へハ、右之段　旦那様江達上聞、御褒美之奉蒙御意候様奉願上候事、猶又凶札多ク有之候者者是又相談之上得と其趣意ヲ相糺、弥心得違相定り候へハ勘弁之上無私以仁信正路ニ取計可仕候事

別家中取締之事

一別家中両三人年番行司ニ相定置、若一統之内ゟ　御本家様江願之筋有之候共、一己ニ願出候儀堅致間敷事、別家中之儀ニ付何等之儀出来候共、右行司へ相達、是ゟ一統へ申談、得と其趣意ヲ糺、正路ニ付無拠筋ニ相聞候得者年行司ヲ以願出候、尤行司ゟ定出シ候事意変仕間敷事

一年行司相勤候共、私計決而致間敷候、何等之儀ニ付而も一統へ其趣意ヲ申談、正路第一取計可仕候事

一於評儀之序（席）者、若年成共思ク之筋有之候ハヽ、無遠慮相談可仕候、尤決談之儀者多分ニ相定候事

一御本家様御召抱御手代小供別家中ゟ順番ヲ以為致出勤候事

一実子無之者ハ養子仕為致出勤候定、尤御本家様幷諸御店益御繁栄ニ付、御召抱御手代小供数人無御座候而者、御用向御差支ニも可相成哉ニ奉存候、此儀ハ先別家中之内実子有之候者者一両人ツヽ、為致出勤、不足之分者他家ニ而相応成小供吟味

（下ケ札　奥ニ記ス　○印ヲ以）

仕、得と相談之上弥出勤と相定り候得者、其家元者不及申、人柄等見立、其上一統へ相談仕、弥御為可相成者と相見候得ハ、別家中之内何れ成共以順番、其親元へ掛合堅證文取置、何某之悴分ニ仕為致出勤、　御本家様へ御差支無之候様取計可致候事

知るべし

△印　同断

一年行司相勤候節、一統之内当人病気等も有之候ハ、折々相見舞、誠ニ親子同様ニ志ヲ以厚致世話、若死去等も有之候ハヽ、其跡式相続可相成候様一統相談之上万端取計可致候事

但、病気之節当家ゟ年行司へ早速相届ケ可申候事

○印　本文之通御聞済被成下候ハヽ、他向之者銘々共引請、親分ニ而御奉公ニ差出可申候、万一引負不埒仕候ハヽ、請人ゟ為相弁可申様、御聞済置被下度奉願上候

△印　本文之趣御手代小供御召抱之儀ニ付、何方ゟ口入申来候共、別家年番者方江御振向可被成下候

右之通私共愚案荒増奉申上候間、乍恐御勘考之上可然様御差図被為　成下候ハ、難有仕合奉存候、以上

文政五年

午正月　末家惣代

七右衛門印

祐左衛門印

義　助印

治兵衛印

右之通願出候ニ付、閏正月二日聞済候事

文政五午年
閏正月二日

一三一 友聞別子銅山見分の届出

文政三年六月・同四年七月大風雨

（朱書）「友聞銅山見分之節」
乍恐以書附御届奉申上候
一予州別子立川両御銅山、辰年六月・巳年七月両度之大風雨ニ而夥敷破損所出来候ニ付、御銅山御用向相兼、稼方為取調子、私幷名代勇右衛門召連、三月上旬下向仕候、右ニ付　御城下表へも参上仕度奉存候、尤留主中　御用之節者手代幸三郎へ被　仰付被　下置候様奉願上候、此段以書附御届奉申上候、以上
文政五午年閏正月
住友吉次郎
松山御屋敷
御役所

一三二 清涼寺開帳祠堂銀を預かる

文政五壬午年二月
嵯峨五台山清涼寺釈尊永代毎月八日御開帳、施主当地妙蓮社講元世話人信心之他力ヲ以、為祠堂金集銀六貫目、当方江永世預り、尤利足月五朱定メ、毎年十二月寺納之約定、双方江為取替證文左ニ
永代預り申銀子之事
一銀六貫目也

右者嵯峨清凉寺　釈尊永代毎月八日御開帳料為祠堂金慥ニ預り候処実正也、然ル上者月五朱之利
足年々無相違相渡可申候、為後證仍而如件

文政五壬午年二月　　　　住友吉次郎実印

発記(起)人　奈良屋佐兵衛殿
世話人　岩井屋孫兵衛殿
明石屋善兵衛殿
堺屋半兵衛殿
黒江屋喜助殿
泉屋藤右衛門殿
天王寺屋仁兵衛殿
河内屋勘兵衛殿
倉橋屋伊兵衛殿

(朱書)
「奥書丈室直筆」
上件御開帳料之事、丹精信力似蟻塔令随喜承諾畢、然ル上者能預所預共ニ永世不朽ヲ禱者也

五台山現住
精誉芾山　朱大印

返一札

此度嵯峨清凉寺釈尊永代毎月八日御開帳奉拝仕度ニ付、他力ヲ以銀子相集、為祠堂金別紙御證文

之通銀六貫目御預ケ申処実正也、然ル上者月五朱利足毎年十二月御渡可被下約定ニ御座候、万一連印之者何ケ様之儀出来候共、右元銀者永代引取申間敷候、為永代連判返一札仍而如件

文政五壬午年二月

世話人
倉橋屋伊兵衛印
河内屋勘兵衛印
天王寺屋仁兵衛印
泉屋藤右衛門印
黒江屋喜助印
堺屋半兵衛印
明石屋善兵衛印
岩井屋孫兵衛印
元世話人
奈良屋佐兵衛印

住友吉次郎殿

（朱書）
「裏書」
表書之通十方信敬積集也、依之永世無改変取計之、尤於当山も可為同前者也

五台山主
精誉乕山朱印

一三三 老分半蔵後家永々暇願

老分半蔵後家きみ永々暇願出候ニ付聞届置候、尤塩町住宅諸道具、其儘申請度相願候ニ付、不残差遣、猶又正・閏・二月中賄弐百弐拾五匁遣候事、已来申分無之一札取置候、位牌者長三郎

生長迄玉造猪狩兵左衛門方江預置候事
右文政五午年二月永々暇願出

一二四　松山藩より銅山支配役へ紋付裃下賜

覚
一銅山支配役太兵衛、二月十八日松山従御代官所御用状を以、出町可致段被仰越候ニ付、則廿三日罷出候処、格別之御沙汰を以従　太守様御紋附御上下被下置候事、左ニ
泉屋
太兵衛
御　紋付　麻御上下壱具被下置
演説之写
御紋服之儀者重キ義ニ有之候得共、太兵衛儀貞実ニ相勤、山内締方宜敷、役所向幷御増地以来内用等厚相働、万端実誠ニ相勤候ニ付、格外を以此度　御紋付御上下被下置、尤後格ニ不相成候事
月　日
右之通太兵衛方ゟ二月廿七日認書状以申越候ニ付記之
右ニ付松山御家老方五人、御預り所御奉行・御代官・御手附・御手代・川之江御元〆・御手代、御衆中へ御礼状差出し候様申越候ニ付、早速御礼状相認、三月三日差下し候、則何れも文言幷御名前等者文格帳ニ委記之、此外御目附・御徒目附方へ者太兵衛御礼之手札を以廻勤致候而、御礼状ニ不及候由申越候ニ付、任其意候也

文格帳

文政五午年三月

一二五　田安家御用提灯の増下付許可

田安御役所ゟ御差紙之写

一去冬御挑灯増下ケ之儀願出候ニ付申渡義有之間、明九日相心得候者壱人可罷出候事

午三月八日　長柄御役所

住友吉次郎方

右之通御呼出シニ付、今九日幸三郎出勤仕候処、去冬御挑灯増下ケ之儀願出候ニ付、此度従江戸表　御聞済之趣御用状ニ而申来候間、其趣可相心得候、御挑燈者出来次第相渡可申候、尤当御役所ゟ町御奉行所へも追而相届可申候

右之段被仰渡候也

午三月九日

一二六　網嶋所持地の一部借用を依頼される

（付箋）

大森十次兵衛様・八田五郎左衛門様ゟ御頼ニ付、左之通一札取置候事

一札之事

知恩院宮神殿造営材木切組場として使用

一貴殿御所持摂州東成郡野田村堤添地面、此度拙者借請、　智恩院宮様　御神殿御造営材木切組木拵致度、右地面御支配人野田村次兵衛殿へ及御相対候趣、御聞済被下忝奉存候

一火之用心専一之事

一御材木揚卸之節、御国役堤相損不申様可仕事

一人数相集候儀ニ付、御法度博奕決而不仕候様為相守候事
一御地面之内立木損不申様取計候事
一喧嘩口論決而為致申間敷、万一大躰之儀有之候共、聊地主へ御難儀相懸申間敷事
一御用ニ付権威ヶ間敷、決而仕間敷候事
右之通堅相守可申候、其外下職之者へも厳敷可申付置、都而御村方差支ニ不相成候様取計可仕候、尤御普請未年中相済候ハ、無異変御地面御返済可申上候、為其一札差入候処如件

文政五午三月

借主
大工　吉兵衛印
請人
大工　三右衛門印

升屋
直蔵殿

○この文書は朱線罰点にて抹消してある。
(付箋朱書)
「此儀村方ゟ差支申立候ニ付、
貸附之義相止、無用　」

一二七　田安家御用提灯の増下付

一先達而被願出候　御紋付高張御挑燈相渡候間、今日中ニ可罷出候事

三月廿七日

田安
御役所

住友吉次郎へ

右之通御差紙到来いたし候ニ付、幸三郎出勤仕候処、御請書認差出候様被仰聞候ニ付、翌廿八

日右御請書相認持参仕候処、早速相納り、御挑灯御渡被遊候、依之直様諸御役人衆へ御礼ニ相
廻り候、尤御掛り御役人者安室氏也、右請書者奥ニ誌

乍恐以書附奉申上候

長堀茂左衛門町
住友吉次郎

「(朱書)此分一旦相認候ニ付差出し候得共、友聞他国中ニて、文言書改、
仮届ニ可致段被仰聞候故、先不用ニ相成候事也、尤仮届書奥ニ記」

一私義去ル文化六巳年　田安御役所御掛屋、其外御用向被　仰付候ニ付、御紋附高張御挑灯弐張、
御絵符弐枚被遊御渡、御用向相勤罷有候処、其後出店甚次郎方ニ而御掛屋　御用相勤候ニ付、
御渡被置候内御挑灯壱張、　御絵符壱枚、幷手代勇右衛門名代　御用向相勤候ニ付御挑灯壱張差
遣置度旨奉願上候処、御聞届ヶ御座候、猶又私方へ今壱張御増下ヶ之儀先達而御願奉申上候処、
御聞済有之、此度壱張御渡被遊候ニ付、乍恐此段以書附御届奉申上候、以上

文政五午年三月廿九日　　住友吉次郎

「(朱書)〇此所へ可書入候事」

御奉行様

「(朱書)〇」右之段於町内差障無御座候ニ付、乍恐奥印仕候

年寄
理右衛門印

御請書

一御紋付高張御挑灯壱張

右者私義文政(化)六巳年御懸屋其外御用向被　仰付候ニ付、　御紋付高張御挑灯弐張・御絵符弐枚被

遊御渡、御用向相勤罷有候処、出店甚次郎方ニ而御掛屋御用相勤候ニ付、御渡被置候内御挑灯壱張・御絵符壱枚、并手代勇右衛門名代御用向相勤候ニ付、御挑灯壱張差遣置度旨奉願、御聞届御座候、然ル処私方ニ御挑燈無御座候ニ付、壱張御増下之儀先達御願奉申上候処、御聞済、此度壱張御渡被遊難有奉請取候、然ル上者甚次郎・勇右衛門之内此後御用向相勤不申候節者差遣置候御挑灯・御絵符共私方へ取置候ニ付、此度被遊御渡候壱張者早々奉返上候様被仰渡奉畏候、仍御請書奉差上候、以上

文政五壬午年
三月廿八日　　住友吉次郎実㊞

長柄
御役所

乍恐書附を以御届奉申上候

長堀茂左衛門町
住友吉次郎
他国仕候ニ付代
幸三郎

友聞他国中につき
仮届

一田安御役所　御紋附高張御挑灯壱張　御増下之儀、兼而御願奉申上候処、御聞済有之、此度壱張御渡被遊候、然ル処吉次郎義此節他国仕居候義ニ付、御届延引ニ相成候段恐入、勿論非常之義も難計恐入候ニ付、代人幸三郎を以乍恐此段為念書附を以御届奉申上候、追而帰国之上御届奉申上候、以上

文政五午年四月四日　　幸三郎

右之段於町内差障無御座候ニ付、乍恐奥印仕候

理右衛門
年寄

御奉行様

「（朱書）右届書差出し候義者、町用之義不拘御用ニ候事故、代之者椽（縁）ヨリ下ニ居て可差出旨、地方御与力ゟ被仰付候事、無左候而者御用之節と町用、私之事と不別義と被仰候、夫故今度代人下ヨリ差出ス、尤　友聞ヨリ直届之儀成レ者定例ニ可致と之儀被仰聞候事也」

一二八　網嶋所持地の借用依頼を断る

文政五壬午年三月中旬、野田村地面天大森（ママ）十次兵衛殿ゟ被相頼、京都　知恩院境内ニ有之御神殿御造営ニ付、暫貸呉候様承知致候処、村方ゟ差支之儀申出候ニ付断申入、東御役所地方御与力寺西源吾兵衛殿・寺西彦四郎殿御両人懸り書付ヲ以断申立相済申候、左ニ

乍恐以書付奉申上候

（付　箋）

一此度京都知恩院境内ニ在之候　御神殿御造営ニ付、私所持之明キ地面御普請場所ニ暫貸呉候様、大工吉左衛門と申者ゟ被相頼候ニ付、私無何心貸渡候処、右場所者村方ニ差支之場所ニ御座候旨、依之右吉左衛門へ断相立、則村役人連印ヲ以乍恐御断奉申上候、私行届不申不念不調法之段、御赦免被為　成下候ハヽ、難有奉存候、以上

松平和泉守殿領分
摂州東成郡野田村
枡屋直蔵
病気ニ付
代百助

文政五壬午年
四月十六日　　　　代百助印

右之趣相違無御座候、乍恐奥印仕候

庄屋
伊兵衛印

御奉行様

「(付箋)当時並合壱間ニ付　一三畝四歩　分米三斗弐升七合
壱貫三百匁替　　　　一三畝三歩　同　三斗壱升六合
〆六畝七歩

南

東西
奥行弐拾六間

南北
間口三拾五間三寸五歩

但、六尺棹

明和七庚寅七月譲り受

網嶋地面

大道筋

東　西　北

」

○囲い線と周囲の「東西南北」の字以外は朱筆にて記されている。

前文之通相認差出シ候処、猶又委敷相認差出候様被仰付、前差上候分ハ御下ニ相成、今日又々認替差出候、左ニ

乍恐以書附御断奉申上候

松平和泉守殿領分
摂州東成郡野田村
枡屋直蔵
病気ニ付
代　百助

一先月十八日当村役人共被召出、此度　京都知恩院宮様御境内ニ御座候　御神殿御造営ニ付、右普請材木置場所、当村方ニ而御借り請被成候旨、右　宮様ゟ御届御座候由、弥相違無之哉之段御尋ニ御座候処、当村役人共一向存不申ニ付、帰村之上取調申度旨申上置、村内一統相糺候処、地面御座候ニ付、其段村役人共ゟ申上候ニ付、私被召出御座候、此段右材木置場ニ私地面暫貸呉候様、天満籠田町志寿屋吉左衛門と申大工職之者ゟ被相頼候ニ付、村役人共へも申聞、差支等可承儀不心付可貸渡段、私一存を以申答置候儀ニ御座候、然ル処右場所之儀差支有之趣、村役人共ゟ委細申聞、始而心付候儀ニ而私近頃右地面譲り受所持仕、村方之様子不案内ニ付、村役人江も不申聞、麁忽ニ貸渡候儀承知仕候段後悔仕候、依之貸渡候儀難仕趣、則吉左衛門へ断相立申候、何卒此段御聞済被為　成下候ハヽ、難有可奉存候、右之通相違不申上候、以上

右村
代百助印

文政五午年
四月十八日

右直蔵ゟ申上候通相違無御座候ニ付、乍恐奥印仕候、以上

庄屋
伊兵衛印

御奉行様

住友吉次郎
手代
信八郎
下人
仁蔵

一二九　長崎へ手代差下す

覚

右銅方就御用、長崎浦五嶋町溝江勘助方へ差下候間、御差紙御出可被下候、以上

文政五午年五月

住友吉次郎
病気ニ付代
嬉太郎

惣御年寄中様

一札

一私手代信八郎、此度銅方就御用、長崎へ差下し度奉存候、御当地并長崎　御奉行所ゟ被仰出候御制禁之趣承知仕、相背申間敷、勿論唐物商売一切携不申候、彼御地へ着次第大坂会所御在勤之御年寄へ早速御断申上、諸事御差図請可申候、宿者浦五嶋町溝江勘助方へ差置申候、滞留中不寄何事不埒之儀御座候ハヽ、被仰上、如何様共越度可被仰付候、則長崎下り御差紙、往来御渡被下慥奉請取候、帰宅之節猶又御断申上、御切手返上可仕候、為後日之證文仍而如件

文政五午年五月

住友吉次郎
病気ニ付代
嬉太郎　印
大沢信八郎　印

糸割符

惣御年寄中

大坂長堀茂左衛門町住友吉次郎手代信八郎上下弐人、此度銅方御用ニ付、長崎へ罷下り候、海陸無相違御通可被成候、以上

文政五午年五月

大坂惣年寄
川崎次左衛門印

所々人改衆中

大坂長堀茂左衛門町住友吉次郎手代信八郎上下弐人、銅方御用ニ付、此度長崎へ罷下候、宿者浦五嶋町溝江勘助方ニ罷在候由、右御用之外信八郎儀、唐物商売一切携不申候旨、證文取置差下し申候所如件

文政五午年五月

年番
川崎次左衛門印

長崎在番
野里四郎左衛門殿

一三〇 友聞別子銅山見分より帰足の届出

(朱書)
「友聞銅山見分相済、帰足之節届書左ニ」
乍恐以書附御届奉申上候

一予州別子立川両御銅山方大風雨ニ而破損所出来候ニ付、御用向相兼、稼方為取調、私幷名代勇右衛門召連下向仕候段、閏正月御届奉申上、去三月廿八日迄に銅山方用向相整、且　御預り所御用相勤候ニ付、　御城下表罷越候処、万端結構被為　仰付、冥加至極難有仕合奉存候、御蔭以道中無難、昨六日帰足仕候、乍恐此段以書(朱書)「附」御届奉申上候、以上

文政五午年五月七日　住友吉次郎

松山御屋敷
御役所

【一三】居宅土蔵屋根葺替・川岸水汲場繕普請

乍恐口上

一私居宅続東横手南角ニ御座候、桁行拾間半、梁行三間之土蔵、御預ケ御用棹銅入置候所、此節雨漏候ニ付、屋根葺替仕度、右普請之間丸太ニ而足場仕度、尤往来妨相成不申候様可仕候間、何卒御聞届被為成下候ハヽ、難有奉存候、乍恐此段以書附奉願上候、以上

住友吉次郎
病気ニ付代
義蔵

文政五午年五月八日　義蔵印

御奉行様　「(朱書)但、東御月番」

乍恐口上

一長堀茂左衛門町私居宅前川岸、御用銅吹立申候入用水汲場破損仕候ニ付、繕普請仕度、乍恐御願奉申上候、尤往来之妨ニ不相成様可仕候間、此段御聞届被為成下候ハヽ、難有奉存候、以上

住友吉次郎
病気ニ付代
季十郎

文政五午年
五月廿四日　季十郎

御奉行様

右地方・川方両役所へ差出し候、尤川方者通船之妨ニ不相成様と認候事、且季十郎出勤之所、両御役所とも早速御聞済有之候事

乍恐口上

住友吉次郎
病気ニ付代
重蔵

一去ル五月廿四日御願申上候、私居宅前御用銅吹立候水汲場繕普請、昨十九日出来仕候、依之乍恐右之段御届奉申上候、以上

文政五午年
六月廿日
重蔵

御奉行様

右川方一通
地方一通両御役所へ差出し候事

乍恐口上

住友吉次郎
病気ニ付
代 常松

一去ル五月八日御願奉申上候、私居宅続東横手南角ニ御座候御預ケ御用棹銅入置候土蔵普請之儀出来仕候間、足場取払申候ニ付、乍恐此段以書付御届ケ奉申上候、以上

文政五午年
七月九日
常松

御奉行様

一三二　長崎店手代家族に差紙願

覚

住友吉次郎手代
大沢信八郎
女房　やす
娘　かね
娘　嶋
下女　壱人
下男　文助

右者大沢信八郎長崎在勤ニ付、此度罷り下り申候間、御差紙御出可被下候、以上

文政五午年七月
住友吉次郎
代　嬉太郎　印

惣御年寄中様

一三三　暇願　手代多助永

奉願上候

一私義若年ゟ御奉公ニ罷出、長々御召遣ひ被成下、千万難有仕合奉存候、然ル処兎角病身者ニ而甚困り入申候、尚又追々強寒ニ相成候時者、猶以難渋至極仕候義御座候、右ニ付此度永之御暇被下置候ハヽ、難有奉存候、已上

文政四巳年十二月

与州
松田多助

一在勤中借財銀五貫五百匁用捨、其上白銀十枚遣之、永之暇遣し候事

御支配人様

一三四　末家真右衛門預け銀返済延期・杖使用願

末家取次にて他家より借用の銀子を返済

乍恐以書付奉願上候

御末家
真右衛門

一此度御末家中之内ゟ取次を以　御本家へ他門より差出置候銀子之分、此節御銀操合宜敷候ニ付、

一先夫々御返済之御趣被仰聞、　御尤ニ承知仕候、依之私取扱を以差出候分左之通御座候

文政亥正月四月両度ニ七貫五百目、子年八月弐貫五百匁、寅年二月拾弐貫目、卯年八月五貫目合

一銀弐拾七貫目

但、御證文五通、薩摩屋八兵衛名前

去寅年四月

一同壱貫五百目

但、御證文壱通、是者小山兵十郎殿名前ニ而、実ハ岡本故藤五郎殿内分之銀子也、当時小山氏江戸詰ニ付、帰坂迄少銀之儀、是迄之通御預り被遣、同人帰坂之上対談可仕候間、夫迄御宥免御願申上候

文政三辰年九月

一同三貫目

但、御證文壱通、是者先達而申上候通、田坂御氏おみち婦自分所持躰ニ而、達而被相頼、其節入割御断申上候、同人行末之手当銀ニ而無拠被頼候間、御馴染之婦人之義、是迄之通少銀ニ而有之候間、月五朱ツヽ今暫之間御預り被遣候ハヽ、難有可奉存候、年数も丸二年ニハ相成不申候

〆三拾壱貫五百目

右少銀弐口之外、残銀弐拾七貫目ハ私親類薩摩屋八兵衛土州出店□(虫損)仕舞候銀ニ而、先達而ゟ追々御預り被成遣難有奉存候、其後同人入用之儀有之、御下ケ銀被成下度、私迄申出候得共、其折柄者　御本家御銀操不宜候ニ付、御末家中へ他門ゟ借入御用立可申候様被仰渡候砌ニ付、右八兵衛分御下ケ銀聊ニ而御頓着ハ無御座候得共、折悪敷候故遠慮仕、私手元ニ而為右引当内分建替置候得者、当時ニ而者私所持之銀子も多分入交り有之候間、此義左ニ御歎キ申上候

在職中の借銀なし

居宅代の拝借のみ

一私義者幼年ゟ四十三ケ年計御奉公相勤、追々御高忠之程無申事儀ニ御座候、然ル所十四ケ年以前巳年、結構老分席休息被　仰付、御目録頂戴難有仕合奉存候、其節追而家業等相始〆候ハヽ、可申上、拝借銀等も可被仰付御趣之御書付被為　下置候得共、長々在勤中者勿論当職中迚も身勝手ケ間敷、外之衆中と違ひ愚才ニ付、聊当座之拝借筋不奉願儀者定而各様方御存知之儀奉存候、実々家督銀弐拾三貫五百目之折切りニ御座候、其後四ケ年も過、居宅相求〆商売相始候ハヽ、老分中者三拾貫目迄ハ先例拝借被　仰付候得共、元来私義者質素ニ暮度存念ニ付、多分之拝借不願上、漸居宅三間口之所代銀拾四貫五百匁ニ買取、此銀高丈ケハ拝借仕、其余帳切附物代、内普請等入用拾五貫目余相掛り候得共、不残自力を以相弁、聊紛敷取扱不仕候、右拝借銀も追々返上納仕、当時残銀讒(纔)九貫五百匁計相成申候、其外当座御取替銀是迄一切不仕通、表者多分御預ケ銀之姿御座候、且又商売向も江戸表仲買取次も御売下も入札と相成、当時誠ニ無商売同様ニ而少も助力筋無御座、漸聊宛之利息銀を以ケ成是迄取続凌居申候、此上息物相減候ハヽ、追々困窮弥増ニ差迫り、行末御厄介ニ

不相願様兼而心得罷在候得共、此後成行難計奉存候

右之仕合ニ御座候間、前後之始末御勘味被成下候上、前書弐拾七貫目者私分過分入交有之候間、格別年数御預ケ銀ニ而も無之、近年之義ニ御座候間、是迄之通月五朱ツヽ之御利息を以今暫御預り置被下度奉願上度候得共、左候而者此度之御趣意ニ振レ可申候間、呉々前断之次第御勘考之上、右弐拾七貫目分、御本家様御取引御手広之儀、御省略を以外々へ御廻し被成下、此後御利息壱ケ月ニ四朱八歩之御極ニ而、追而家業相増候迄格別之御憐愍を以御内々御預ケ置被成下度、幾重ニも此段奉願上候間、何分宜敷御評議之上御取成奉願上候、以上

午正月

御末家
真右衛門

御本家
御支配人中様

乍恐口上書を以奉願上候

一私義も及老年、当午年六拾七歳相成、耳も弥増ニ遠く、歩行も危御座候間、何卒御先格之御振合を以杖御赦免被成下度奉願上候、御聞済被為　成下候ハヽ、歩行無危踏丈夫ニ往来仕度奉存候、此段　御前向可然様御執成奉頼候、御聞済被為　成下候ハヽ、老後之思ひ出不過之、難有仕合ニ可奉存候、以上

午正月

御末家
真右衛門

御本家
御支配人中様

右願御聞済有之候ニ付、

友紀御好みの杖を遣す

友紀公御好之杖壱本被遣之候也

一三五　手代尚蔵他家相続取止めの届出

江戸中橋店

乍恐以書附奉申上候

一私義去々辰十一月他家相続筋之儀奉願上、御聞済之上御店御用透之節折々罷越、先方様子追々取調候処、最初承り候ゟ者旧借等多分有之、内間殊之外六ケ敷有之候ニ付、親類其外相談之上色々趣法相目論、専取続方申談候得共、家付之老母壱人、我意而已申募、取用不申候ニ付、無拠久右衛門殿へも申談、旧臘断申立及破談申候、折角御聞済被　下置候義無間も右様相成候儀、何共奉恐入候得共、実々不得止事仕合御座候間、此段宜敷御執成被　仰上被下度奉頼上候、已上

午
正月十九日　鈴木尚蔵

高橋連蔵様
米谷官兵衛様

一三六　末家与四郎悴見習継続願

以書附奉願上候

悴与三兵衛義、年来御召遣ひ被為　成下難有仕合奉存候、然処同人義去年大ニ心得違仕、可奉申上様も無之、恐入奉存候、依之早速長之御暇被為　仰付候筈ニ候得共、兼而奉申上候通、私義追々

老衰仕候ニ付、勤方見習之儀願中御座候ニ付、右御沙汰御座候迄御猶予御歎奉申上候処、無拠次第ニて是□〔迄〕御聞届被為　仰付、別而難有奉存候、然ル処　御本家様御余光を以、此節願之通結構被為　仰付、冥加至極難有仕合奉存候、随而同人義勤方為見習候様仕度、何卒乍此上御慈悲を以御暇被下置候様宜敷御執成奉願上候、已上

午
正月　　　　御末家
　　　　　　与四郎

御旦那様

御支配人中様

一三七　末家卯三郎召遣に家号下賜届
木綿小売商売

御届奉申上候

一私是迄召遣来り候忠兵衛と申者、定年数無滞相勤候ニ付、木綿小売商売為致申候、依之近辺裏借家譲り受、此所へ為引移、家号等差遣シ、泉屋忠兵衛と申候、則私末家ニ仕申候、此段御届ケ奉申上候、已上

文政五午閏正月廿五日　　　　御末家
　　　　　　　　　　　　　　卯三郎

御本家
　御日勤　連　蔵様
　御支配　官兵衛様

一三八　末家佐兵衛養子願

乍憚口上之覚

一私義結構末家被　仰付難有仕合奉存候、随而唐物直組方相勤候黒川勘七娘つる、年四拾歳、悴保次郎、年拾五歳、右先祖筋目之儀者長門国萩牧野伊予守殿へ召仕候黒川勘左衛門不図致候儀ニ而浪人仕、当長崎ニ着致、年数を送候内、御役儀相蒙、同苗之内ニも長崎目附役蒙　仰候黒川勘八郎、其外親類皆々　御役儀相勤被居候、相応之縁段ニ而御座候間、呼入申度奉存候ニ付、此段以書附御窺奉申上候、以上

文政五年午閏正月　　太田佐兵衛

高橋連蔵様
米谷官兵衛様

一三九　末家杢右衛門養子願

乍憚口演

一私親類江戸堀三丁目三田屋太兵衛弟徳兵衛、当年拾七才ニ相成候者、今度私養子ニ仕度候ニ付奉願上候、何卒御聞済被為成下候様宜御執成可被下候、此段以書附奉申上候、已上

文政五年午二月　　御末家　杢右衛門

御本家
御支配
官兵衛様
御日勤
連蔵様

右被願上候段相違無御座候ニ付、奥印仕候、以上

御末家
行司　祐左衛門　印
同　藤右衛門　印

一四〇　末家金右衛門養子願

乍憚以書附奉願上候

一私義段々以　御蔭是迄家業取続難有仕合奉存候、然所近頃病身ニ罷成難渋仕候、且未実子無御座候間、福富町代地医師柴田一徳次男勝蔵と申者、当午三十二才ニ罷成、続柄も有之候ニ付、此度養子仕、則久右衛門と改名仕、家業躰相譲申度奉存候、不苦被為　思召候ハヽ、右願之通御聞済被成下置、何卒私同様引続　御仁恵之程幾久敷奉願上候、此段宜御沙汰奉願上候、已上

午
二月　青木金右衛門

高橋連蔵殿
米谷官兵衛殿

一四一　末家藤右衛門母剃髪願

乍憚口演

一私亡父十七回忌ニ相当り候ニ付、母ふき義為追善剃髪致度候様被申候間、何卒此段御聞済被為遊可被下候様宜御執成被　仰上可被下候ハヽ、難有奉存候、已上

文政五年午二月
御末家
藤右衛門

御本家
御支配　官兵衛様
御日勤　連　蔵様

右相違無御座候ニ付、奥印仕候、已上

御末家
行司　祐左衛門

一四二　末家杢兵衛母徳井町にて引取の届出

乍憚口上

一御末家杢兵衛死去後名跡無之、相続難相成候ニ付、母永樹義撫育之段　徳井町様へ奉願上候処、御聞済被成下、則同人御引取被為遊候ニ付、此段御届奉申上候、御聞済置被成下候様奉願上候、已上

文政五午年二月

行司　藤右衛門
祐左衛門

御本家様
御支配人中

一四三　末家故卯三郎借銀返済猶予・名跡相続願

乍恐以書附奉願上候

銅商売・伊勢御師仕送

一卯三郎義御蔭以銅商売幷伊勢御師　仕送等家業無恙、是迄結構相続仕、誠以冥加至極難有仕合奉存候、然処同人義三月上旬ゟ不計傷寒病症ニ取合、色々介抱仕候得共、熱気強追々病気差重り、医療手ヲ尽候得共養生不叶、終先月五日死去仕候、家内不申及親類幷末家一統当惑至極奉存候、右ニ付一統打寄、諸勘定帳面相調候処、　御本家様拝借銀、且他借等夥敷有之、驚入奉存候、其上御師仕送等近年時節柄不宜、貸捨多分ニ相成、年賦等も滞勝ニ而融通難相成候故、当用借入歩払等損失相立候趣ニ相見申候、是迄之通ニ而者相続難相成見込候、依之家内人数も小勢ニ仕、内間格別倹約仕候ハヽ、可成是迄之姿ニ而相続出来候様相考申候、乍去当人死去ニ付当用借入之分、一先引上ニ相成候故間渡兼候間、何卒格別之以思召、来未年中迄年賦銀之分御年延被為　仰付下置度、左候ハヽ此姿ニ而親類幷末家共世話仕、相続為致申度奉存候、勿論此儘店方相仕舞候而者、当用歩払年賦上納等も難相成、実ニ断絶同様ニ御座候間、此所喰留候ハヽ、年来為仕似候店方之儀ニ付、相続可仕候様一統仕法立仕候間、何卒願之通り向未年迄年延被為　仰付下置度、且又跡名之義者卯三郎娘艶事名前ニ而、代判之義者幾兄元三郎義名前ニ仕度候間、　御本家様御用向者勿論、式日等之義迄も同人出勤仕度志願ニ御座候、右両様共格別之御仁恵以御聞済被成下候ハヽ、広太之御慈悲難有仕合奉存候、此段書附以奉願上候、以上

文政五年午五月　　　御末家

卯三郎

後家　いく

娘　ゑん

親類惣代
いく兄
元三郎
先卯右衛門甥
九兵衛
卯三郎末家
藤兵衛
伊兵衛
庄兵衛
忠兵衛

前書之通相違も無御座候ニ付、奥印仕奉願上候、以上

御末家惣代
藤右衛門
祐左衛門

御本家
御支配　官兵衛様
御日勤　連　蔵様

一四四　末家故七右衛門名跡相続願

乍恐以書附奉願上候

一　夫七右衛門迄代々
奉蒙　御高恩、是迄家名相続仕冥加至極難有仕合奉存候、然処七右衛門義長病ニ而追々六ケ敷相

成候ニ付、播州在所重親類共呼寄、七右衛門ゟ申聞候者、死後家名相続之義者、当時差掛り名前人も無之故、私女名前ニ而相続仕、代判後見之義者商売筋得と呑込居候者ならで者家業取続出来不申、依之先年新道へ出店為仕候金兵衛へ代判後見為致、不取敢家名相続仕、其上親類之内ゟ人柄見立、追而名前人ニ可仕由、 御本家様へ可奉願上旨在所重親類共、私幷金兵衛迄も呉々遺言仕置、相果申候、猶死後重親類共打寄熟談仕候処、何れも遺言之通ニ可仕と、外ニ子細申候もの一切無之内談決着仕候間、不取敢私女名前人ニ相成、代判後見之儀者前段申上候金兵衛ニ為仕度奉存候、何分 御本家様ゟ御下知無御座内者、取極町内へも難申立候間、最早死後五十日過ニ相成、延引も難仕御座候ニ付、此段以書附奉願上候、宜敷御評儀之上御取成を以前願上之趣御聞済被為 仰出候ハヽ、家名相続仕、諸親類共一同難有奉存候、以上

右之通御聞済被為 成下候上、乍恐私式日相勤申度候ニ付、御聞済被為 成下候ハヽ、難有可奉存候、以上

文政五午年五月

御末家七右衛門後家
仲
親類惣代
泉屋喜兵衛

前書之通相違無御座候ニ付、奥印仕奉願上候

御末家惣代
藤右衛門
祐左衛門

御本家

御支配　官兵衛様
御日勤　連　蔵様

一四五　末家又右衛門養子願

乍恐以書附奉願上候

一私義御陰を以家業追年繁昌仕難有仕合奉存候、然ル処先年奉願、姉娘鶴へ婿養子仕置候忠三郎事、往々私跡式相続為致可申儀ニ御座候処、病身ニ付其儀難相成御座候間、此度為養生仕分遣シ、分家為致申度、私義追々及老年候ニ付、跡相続人取極置度御座候、因之猶又此度妹娘せんへ為婿養子心積、北勘四郎町和泉屋庄兵衛弟亀五郎と申候当年二十五才ニ相成候者貰請申度奉願候、此段　御聞済被成下候ハヽ、難有仕合奉存候、何卒可然様御取合被仰上可被下候、以上

午
六月　　御末家
又右衛門

御本家
旦那様

御支配人官兵衛殿
御日勤　連　蔵殿

右之通聞糺候処、相違も無之相聞候間、奥印仕共々奉願上候、以上

御末家
仁右衛門

亀五郎
親類
城州上津谷村
樋上利兵衛

京下加茂
西野卯右衛門

同　善左衛門
同下立売　平松善右衛門
同　又左衛門
大坂天満　檜皮屋弥兵衛
大坂淡路町　鍵屋孫兵衛
高槻家中　安田清太夫
高槻家中　滝山鷹輔
小笠原新左衛門
〆

一四六　髪結音七暇願

出入方並に任ずる

乍恐口上

一私格別之以御憐愍年来御召遣被下置候段難有仕合奉存候、然ル処追々及晩年ニ殊ニ持病差重り候故、不情ニ相成、悴伊兵衛跡代り之儀奉願上度存付候得共、是迚も病身ニ而相続無覚束被存候間、無拠御厚恩忘失仕候得共、当月中ニ御暇被下置候様奉願上候、何卒右之段御聞済被下候ハヽ、難有仕合奉存候、以上

午六月　髪結音七

御台所方様

但、願通聞届、金拾両遣候、出入方並申付候事也

一四七　末家故卯三郎相続人へ御目通願

乍恐口上

一卯三郎名跡娘艶へ被仰付、女名前未幼少ニ付代判幾兄元三郎相勤、御本場迄式日等罷出候義奉願上候処、結構被仰付冥加至極難有仕合奉存候、何卒　御目通被為　仰付候様奉願上候、此

段御聞済被為　成下候ハヽ、重畳難有仕合奉存候、此義宜御執成奉願上候、已上

午七月

卯三郎末家惣代
藤兵衛
卯三郎後家
いく
いく兄
元三郎

御本家
御支配　官兵衛様
御日勤　連　蔵様

右奉願上候通御聞済被成遣候ハヽ、難有仕合奉存候、已上

御末家
祐左衛門
藤右衛門

一四八　末家喜兵衛妻御目見願

乍憚口上

一私妻せい親類共娘ニ御座候処、今度縁組仕候ニ付、何卒　旦那様へ御目見之儀奉願上度候、此段御聞済被為　成下候様宜敷御執成奉頼上候、右書附を以奉申上候、以上

午七月

御末家
喜兵衛

御本家
御支配　官兵衛様

御日勤 連 蔵様

右之通被願上候ニ付、奥印仕候、以上

御末家
行司 藤右衛門

祐左衛門

一四九 網嶋所持地
境界調

（朱書）
「摂州東成郡野田村　当時領主
地面一件　松平和泉守様」

文政五壬午年八月網嶋北手野田村屋鋪地面、明和七庚七月田村惣兵衛幷源左衛門持地面、銀六〆目ニ譲り請、今年迄凡五拾六七年ニ相成、年々村入用年貢等無相違相計、尤其節ゟ枡屋直蔵ト申名前ニ持来り候処、此度地上ケ普請ニ取掛り度ニ付、両隣境目村方立会相改、左ニ

野田村庄屋
熊田兵次

同
伊兵衛

年寄
伊右衛門

〆

当方代
百輔

＊

是迄

一間口拾五間三寸弐歩　奥行弐拾六間

北隣ハ鍵屋次郎兵衛　南隣者庄屋伊兵衛持地面也
南隣当方双方之内ニ而七寸五歩不足相見へ、相対之上三寸八歩宛減損仕、奥行弐拾六間
之所、南ニ而弐間半、北ニ而三尺余地ニ相成
右余地之儀、村方惣作之由申立候処、引合之上当方地尻続キ地面之内江取極メ可申段、庄屋両人
承知ニ付、右為挨拶酒肴料金壱両宛差贈候事、幷村方百性弥助と申親父方、右取次有之ニ付、為
挨拶南鐐壱片遣ス、地面改都合相済、左ニ

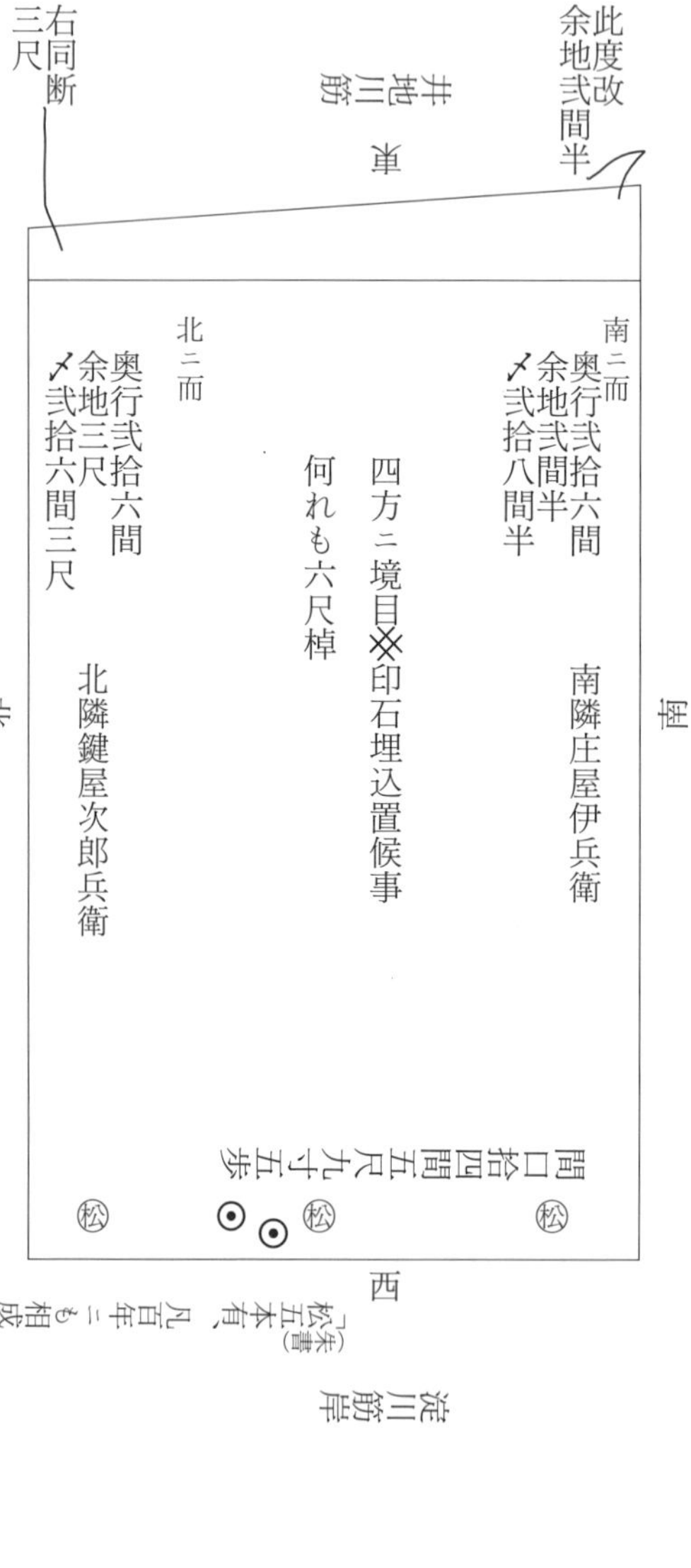

○＊印の位置に以下の請取書原本が包紙入にて綴じ込まれている。

「（包紙上書朱書）此封書ハ野田村庄屋両人江金子弐両為肴料差贈候
実印受取書入
〆」

「口演
一金弐両也
右者為御酒肴料と被掛貴意贈被下辱受納仕候、以上
午
八月七日
庄屋
伊兵衛（印）
枡屋
直蔵殿」

一五〇　長崎店諸道具請渡

覚
一御定紋付御膳椀　一式
一蒔絵提重　一組
一唐金火鉢　壱
一三段大重箱　壱箱
一古戸棚仏檀　一
一御霊具膳椀　一揃
一精霊祭用椀類　一箱

一墓所用御替紋付燈籠　拾張
一御替紋付門燈籠　一
一證文箱　壱
証文箱
〆
普請方入用之品
一三間階子　壱挺
一油石灰搗石臼　壱挺
一同きね　壱本
一ホツクイ　一本
一鉄テコ　壱本
一前かき　壱本
一よき　一帖
〆
右之通請渡仕候処相違無御座候、以上
午七月
太田佐兵衛印
大沢信八郎印

【一五一】大坂天満火災
一八月二日天満堀川堀留メ出火ニ付、土岐御屋敷へ手代七八人并人足共馳附候処、同月九日右為

御会釈左之通り到来之事

一海魚三種　ゑひ五 鯛一尾 いな拾ヲ

一金百足　手代中へ

一鳥目弐貫文　人足へ

〆

右之通被下置候ニ付、同日喜太郎御礼出勤為致候事

午八月

一五二　棹銅代残銀下渡願

文政三・四年大風雨

（朱書）「此願書ハ公用帳へ写ス、已来公用帳ニテ見競可申事」

乍恐以書附奉願上候

一予州別子立川両御銅山御用棹銅、当正月ゟ八月迄廻着高六拾万斤之内、五拾四万六千七百八拾五斤追々吹立、此節迄奉売上候代銀幷御手当共銀辻九百拾弐貫六百五拾目余之内、当六月・七月両度百弐拾貫目御渡被成下奉請取候、残り七百九拾弐貫六百五拾目余相滞、御未渡相成申候、右ニ付御銅山方諸仕入銀甚以手支候上、辰巳両年同所大風雨ニ而夥敷破損所出来、是亦莫太之失費等御座候ニ付、仕入銀之外臨時下し銀等多分相掛り候得共、前書銅代相滞候ニ付、種々勘弁仕、以他借御銅山方無差支出銅仕候様取計罷有候得共、此節ニ至最早引当ニ差入候品も無之、融通之手段も尽果、必至難渋仕、且諸方借入利払等相閊、夥敷内損仕、山方難取続大ニ心痛仕

候、此上御定高及闕欠候様相成候而者、誠ニ以是迄広太之御手当も空敷相成可申哉と奉恐入候、何卒難渋之始末被為訳　聞召、早々銅代銀御下ケ被為　成下候様、偏ニ御慈計之段奉願上候、

以上

文政五午年

八月　　　　住友吉次郎

（朱書）
「長崎」
御奉行様　　但、西之内半切ニ相認、友聞持参有之候事

右者長崎御奉行高橋越前守様当地銅座御役所ニ御滞留中ニ差出候処、無滞相納り候事

一五三　堀江郷水帳取扱方変更

午八月十三日堀江郷中町々年寄御召出之上、左之通被仰渡候段北堀江壱町目家守堺屋季兵衛ゟ申来書付之写

被仰渡御證文之事

堀江郷中之内

南組北組弐拾弐町丁代惣代

同断上前月番町年寄

初年以外の張紙に惣年寄差添なし

堀江郷町々水帳幷地代張紙之儀者、先年ゟ惣年寄共差添、地方役所江罷出仕来候処、右ニ付而者入用等も相掛難渋之趣相聞候ニ付、格別之存よりを以、以来堀江郷水帳幷地代張紙之儀、年々其郷限り、初メ而之張紙有之候節ハ是迄之通り惣年寄共差添、地方役所江相断、其後ハ張紙度毎ニ惣年寄差添ニ不及、其町々年寄地方役所江罷出張紙可致候、右張紙ニ罷出候以前、惣年寄共へも

不洩様相届、其外張紙之義ハ是迄之通可相心得候

堀江郷之内
天満組十一町丁代惣代
同断上前月番町年寄

今般堀江郷南組北組水帳幷ニ地代張紙之儀ニ付、前段之通申渡候ニ付而者、其方共郷中之儀者先達而両郷之手を離、取締申立聞届有之候得共、堀江郷中壱躰之義ニ付、水帳幷地代之儀区々相成候而者不宜候間、南組北組申渡同様ニ可相心得候、右申渡之通全惣年寄共手ヲ離候筋ニハ決而無之候間、其段無違失惣年寄共差添罷出候古例ヲ相弁、心得違無之様可相心得候

堀江郷中年寄共

右之通申渡候条可令承知候

三郷月番惣年寄

右之通申渡候間可令承知候、尤堀江郷中前段水帳幷地代張紙之度毎、其方共へも相断候間、右張紙之町々名前書を毎月月末ニ地方役所ニ於て相違有之引合候様可致候、且天満郷取締向先般承置候得共、張紙之儀ハ此度改法之通り向後可相心得候、右之通被仰渡候趣一同奉畏候、依而御請證文如件

三郷月番惣年寄
永瀬
井岡

独立した天満組十一町も堀江郷一体として同様の取扱

右之通西　御前ニ於て被仰渡候間、御披落(露)申上候　　今井

午八月十四日　　年寄

町人衆中

一五四　田安家より御用金を命ぜられる

乍恐以書(付脱)奉願上候

御用銅代銀渡方滞

別子銅山文政三・四年大風雨

銅座への立替も多く御免を願う

一御殿御用向幷御蔵元御掛屋御用従来被　仰付、無滞相勤冥加至極難有仕合奉存候、此度御用銀弐百八拾貫目上納可仕被為　仰渡承知奉畏候、早速御請調達可仕之処、私第一之業躰異国御交易御用銅奉請負、銅座御役所へ奉売上候儀ニ御座候、当春ゟ此節迄五拾四万六千七百八拾五斤、此代銀九百拾弐貫六百五拾目余可奉請取、内百弐拾貫目御渡有之、残り七百九拾弐貫六百五拾目余御渡方相滞、御銅山方仕入銀必至と差支難渋仕候ニ付、不得止事、長崎御奉行様先般御通行之節御歎奉申上候儀ニ御座候、且御銅山方辰巳両年大風雨破損所有之、凡六百三貫七百目余失費相掛り、既ニ御用銅闕欠可仕之処、種々勘弁を以高歩銀子等借入、漸々道橋等迄修覆(復)仕候得共、銀子歩払差迫り、内間銀操必至と差支難渋仕候ニ付、無余儀　御公儀様へ御救奉願上候処、結構御手当被為　仰付難有仕合奉存候、然共銅を以拝借被　仰付候儀ニ付、当時急卒難間ニ合、今以他借歩払内損仕候儀ニ御座候、其上近来銅座御役所向御銀操不宜、達替御用被　仰付、無拠所持之抱屋敷等書入、銀辻千六百拾貫目御用達仕候、然ル処当年唐船入津無数ニ付、亦々御差支、此節三井幷私方両家ニ而弐千貫目達替　御用被　仰付候得共、最早手段ニ尽果、

達（連）々御断奉申上候儀ニ御座候、依之当　御屋形様之儀も同様御免奉願上度奉存候、是迄結構御扶持方迄も頂戴仕、誠ニ以難有内実、此度之御用被　仰出之通相勤申度志願ニ御座候得共、融通致方無御座、乍去無毛ニ御免奉願上候儀甚以奉恐入候、依之江戸中橋両替店ゟ金千両御用達仕候様仕度奉存候、何卒前書難渋之始末被為　聞召、此段御聞済被　成下候ハヽ、重畳難有仕合奉存候、乍恐右書附を以奉願上候、以上

中橋店より千両を用達

文政五午年九月　　住友吉次郎

田安
御役所

一五五　末家故半兵衛名跡相続願

一　半兵衛死跡相続之儀、同人悴佐太郎当午ノ六歳ニ罷成候者名前ニ而、私代判仕、家名相続仕度奉存候ニ付、此儀御願奉申上候、乍憚可然様御執成之程偏ニ奉希候、已上

文政五壬午年八月　　御末家　勘七　印

御本家御支配人
官兵衛様
御日勤　連　蔵様

右之通相違無御座候ニ付、奥印仕候

年行司
祐左衛門　印

藤右衛門印

一五六 江戸にて二分金引替高

寅六月十日ゟ卯九月十九日迄

合金七拾四万七千六百九拾八両

内訳

五万八百三拾両　三井

六万千七百九拾九両　三谷

七万七千四百六両　泉屋

九万弐千八百両　竹原

弐拾三万八千九百拾五両　播磨屋

拾七万千四百六拾三両　升屋

五万四千四百八拾五両　殿村

〆如高

卯九月ゟ十二月

合金百弐拾万八千弐百両也

内訳

拾四万三千九百両　三井組

拾三万八千弐百両　十人組

八万六千弐百両　三谷

九万六千両　泉屋

九万九千両　竹原
拾五万三千両　播磨屋
拾七万弐千五百両　升屋
四万五千九百両　殿村
拾四万千五百両　井筒屋
五万三千両　嶋屋
七万九千両　石川
〆如高

辰年分
合金百三拾四万七千拾両也
内訳
弐拾四万六千六百両　三井組
拾三万六千四百五拾両　十人組
五万千七百両　三谷
拾弐万弐千八百両　泉屋
拾万三千七百拾両　竹原
八万七百両　播磨屋
拾七万弐千弐百両　升屋
拾四万九千八百両　殿村

五万七千百五拾両　井筒屋
拾四万七千五百両　嶋屋
七万八千四百両　石川
〆如高

巳年分
合金百六万五千九百五両也
内訳
五万八千九百五拾両　三井組
九万八千百両　十人組
五万千弐百五拾五両　三谷
拾万八千五百両　泉屋
八万九百五拾五両　竹原
拾三万六千七百五拾両　播磨屋
九万五千百五拾両　殿村
拾弐万五百両　井筒屋
九万四千三百両　嶋屋
七万弐千六百五拾両　石川
拾四万八千八百両　升屋
〆如高

午正月ゟ七月迄
合金四拾五万千百七拾七両
内訳
九万八千両　三井組
三万七千八百両　十人組
壱万五千弐百三拾七両　三谷
四万六千七百両　泉屋
六万六千八百六拾両　竹原
弐万九千七百三拾両　播磨屋
四万千七百五拾両　升屋
弐万三千八百六拾両　殿村
三万九千五百八拾両　井筒屋
三万千九百両　嶋屋
弐万六千九百六拾両　石川
〆如高

凡
四百八拾壱万九千九百九拾両
寅六月ゟ午七月迄
外ニ

一五七　田安家の御用金増額

先の千両に加え、千五百両を両年に上納

乍恐以書附奉願上候

一此度御用金被為　仰出候ニ付、内間銀操不融通難渋之儀、別紙書附を以奉願上候処、尤ニ者被為　思召候得共、此度御用金之儀者、外　御蔵元組合江も相応被為　仰付候御儀ニ而段々御理解被為　仰付候ニ付、猶又種々勘弁仕候得共、何分銅座　御役所ゟ棹銅代銀一向御渡方無之、御銅山方仕入銀、諸方借入歩払等計ニ而、実々十方暮、必至難渋罷在候、右銅代御渡方有之候ハヽ、此度之御用速ニ相勤可申志願ニ御座候得共、前書奉申上候通、本文千両迚も漸々高歩之金子借入御用達候程之儀ニ御座候、此余ハ是非　御免奉願上度奉存候得共、当　御屋形様之儀者於江戸表も結構被為　仰附候御儀ニ付、可相成丈ケ出情可仕、色々相考手段仕、今千五百両出銀仕候様可仕候、乍去何分当時融通難相成候間、此分者来未年十一月上納仕候様仕度、尤当十一月廿五日千両上納仕候分共、都合高弐千五百両之分、両年ニ上納仕候様被為　仰付候ハヽ、少者難渋相凌難有仕合奉存候、何卒此段御聞済被為　成下候様重畳奉願上候、以上

文政五午年十月　　住友吉次郎

田安
御役所

一五八　四天王寺江戸開帳につき取替金を依頼される

覚

浅草店にて賽銭預かり

一天王寺　皇太子尊像、来未年於江戸回向院御開帳被成候ニ付、此由嵯峨清恩寺を以被申入、同寺賄役人小池円正殿同道ニて入来之事、右ニ付江戸浅草店へ賽銭預り之義段々被頼籠候ニ付、及対談無拠致承知候、猶亦外ニ金弐百両取替之事被頼候、是又江戸為替所望之通致承知候、則證文左ニ

一札

一此度於江戸表、来未年　皇太子奉成御開帳度ニ付、前拵入用金弐百両迄者江戸店ニ而入用次第御出金可被下及御対談候処、御承知被下忝奉存候、然ル上者於彼地通帳を以追々請取候元高ニ利銀相加、来ル未七月晦日限ニ元利返弁可申候、万一相違之儀有之候ハヽ、毎歳当寺領其許分年貢上納ニ而御引取可被下候、為後日仍如件

文政五壬午年十月

四天王寺御賄方役人
小池円正印

住友吉次郎殿

前書之趣致承知罷在候、依而令奥印候、以上

一舎利印
二舎利印
年預東光院印
執行秋野坊印

〆

一五九 自殺

手代善兵衛　　兵左衛門舟便

予州手代善兵衛一件　　出勤ゟ十ヶ年ニ相成
幼名梅太郎

小払役善兵衛は中登り中の手代の交代要員として落合炭方勤務

追啓仕候、然者当地小払役加勢善兵衛殿義、嘉右衛門殿中登り中、両三ヶ月之間替として九月中頃ゟ落合炭方へ差向候処、随分都合好、何気なく相勤居候処、廿六七日頃ゟ少々風邪ニ而顔持も不宜候ニ付、頭役ゟ引籠養生可致旨申聞候得共、格別之事ニも無御座候趣申立、押而相勤候由、然ル処当月二日早朝炭方役所外之雪隠ニ而自殺仕候、委細者別紙達シ書之通ニ御座候、乍深手も未息引取不申候故、色々介抱致候得共終ニ事切レ、誠痛敷気之毒千万奉存候、右ニ付如何之訳ニ而哉と段々相調子候処、一向何之子細も無御座候、元来幼年之時分ゟ至而実体ニ被勤候間、其心持も相加へ居候得共、生得癇症ニ有之、物事あんじ過し候由、何れも申事ニ御座候、然レ共極内何等屈託、傍輩中へ相談も難相成筋見聞及候事者無之哉と、夫等之儀も色々聞糺候得共、一向存不申、勿論喧嘩口論不致、讒(纔)両三月之間替りニ参候事故、何物も当時入用之着替少々持参仕候迄ニ御座候、若書置ニ而も在之哉と致吟味候得共、相見へ不申、縦令如何体之訳有之候得共、自殺致候程之義者有之間敷哉と一同不審ニ相覚申候、依之川之江表へ相達、今月四日為御検使尾崎仁右衛門殿炭方へ御入込、当方ゟも山口藤蔵殿・生田左内殿御立会、御入念御見改之上、炭方詰合之者段々御聞糺有之、口書御取受、其趣松山表へ御窺ニ相成、死骸者石炭詰ニ仕、追而御差図を相待居申候、誠不怪変事出来当惑仕候、何分自殺致候段一円難心得奉存候而、猶又再三聞糺候へ共、弥々何之子細も無御座候、全ク病乱と相覚申候、第一不忠不孝此義承候ハヽ、親兄弟衆大ニ相歎可被申と笑止此事ニ御座候、乍去今更致方無御座候、御聞及之通十三ヶ年已前立川銅蔵卯七

死骸は石炭詰

浅草店にて賽銭預かり

一天王寺　皇太子尊像、来未年於江戸回向院御開帳被成候ニ付、此由嵯峨清恩寺を以被申入、同寺賄役人小池円正殿同道ニて入来之事、右ニ付江戸浅草店へ賽銭預り之義段々被頼籠候ニ付、及対談無拠致承知候、猶亦外ニ金弐百両取替之事被頼候、是又江戸為替所望之通致承知候、則證文左ニ

一札

一此度於江戸表、来未年　皇太子奉成御開帳度ニ付、前拵入用金弐百両迄者江戸店ニ而入用次第御出金可被下及御対談候処、御承知被下忝奉存候、然ル上者於彼地通帳を以追々請取候元高ニ利銀相加、来ル未七月晦日限ニ元利返弁可申候、万一相違之儀有之候ハヽ、毎歳当寺領其許分年貢上納ニ而御引取可被下候、為後日仍如件

文政五壬午年十月

四天王寺御賄方役人
小池円正印

住友吉次郎殿

前書之趣致承知罷在候、依而令奥印候、以上

一舎利印
二舎利印
年預
東光院印
執行
秋野坊印

〆

一五九　手代善兵衛自殺

小払役善兵衛は中登り中の手代の交代要員として落合炭方勤務

兵左衛門舟便

予州手代善兵衛一件　出勤ゟ十ケ年ニ相成　幼名梅太郎

追啓仕候、然者当地小払役加勢善兵衛殿義、嘉右衛門殿中登り中、両三ケ月之間替として九月中頃ゟ落合炭方へ差向候処、随分都合好、何気なく相勤居候処、廿六七日頃ゟ少々風邪ニ而顔持も不宜候ニ付、頭役ゟ引籠養生可致旨申聞候得共、格別之事ニも無御座候趣申立、押而相勤候由、然ル処当月二日早朝炭方役所外之雪隠ニ而自殺仕候、委細者別紙達シ書之通ニ御座候、乍深手も未息引取不申候故、色々介抱致候得共終ニ事切レ、誠痛敷気之毒千万奉存候、右ニ付如何之訳ニ而哉と段々相調子候処、一向何之子細も無御座候、元来幼年之時分ゟ至而実体ニ被勤候間、其心持も相加へ居候得共、生得癇症ニ有之、物事あんじ過し候由、何れも申事ニ御座候、然レ共極内何等屈託、傍輩中へ相談も難相成筋見聞及候事者無之哉と、夫等之儀も色々聞糺候得共、一向存不申、勿論喧嘩口論不致、讒(纔)両三月之間替りニ参候事故、何物も当時入用之着替少々持参仕候迄ニ御座候、若書置ニ而も在之哉と致吟味候得共、相見へ不申、縦令如何体之訳有之候得共、自殺致候程之義者有之間敷哉と一同不審ニ相覚申候、依之川之江表へ相達、今月四日為御検使尾崎仁右衛門殿炭方へ御入込、当方ゟも山口藤蔵殿・生田左内殿御立会、御入念御見改之上、炭方詰合之者段々御聞糺有之、口書御取受、其趣松山表へ御窺ニ相成、死骸者石炭詰ニ仕、追而御差図を相待居申候、誠不怪変事出来当惑仕候、何分自殺致候段一円難心得奉存候而、猶又再三聞糺候へ共、弥々何之子細も無御座候、全ク病乱と相覚申候、第一不忠不孝此義承候ハヽ、親兄弟衆大ニ相歎可被申と笑止此事ニ御座候、乍去今更致方無御座候、御聞及之通十三ケ年已前立川銅蔵卯七

死骸は石炭詰

と申仁自殺仕候、今年者年廻りも甚不宜候、平日善兵衛殿剣難相恐、何角相慎、既ニ自分腰之物
者刃引を持参仕居候由此度承申候、左候時者時節到来之場ニ至候もの哉と申事ニ御座候、且右変
事良（即）刻御掛合可申筈ニ御座候得共、遠方之儀何事も間ニ合不申、素ゟ自殺ニ相違無御座候間、従
御上御検使を受、御差図ニ随ひ申候、折節寿銅丸未滞船致居候ニ付、為相待置、不取敢此書状
差出し申候、外ニ口書写壱通御落手、委曲御承知可被下候、実ニ此内炭方大混雑昼夜枕ヲ下ケ候
間者無御座候
右之段為可得貴意、追書を以早々如斯御座候、恐惶謹言

十月六日酉上刻　　　中谷太兵衛

高橋連蔵様
米谷官兵衛様

猶々藤屋善七殿義者兼而知り合ニ而毎度文通も仕候儀ニ付、誠ニ気之毒千万申様も無御座候、
併右様成行候も宿世之因縁事と御諦被成候様、此度者大ニ取込居候間、別段書状差出し不申、
乍憚宜敷御伝声被下度御頼申上候、甚差急キ本文前後混雑ニ可有之候得共、其所者御推見御
承知可被下候、已上

右書状十月十四日致着候ニ付、善兵衛親藤屋善七早々呼寄、書面之趣読為聞、何角之義篤と申入
候処、親共も大ニ驚、悔居候得共、今更致方も無之候段呉々致得心候、甚不忠不孝成次第も申述、
御大相成御苦労を掛候段不埒之至と申居候、猶此上万事宜御主家之御思召次第ニ被遊被下候様と
申出候ニ付、則左ニ　但、外ニ一件微細書有之候得共、是者親善七へ為読聞候後写不申候也

引取一札之事

一私悴善兵衛義予州勤被仰付罷在候処、於彼地不斗死去仕候、依之為御吊料　白銀五拾枚被下置冥加至極難有頂戴仕候、則同人荷物之分不残御渡被成下難有慥ニ奉請取候、此後善兵衛義ニ付如何様之掛り合御座候共、私共引受、聊貴殿へ御難儀相懸申間敷候、為後日引取一札仍如件

文政五午年十月

高麗橋壱丁目
親　藤屋善七印

今橋弐丁目
請人日野屋儀兵衛印

住友吉次郎殿

一六〇　西高津町掛屋敷家守交代

西高津町家守代り是迄吉見屋丈助附置候処、同人儀仕似商売西口山家屋藤兵衛江譲り渡候ニ付、家守相退キ申候、跡役町内木綿屋亦吉借屋大和屋治兵衛江申付、家守付一札町内江差入、并家守ゟ請一札取置、出銀等迄於会所ニ立会之上諸事相済、取渡一札出銀左ニ

家守附一札

半役
一表口拾七間半　裏行拾三間半

右家屋鋪我等所持掛屋鋪ニ而、吉見屋丈助江家守附置候処、同人儀退役、退キ跡家守之儀御町内木綿屋亦吉借屋大和屋治兵衛江申付候間、諸事同人ヲ以御取計可被下候、自然不束之筋御座候ハヽ、何時ニ而も家守付替可申候、為其家守一札如件

文政五午年
十二月廿日

住友吉次郎
実印

右之通十二月十七日御留守居中村伝次郎様ゟ御使者被下、明十八日主従へ可被申達義有之候御趣申来り候ニ付、十八日名代勇右衛門罷出候而御受申候事

一六二 自殺 手代安兵衛

「(朱書)予州状之写　勇力丸下便」

無番

一筆啓上仕候、然者安兵衛殿義先達登坂被致候後、差而相変義も無之候処、当月九日昼八ツ時頃おげん殿宅之裏井戸へ身を被投候、其物音ニ驚、近辺之衆中直様駈附、井戸之中を見届ケ被呉候処、真逆に沈被居候、折節おげん殿者他行致被居候ニ付、近辺之衆中いろ〳〵手を尽し、早速引上ケ候得共、最早落命之様子と相見へ候、然レ共急キ医師者を向、服薬灸治等相加候得共、其甲斐なく終被相果候、扨々気之毒千万成事一統驚入候事ニ御座候、夫ゟ右之趣町内へ申出、御公儀へ御届ケ申上候処、其夜四ツ時御検使同所へ御入来、悉御改相済、翌早朝御月番西御役所へ夫々掛り之者被召出、町年寄附添、家主初一統罷出候処、存之外御公儀表都合能相済、於御奉行様御前ニ逸々御聞糺之上、右之有様無相違候ハヽ、死骸勝手ニ取片付可致旨被為仰渡候、依之十日夕方実相寺へ致葬送、事終候事ニ御座候、猶又委細之義者おげん殿ゟ御地親類三右衛門殿方へ岡山継廿四時限之飛脚を以書状被差出候間、是ゟ宜敷御承引可被下候、依之此方文略仕候、先者右之趣不取敢為御知迄如斯御座候、恐惶謹言

実相寺へ葬送

十二月十二日　米谷官兵衛
高橋連蔵

中谷太兵衛様
今沢卯兵衛様

一六三　予州手代故恒右衛門を末家とする
存生の姿にして家督金等遣す

一予州元〆恒右衛門義出情相勤候ニ付、兼而支配役も可申付之処、舌瘡病ニて養生不相叶、先達
致死去候、依之格別之訳合を以存生之姿にいたし、家督金百五拾両、外ニ在勤中出情ニ付五拾
両、都合弐百両遣ス、尤元金預り月七朱之利割合通ひヲ以相渡候事

午
十二月

覚

一私義幼少ゟ年来御養育被下御奉公相勤候処、此度休息被仰付、御家号被下別家仕候ニ付、為家
督金百五拾両幷在勤中出情ニ付金五拾両、都合金弐百両被下置忝仕合奉存候、然ル上者御当地
ニて渡世無油断相励、少も掛御苦労申間敷候事
一御主人へ相障候家業仕間敷候、勿論御差図を請、渡世相営、勘定御改を受可申候事
一子孫永々申伝、御主人へ対シ不埒之儀為致申間敷候、勿論御家法万端聊為相背申間しく候事
一縁辺之儀御差図を請可申候、子孫永々ニ至迄親類縁者他家共養子取遣、御主人江相届、御差図
を請可申候事
一御本家万一御身上衰、私身上繁栄仕候者随分出情、御本家へ助力仕、御相続御座候様可相勤候、
子孫ニ至迄次第ニ此心得為致、永々相違申間敷候事
一家業幷私用ニ付他国仕候節者、御本家へ相届、御差図を請可申候事

右之通子孫永々急度相守可申候、為後日仍如件

文政五壬午年十二月

御内
恒右衛門印

住友吉次郎殿

一六四　吹直金引替御用につき褒美下賜

十二月廿七日御勘定御組頭衆ゟ御剪紙、左ニ

御用之儀有之候間、明後廿九日四ツ時大手御番所後御勘定所江代之者壱人可差出候、以上

十二月廿七日

大嶋九郎太郎
高山弥十郎

住友吉次郎江

別ニ

御用之儀有之候間、明後廿九日四ツ時大手御番所後御勘定所江可罷出候、以上

大嶋九郎太郎
高山弥十郎

泉屋吉次郎
竹原屋文右衛門
播磨屋新右衛門江
升屋源四郎

殿村屋佐五平

追々病気差合等之者名代可差出候

一十二月廿九日一同相揃、御勘定江罷出候処、御退出後御呼出ニ相成申候、則左ニ

御立会
町奉行
筒井伊加（賀）守様
御勘定奉行
遠山左衛門尉様
御勘定吟味役
明楽八郎右衛門様
御勘定組頭
高山弥十郎様

御口達
御勘定
近藤郷左衛門様

申渡

銀七枚ツヽ
泉屋吉次郎
竹原屋文右衛門

銀五枚ツヽ
三井三郎助
三井元之助
三井次郎右衛門
播磨屋新右衛門
升屋源四郎
殿村屋佐五郎（平）
井筒屋善次郎
嶋屋吉兵衛
石川屋庄兵衛

銀三枚ツヽ

〆
竹川彦太郎
荒木伊右衛門
奥田仁左衛門
嶋田八郎左衛門
小野善九郎
三谷三九郎

右者吹直金引替之儀骨折候ニ付被下之

銀五枚ツヽ

〆
三井三郎助
三井元之助
三井次郎右衛門

銀三枚ツヽ

〆
竹川彦太郎
荒木伊右衛門
奥田仁左衛門
嶋田八郎左衛門
小野善九郎

右者京・大坂吹直金引替之儀も兼候ニ付被下之

銀五枚

住友吉次郎

右者大坂吹直金引替之儀骨折候ニ付被下之

前書之通被　仰渡、御請書左ニ

　前文被仰渡之通認メ

右被　仰渡候趣難有仕合奉存候、依之御請奉差上候、以上

　午
　十二月廿九日

三井組名代　脇田久三郎　印
十人組年寄　奥田仁左衛門　印
三谷三九郎　印
住友吉次郎大坂住宅ニ付名代　久右衛門　印
泉屋吉次郎大坂住宅ニ付代　宗助　印
竹原屋文右衛門　印
播磨屋新右衛門煩ニ付代　半七　印
升屋源四郎　印
殿村屋佐五平勢州住宅ニ付代　与平次　印
井筒屋善次郎京都住宅ニ付代　佐右衛門　印
嶋屋吉兵衛本所宿住宅ニ付代　金兵衛　印

石川屋庄兵衛印

右之通一紙ニ連印御請證文差上候事

一御褒美銀被下候ニ付御礼廻り左ニ

御老中 水野出羽守様
御若年寄 植村駿河守様
町御奉行 榊原主計守（頭）様
同 筒井伊賀守様
御勘定奉行 遠山左衛門尉様
同 村垣淡路守様
御勘定吟味役 明楽八郎右衛門様
御勘定組頭 高山弥十郎様
同 大嶋九郎太郎様
御掛御勘定 山田益弥様
田中太左衛門様
近藤郷左衛門様
武井利三郎様
檜崎大作様
石井小千次様
須藤市左衛門様
飯田市右衛門様

前書之通結構被為　仰付、御同前恐悦奉存候、御序ニ御本家へ宜敷被仰上可被下候、奉頼上候

未
正月廿六日　中橋店

豊後町
御店

一六五　悴恩赦願　末家与四郎
万太郎元服

以書附奉願上候

一悴与三兵衛義、先達而奉蒙　御不興、何共重々奉恐入候、然ニ今般　万太郎様御元服被為　遊候段千万奉恐悦候、何卒右就　御吉辰此度格別之御憐愍を以御赦被下置候様重畳偏奉願上候、乍憚此段宜御執成之程厚奉願上候、以上

午五月　御末家
与四郎

御旦那様

御支配中様

一六六　予州手代清右衛門暇願

乍恐書附を以奉願上候

一私義幼少之砌ゟ御当地ニ罷下り、是迄結構御取立被仰付、御高恩之程冥加至極難有仕合奉存候、然ル処近頃兎角病身ニ罷成、折々持病差起、大ニ難渋仕候、右ニ付甚以恐多御願ニ御座候得共、御暇頂戴被下置候得者莫太之御高恩と難有奉存候、誠ニ前段之通幼少東西も不相弁時分御奉公ニ罷出、今更ケ様之義御願奉申上候御事実ニ恐入、且者於此身ニも乍恐如何計歎ケ敷奉存候へ

共、兎角病気差募、折ニ寄日勤不任心、此段も乍恐御憐察奉願上候、尤御暇頂戴仕候而も何等家業之覚も無御座候得共、無余義御歎奉申上候間、何卒御本家御館入等被為　仰付候得者、重々難有仕合ニ奉存候、此段格別御憐愍之程偏宜御聞被為　仰付候様御取成被下度重畳奉頼上候、以上

文政五年午七月　　清右衛門

右予州手代暇遣し候ニ付銀五拾枚遣ス也

一六七　末家与四郎悴本家館入恩赦願

吹子神祭り万太郎元服

一　　書附を以奉願上候

悴与三兵衛義、

昨年夏可奉申上様も無之心得違仕、奉蒙　御勘気候処、御慈悲之御沙汰を以、　御本家様御余光ニ依而蒙　結構、私勤方奉蒙見習勤候段、誠ニ以御高恩之程冥加至極難有仕合奉存候、然ル処当春一先召連帰府仕、追々為見習候得共、何分御本家様へ御館入不仕候半而者外聞旁歎ケ敷次第ニ而、同人義も日々後悔仕、何卒　御赦免之儀奉願上候様歎敷申聞、勿論私義も追々老衰仕、甚根気薄罷成、朝暮之内命数之義も無覚束歎敷奉存候間、右御恩免被成下候ハヽ、勤方世間広、万事都合能相成、冥加至極難有仕合奉存候、此段聞召被為分、御赦免被　仰付候様一向奉願上候、且又来ル霜月吹子御神祭り就御吉辰、　万太郎様被遊御元服候様奉承知候、何卒右就　御吉辰不相替幾久敷私同様　御館入仕候様、格別之御仁恵御慈悲を以御聞済之程偏ニ御執成奉願上候、以上

文政五午年十一月朔日　御末家 与四郎

御本家様

御老分中様

御支配人中様

一六八 末家真右衛門悴妻帯願

乍恐書附を以奉願上候

御末家 真右衛門

一私悴真兵衛義妻呼迎之儀、是迄彼是内吟味仕候得共、相応之者も無御座延引仕候、然ル処丁内平野屋八郎兵衛と申仁媒人を以、御当地京町堀信濃町尼ケ崎屋市郎兵衛と申干鰯問屋之姪くみと申女、当午十八才ニ相成、容儀も通例ニ而本人勿論親類共内々承り糺候処、何れも人柄宜敷趣ニ相聞候ニ付、右女嫁ニ貰請度存罷在候得共、尤実親里ハ伊丹丸屋仁右衛門と申酒造家之別家ニ而、諸方酒売取扱家業ニ付、本店右仁右衛門方へ日勤仕罷在候、遠郷之親ニ付前段信濃町尼ケ崎屋市郎兵衛伯父ニ付親分仕嫁ニ貰請度、則親類書下ケ紙を以奉申上候、何分ニも御願申上、御聞済之上ならて者取結相極かたく御座候間、前段之次第御勘考之上御取成宜御頼申上候、御聞済被成下候様重畳奉願上候、以上

午十二月十九日　御末家 重岡真右衛門

右願上候趣承糺候処、相違無御座候間、御聞済被成遺度、依之奥印仕候

御末家 松井仁右衛門

御本家様
　御支配
　　米谷官兵衛様
御老分日勤
　高橋連蔵様
　　信濃町干鰯問屋家業仕候
　　親分　尼ヶ崎屋市郎兵衛
右縁者　　　縁女　くみ十八歳
　　兄　丸屋　利助
　　母　　　りせ
　　兄　　　利七
　　　但、加嶋屋作兵衛方手代奉公仕候
右之外薄縁之者ハ略仕候

一六九　末家与四郎
悴御目通願

書附を以奉願上候

先般就　御吉辰格別之御慈悲を以結構被為　仰付、世間広万事都合能相成候段、親族之者共始一同誠以冥加至極難有仕合奉存候、然ル上者此上可奉願上様も無御座候得共、何分　御目通相叶不申而者何共歎敷、私義も極老衰仕候ニ付、同人義もひたすら相歎申聞候、何卒格外之　御仁恵御慈悲を以、歳暮御祝儀ニ御赦免被下置、御目通被為　仰付候様幾重ニも御聞済之程偏ニ御執成被成下候様奉願上候、以上

午十二月　　　　　　　　　　御末家
　　　　　　　　　　　　　　与四郎

御本家様
御老分中様
御支配人中様

一七〇　末家義助養子願

乍恐以書附奉願上候

一私義御陰を以家業無恙相続仕、誠ニ以冥加至極難有仕合奉存候、然ル処私義実子無御座候ニ付、先達由松と申者養子仕度趣御願申上候処、御聞済被為成下難有御儀ニ奉存候、且又右壱人ニ而者甚以心細奉存候、依之親類共江も内談仕、一統同心仕、則右由松弟義三郎と申者、当年十歳ニ相成申候、是又養子ニ仕度奉存候、何卒御憐愍を以前書之趣御聞済被為成下候ハヽ、尚以安心仕候義難有仕合奉存候、乍恐此段以書附奉願上候、以上

文政六未年正月　御末家　義助

前書之通相違無御座候ニ付、奥印仕奉願上候

御末家惣代　藤右衛門
祐左衛門

御本家御支配
官兵衛様
御日勤
連蔵様

一七一　手代故安兵衛介抱人養子へ合力願　銅山勤

乍恐以書附奉願上候

一故四郎兵衛相続人兼而御願申上、家名相立申度存念ニ御座候処、幸同人甥安兵衛、幼少より銅山ニ相勤罷在候故、右安兵衛義御願申上、四郎兵衛跡相続為致度候ニ付、一昨年呼寄、登坂仕候節御願申上候処、結構被　仰付難有仕合奉存候、最早彼是年輩ニも相成候ニ付、御願申上、近々休足をも被　仰付候ハヽ、家内一同安心可仕と相楽居候処、不計旧冬死去仕、誠ニ不存寄義ニ而思惑齟齬仕、当惑至極仕居申候、然ル処同人右相続為致候ニ付者又々追而御願可申上積ニ而、介抱人もらゐ受、猶又安兵衛迚も追々老年ニ趣候ニ付、親類及相談、養子ニも可仕積りニ而約束も仕居候処、安兵衛右之成行ニ付、忽もらゐ受候介抱人養子共ニ及渇命可申次第、十方ニ暮、はつたと差逼難渋至極奉存候、御高恩ニ預り候上、御歎奉申上候段重々恐入候得共、安兵衛義も旧年より無滞御奉公仕候段思召被為訳、御憐愍を以忽及渇命候介抱人養子等可也ニ渡世仕候様被仰付被下候ハヽ、右之者共者不及申、相果候安兵衛吊（弔）をも仕、私共迄も洪太之御慈計難有仕合奉存候、右御願奉申上度　御前可然様御執成偏ニ奉願上候、以上

文政六未年二月

四郎兵衛跡　乗　蓮

安兵衛弟　三右衛門

御支配人中様

一七二　京都出入大工治兵衛恩借願

以書附御願奉申上候

一白川御本家様幷所々御抱屋敷御破損所御用被　仰付、御陰を以渡世之仕難有仕合奉存候、然ル

処先代ゟ大借之請、郎等多キ中ニ大病相煩、兄治兵衛早世仕候ニ付、無拠私世話仕候得共取続方難相成候ニ付、去ル亥年願出候処、誠厚キ御憐愍を以銀壱〆五百匁御恩借被　仰付、冥加至極難有仕合奉存候、右御陰を以段々取続申候得共、元来困窮之跡式、其上幼少之子供共多罷居、甚以難渋之仕合ニ御座候、今暫も相立候得者、子供共成人之仕、家業手揃ニて相働申候得者、追々と繁栄も可仕と存、日夜心信を労シ、家業入精仕候得共、時節柄ニ而御座候故哉、はか〳〵敷普請等も無御座、助ケ手間等雇ひ申事一切無御座、漸々私壱人之手業ニ而郎等多く相養ひ、何角不都合ニ相成申ニ付、恐入候御願ニ者候得共、何卒再御憐愍を以御恩借被　仰付被下置候様奉願上候、何分願之通御許容も被成下置候ハヽ、難有仕合奉存候、尤先格を以御願申上候儀ニ而者無御座候得共、段々と御憐愍を以取続キ申候ニ付、今度之所何卒願之通御許容も被成下置候ハヽ、不及申子孫者、幷別家共ニ至迄御高恩重々厚難有可奉存候、不顧恐　各様方迄以書附御願申上候、何卒御慈悲之上御憐愍幾重ニも奉願上候、此段宜敷御執成を以被　仰上可被下候様偏奉願上候、以上

文政五午年

兄治兵衛悴事　万次郎

京都御出入大工　治兵衛

御支配人中様

御別家中様

一七三　田安家御用のため手代差下しにつき添触願

覚

一手代喜太郎年限相満候ニ付、今度江戸表へ罷下り候義聞済、道中往来義任其意、則田安御屋敷へ名代勇右衛門御用向之序ニ御添触之義願入候処、早速御聞済被成下、左之通

（朱書）
「御添触包上ハ書」

長柄
添触　御役所
田安
御用　摂州大坂ゟ東海道通

覚

一人足　三人
一軽尻　壱疋

右者田安殿就御用、此者儀当月十九日摂州長柄御役所差立、東海道通、甲州身延山江罷越、夫ゟ江戸田安御勘（定脱）所迄差遣候間、御定之賃銭請取之、前書之人馬無遅滞差出、早々可継送候、尤川越渡船止宿等まて差支無之様可取計もの也

未
二月　　長柄
　　　　御役所

摂州大坂より
東海道通り
右宿々
問屋
年寄

御関所通手形之事

一上下弐人

右者田安御用ニ付、摂州長柄御役所ゟ江戸田安御勘定所迄差遣候間、其　御関所無相違御通可被成候、為後日仍如件

文政六未年
　二月　　　　　　　　　　　田安
　　　　　　　　　　　　　　田中関太夫印

遠州今切
　御関所
　　御番人中

一駄賃帳ハ大半紙三十枚綴、田安御役所へ差出候処、御上ハ書并綴附候所へ御印被下候事

一七四　末家源右衛門家督銀下渡し願

家督銀にて在勤中の引負金を弁償されると家名断絶

乍恐書附を以御願奉申上候

一源右衛門儀、去々巳八月結講(構)休息被　仰付難有奉存候、既ニ御暇も可被　仰付之処、御仁恵之御取計誠以冥加ニ相叶難有奉存候、乍併商売之儀者不案内、外ニ仕覚候儀迚も無御座、甚以難渋仕候ニ付、再勤之儀不顧恐再三御歎願奉申上候所、旧冬再勤之儀御聞済難被為成下御趣意被

再勤聞済

仰渡奉畏候、依之先祖ゟ御末家之家名相続仕度存心ニ御座候ニ付、商売取始申度候ニ付、先般被　下置候御目録金御下ケ之儀、去冬源右衛門ゟ奉願上候所、同人在勤中引負銀之内江御引取ニ相成候趣被仰渡、至極御尤之御儀と重々奉恐入候、依之可申上様も無御座候得共、左候得者先祖之家名断絶之姿ニ相及、最早必至と差迫り困窮仕、日用も難相凌歎ケ敷儀ニ付、依之親類之者打寄相談仕候所、引負銀之儀者何卒御憐愍を以年賦ニ被仰付度、左候得者壱ケ年ニ銀百五拾目宛無相違上納可仕候、御聞済被為成下候ハヽ、早々商売相始申度、則親類共江相談仕候上商売向万事引請世話致シ呉候様相頼候所承引被致候ニ付、安心仕罷在候得共、商売元手銀忽差支難渋仕候間、前書ニ源右衛門ゟ御願奉申上候通、御目録金御下ケ被為成下候様奉願上候、尤

引負銀之儀者親類共連印を以證文奉差上置候而、壱ケ年銀百五拾目宛、年々無遅滞上納可仕候間、何卒御聞届被為　成下候ハヽ、難有奉存候、誠ニ此度者同人儀実々身ニ染、心底相改、是迄身持不行跡之儀奉恐入、今更後悔仕度心願差起り、私江度々歎願申出候ニ付、実々心底も相改候ニ付、乍恐私ゟ奉願上候、何卒本人ニ不抱（拘）格別之御憐愍を以右御目録金私江御下ケ之儀奉願上候、左候得者御影を以商売向連綿仕候上者、引負銀之儀者不及申、御拝借銀共決而不納不仕候様厳敷申合、急度上納為仕候間、前書之始末被為訳聞召、以御慈非（悲）家名相続仕候様御仁恵之御沙汰被為　成下候ハヽ、広太之御高恩難有仕合奉存候、何分御聞届被成下候様乍恐此段以書付奉願上候、以上

文政六未年二月

源右衛門母
もと

御末家惣代
市郎兵衛

同
喜兵衛

右願之通相違も無御座候様相聞江候間、奥印仕候

御支配
米谷官兵衛様

御日勤
高橋連蔵様

三代末家

右願立候得とも、家督銀引去五〆九百匁余借財ニ相成、其上同人不埒ニ付別段貸渡之義難相成候得とも、三代末家之義殊ニ故源右衛門後家もと未存生ニ而、実々難渋之趣無相違相聞候ニ付、此

度金廿両貸渡之事、尤壱ケ年ニ百匁宛差入可申様申附候事

金二〇両を貸渡し

覚

一 金弐拾両也
　代壱貫弐百六拾目

右之通慥ニ請取拝借仕候、尤壱ケ年に銀百目宛無相違急度返納可仕候、以上

文政六未年二月

御末家　も　と
御末家惣代　市郎兵衛
同　喜　兵　衛

御本家
御支配　官兵衛様
御日勤　連　蔵様

一七五 大名所替・役替

江戸
中橋店ゟ申来ル書面写

然者今般御国替并御役替被蒙　仰候、左ニ
御座間

伊勢国
桑名へ所替　松平越中守
大番頭

伏見奉行
仙石大和守跡　　　　　堀田豊後守

西丸御先手
佐渡奉行
水野藤右衛門跡　　　　勝　桓兵衛

御小性組
西丸御先手　　　松平内匠頭組与力
青木新兵衛跡　　　窪田勘左衛門

右於　御前被　仰付候

武蔵国
忍へ所替　　　　　　松平下総守
　　　　　　　　　　名代保科弾正守

陸奥国
白川へ所替　　　　　阿部鉄丸
　　　　　　　　　　名代秋元左衛門佐

右於　波之間、老中列座、下野守申渡し

時服十五　　　　　　松平越中守

所替被　仰付、安房・上総御備場御用御免被成候、台場所御取立、先代彼是骨折候ニ付被下候

右於　白書院溜、老中列座、下野守申渡し

右之通被　仰渡候間、此段申上候、以上

未
三月廿四日

一七六　手代故常右衛門名跡相続願

乍恐以書附奉願上候

一予州表ニ数年御奉公相勤候常右衛門儀、先達ゟ長病ニ取合候処、厚キ御思召を以出養生迄被
仰付、難有仕合奉存候、然ル処難症ニて終ニ落命仕、残念奉存候、右跡々追福仕候様被　仰付、
結構御目録被下置、親類一同重々難有仕合奉存候、依而常右衛門名跡相立、永く御恩恵忘却不
致様仕度奉存候ニ付、常右衛門妹八重ニ当年六歳ニ相成候常太郎と申男子御座候、此者へ名跡
相続為致、何卒常右衛門同様ニ被　思召、御出入御免被　仰付候様奉願上候、成人之後者御奉
公為致度、未幼少ニも御座候故、遠方相隔候故、成長仕候迄妹八重、年頭・盆御礼出勤仕度、
此義も御聞済之程偏ニ奉願上候、右之段御許容被為　成下候様可然御披露之程奉願上候、以上

文政六未年四月廿一日

常右衛門妹　八　重

八重悴　常太郎

伯父　林　正温

代正温悴　林　条蔵

御老分日勤　高橋　連　蔵様

御支配　米谷官兵衛様

一七七　常陸那珂湊沖にて異国船発見

江戸より申来ル写

船長サ　六拾間
白帆　八ツ
重《ヤ》帆　弐ツ
右六月九日水戸磯浜中湊大洗明神通りゟ三町計り沖江壱艘曳入候処、風並悪敷候ゆへ吹付られ候趣、六月十三日七ツ時頃、南をさして走り申候趣、江戸十九日出ゟ申来候、尤水戸ゟ者十三日出ニ江戸表へ申参候事
未七月十五日

一七八　秤改

覚

未六月秤座改町触有之、左ニ

一千木　三拾弐貫掛　壱丁　「(朱書)直賃　代三匁八分六り」
一同　六貫掛　壱丁　「(朱書)代五分三り」
一秤　代 「(朱書)五分七り　壱匁七分七り　壱匁七分七り　壱匁八分九り　六分九り」　九丁　「(朱書)八分壱り　五分七り　六分九り」
一皿秤　弐丁　「(朱書)弐匁五分四り　弐分八り」
〆　本家分　「(朱書)代銀〆拾七匁七分四り」
一千木　弐拾貫掛　壱丁　「(朱書)代七匁三分七り」

一同　　拾壱貫掛　　壱丁「(朱書)代弐匁五り」

一同　　六貫掛　　弐丁「(朱書)弐分七り
壱匁五分七り」

一秤　　　　　　　弐丁「(朱書)代壱匁七分七り宛」

〆吹所分「(朱書)代銀〆拾四匁八分」

右者七月廿二日朝六ツ時会所迄差出し候事

一七九 実相寺住職入院式出席願

口上書ヲ以御頼申上候事

一此度御本家様并御一統様方格別之思召ヲ以、御本山表首尾能当寺住職被仰付、重畳難有奉存候、依之明後十九日入院式仕度、此間回章ヲ以右御案内申上候所、御加江被成下、御一統御出勤被下候趣ニ難有承知仕、組中法類も其心得ニ而罷在候所、先刻御行司様ゟ先例無之儀ニ付、御手面ヲ以御断被仰聞、御尤ニ奉存候、乍然此度者格別之思召ヲ以御本山江も御惣代之御三判ニ而御願書御出被下候程之儀故、御門中者勿論、外旦方中も貴家様御一統御出勤被成下候事と大悦ニ奉存候所、不計預御断、外見旁大ニ痛心仕候、何共御無躰之儀ニ者御座候得共、当寺御取立之思召ヲ以御一統御出勤被成下候、一同大慶安心仕候、然シ無拠御差支之儀も御座候ハヽ、御別家様方之内五七人様ニ而も又者御手代衆中ニ而も為御名代御入来被下候様御取計之程幾重ニも御頼申上候、尤入院之出迎抔と申儀ニ者及不申、堂内江御出勤被下候ハヽ、万事都合宜鋪、一同大慶仕候、此段能々御憐察被成下、無滞入院式相調候様偏奉希候、以上

未六月十七日
実相寺
宗円寺
法善寺
住友吉次郎様
御手代衆中

一八〇　末家仁右衛門養子願

乍恐以書付奉願上候
一私弟河内屋治右衛門方末子民太郎と申者有之候ニ付、右甥民太郎私養子ニ貰請度奉存候故、此段奉願上候、何卒可然様御執成を以願之通　御聞済も被為　成下候ハヽ、生涯之安心難有仕合奉存候、依之以書附奉願上候、以上
文政六未年二月廿八日
御末家
仁右衛門
乍恐無相違相聞へ申候ニ付、奥印仕候
御末家
真右衛門
御本家
御末家日勤詰
連　蔵様
御支配
官兵衛様

【一八一】手代祐右衛門休足願役頭

乍恐以書付奉願上候

一私義幼年之砌より御奉公仕、誠只今ニおゐて者結構役頭も被　仰付難有仕合奉存候、然処近来兎角多病にて御役庭向も間渡兼、右ニ付近頃甚以自由ケ間敷恐入候得共、格別之御慈計を以何卒休足被　仰付候様偏ニ奉希候、尤去夏一件迚も御役庭不取締之儀ニ付、何共申訳無之、其砌早速御暇も頂戴仕度存念有之候得共、何れ其内御願も可申上と奉存候処、格別之御憐愍ヲ以是迄御召遣ひ被下候得共、何分弱身多病之私ニ御座候間、願之通　御聞済被　仰付可被下候ハヽ、莫太御高恩之程難有仕合奉存候、右乍恐以書附此段奉願上候、以上

文政六未年三月　　祐右衛門

【一八二】手代太兵衛を末家とする

覚

一私義従幼年御養育被成下、御奉公相勤候処、此度休息被　仰付御家号被下御末家ニ被　仰付、為家督銀拾弐貫目被下之、其外普請料弐貫目、道具料弐貫目、婚礼賄料壱貫五百目、三ケ年之間世帯方賄料、年々其砌ニ至弐貫目宛御合力被下、都合銀弐拾三貫五百目之辻被　下置、其上万端結構被成下難有仕合奉存候、然ル上者渡世無油断相勤、少も御苦労相懸ケ申間敷候

一御主人様へ相障候家業仕間敷候、勿論御差図を請渡世相営、毎年勘定御改を請可申候事

一子孫永々申伝、対　御主人様不埒之儀為致申間敷候、勿論御家法万端為相背申間敷候事

一縁辺之儀御差図を請可申候、子孫末々ニ至迄親類他家共養子取遣、御主人様へ相届、御差図を請可申事

一御本家万一御身上相衰、私身上繁栄仕候ハヽ、随分出情御本家へ助力可相勤候、子孫ニ至迄此心得為永々相背申間敷候事

一家業幷私用ニ付他出仕候節者、御本家へ相届ケ御差図を請可申候事

右之通子孫永々急度相守可申候、為後日仍而如件

文政六癸未年五月　　御末家 太兵衛

住友吉次郎様

一八三 末家故卯三郎名跡相続願

乍憚口上

一卯三郎名跡艶へ被仰聞、代判元三郎相勤候儀、先達而結構御聞済被為成下難有仕合奉存候、然ル処右元三郎義死去仕、跡代判可仕者無之、尤女名前ニ而者町儀難相済候筋も有之、相続人取極申度候、親類之者相談仕候処当時豊後町御店ニ被相勤候豊松事、至極柔和ニ御座候ニ付、娘艶聟養子ニ申請候而者如何御座候哉、毎々承り合候処、身元も相応ニ御座候ニ付、幸申請度奉存候、将又当時私店方前々致別家候者折々勘定等相調呉候上、若手之者も堅倹約相守、商売方出情致呉候ニ付相応間渡、只今引取不申共家業之儀者差支不申、町儀名前相立候ハヽ、宜敷御儀ニ御座候間、豊松義者先是迄之通御奉公被　仰付被　下置候様奉頼上候、何卒御仁恵を以此段御聞済被為　成下候者重畳難有仕合奉存候、宜敷御執合被成下度、以書附奉願上候、以上

文政六未年五月　　故卯三郎後家 いく

本文之通相違無御座候様相聞候間、御聞済被仰付度奉存候、依之奥印仕候
御末家
重岡真右衛門

御本家
御支配
官兵衛様
御日勤
連　蔵様

一八四　実相寺住職無断交代につき取置一札

一札之事

一拙僧此度当寺住職之儀者、住友家御檀頭之義ニ付、一先御評儀相遂、得と熟談之上御本山へ可願出之所、不及平(評)儀願出候段不行届之旨御察当被下、一言之申開も無之上、不帰依と被仰立候而者、拙僧先住職致居候大雲寺対旦中候而も面皮無之、実相寺組合法類迄も差障之筋出来、何共歎ケ敷難渋差迫り候、依之願生寺幷組合法類等種々御入割御断被下候ニ付、此度程能御聞済忝奉存候、然ル上者寺法者勿論、身分勤行等堅相守可申候

一惣而本堂勤、勿論旦中法要之儀者致麁略間敷候、勿論近年被仰出候一通如法如律ニ相勤、聊も不如法之義等有之、御本山不及申、檀中恥辱ニ相成候義等出来候ハヽ、如何様ニ被申聞候共、違背申間敷候、何時ニ而も隠居ニ相成候共少も意恨含申間敷候

一檀中葬式其節刻限之通り出勤可致候、当病等を構、決而及延引間敷候、若病気等ニ付出勤難致候節者、組合法類ニ而も御願候共少も申分無之候、尤組合之先方ゟ拙寺へ届不及候事

一当寺往古ゟ伝来之宝物者勿論、惣有来る什物大切守護可致候、尤記録之通後住之僧へ相渡可申候

一先規より相勤有之候寺附之日月牌施餓鬼等者勿論、此後御加入之分迚も無怠慢相勤、聊麁敬仕間敷候事

文政六未年六月

実相寺
相誉

法類
宗円寺

同
法善寺

住友吉次郎殿
御末家中

前文之条々令承知候、万一寺法ニ相触候事於有之者、拙僧共罷出、急度埒明可申候、依而令奥印候

組
栄松院

同
宝樹寺

同
法蔵寺

一八五 手代故儀右衛門妻子へ合力遣す

覚

一　金弐拾五両也

右者先達而儀右衛門跡式之義ニ付、御合力金奉願上候処、格別之御憐愍を以御聞済被下置難有仕合奉存候、則今日養育金として右金子慥ニ奉請取候処実正也、然上者以来何様之義有之候とも決而御頼ヶ間敷儀仕間敷候、為後日御合力金奉請取候一札仍如件

文政六未年六月

儀右衛門妻
親
新兵衛

御店

上方御本家詰

大橋久右衛門様

奉願上候口上之覚

先年御店様相勤居候儀右衛門儀者、私娘妻ニ差遣、子共両人出生仕罷在候処、当六ヶ年以前寅年中、上方御本家詰被仰付難有仕合奉存候、妻子共私方江預ヶ置、尤其節病気ニ御座候得共押而罷登候処、翌卯年正月中病死仕候段被仰越、誠ニ以驚入、妻子幷私一同当惑至極仕、私義も甚困窮之中介抱罷有候ニ付、追々難渋至極仕候間、奉願上候も恐入奉存候得共、子供未幼年ニ而日々之養育方必至と難渋仕候ニ付、無拠奉願上候、何卒格別之思召を以子供成長仕候迄、月々金弐分宛拾ヶ年之間被下置候様奉願上候、勿論以来御願ヶ間敷儀決而仕間敷候間、前文之趣御聞済被成下候者儀右衛門家内幷私一同難有仕合奉存候、以上

未三月

儀右衛門後家父
新兵衛

御店

久右衛門様

一八六　手代半七暇願中登

乍恐書附を以奉頼上候

一先般私義立帰中登之儀御願奉申上候所、結講(構)御聞済被仰付、母共江も対面仕、重々難有仕合奉存候、然ル所愚母義最早及老年候上、近年多病ニ罷有相煩居候上、兄源右衛門義も商用にて時々下筋へ渡海仕、留主中老母之世話も行届兼候儀ニ付、内間色々相談仕候得共、手狭之義ニ付万端操合も調兼、一統ニ当惑仕候儀ニ御座候、依之甚以御願難申上候得共、御憐愍之上私義御暇被下置候ハヽ、兄弟共申合老母義養育仕度奉存候、誠ニ是迄御高恩相蒙居候上、右様御願奉申上候義重々奉恐入候得共、無拠次第ニ付御頼奉申上候、右之段偏ニ御慈悲之上御聞済被為仰付、尚亦已来御出入御免被成下候様御聞済被仰付候者、重々難有仕合奉存候、乍恐よろしく御憐愍之程奉願上候、以上

未六月　半七

一八七　手代祐右衛門休足金下渡し

金子奉請取一札之事

一先達而私義多病ニ付休足之儀御頼奉申上候処、先般結構被為　仰附、殊ニ以不存寄為休足金百両被下置難有仕合奉存候、尚右之外ニ商売方取始仕度候ニ附而銀子壱〆目別段御願奉申上候処、御聞届被成下、此度両用とも御渡被仰付、難有慥ニ奉請取候、御蔭を以何様商売可仕と奉存候、誠に此度者格別之御憐愍相蒙、已来御厚恩之程忘却不仕候、為後日指入申上候一札如件

文政六未七月　　祐右衛門

御日勤　高橋連蔵様

御支配方　米谷官兵衛様

一八八　手代故林兵衛相続人借銀年賦返済願

乍恐以書附御願奉申上候

一御本家様へ亡父林兵衛義御奉公相勤、御厚恩ニ暖簾頂戴仕候段、冥加至極難有仕合奉存候、然ル処亡父死去後私跡相続被仰付難有仕合奉存候、当年ニて八ヶ年之間商売方色々出情仕候得共、何分若年之私儀ニ御座候得者、万事行届難候故、已ニ去ル辰年御銀子三貫五百目、七ヶ年賦ニて御拝借御願奉申上候所、早束(速)御聞済被為成下、重々難有仕合奉存候、尤巳年一ヶ年分御利銀相添元入五百目奉差入候処、午年ゟ不納ニ相成候段重々奉恐入候、右之儀者三ヶ年已前愚妻安産後長々病気ニ取合、此度終養生不叶病死仕、其外下方懸損等も有之、難微(儀)相重候ニ付、依之人数も小勢ニ仕、内間格別倹約仕、相続相成候様仕度奉存候、右ニ付残り元銀三貫目恐入奉申上兼候得共、外ニ済方有之候ニ付、来ル酉年暮ゟ拾ヶ年賦ニ被仰付被下置候者、無慾家名相続相成候様奉存候ニ付、乍恐御歎奉申上候、何卒右御願奉申上候趣意以御憐愍御聞済被為成下候者子孫永々広太之御慈悲難有仕合奉存候、此段以書附御願奉申上候、以上

文政六癸未八月　　泉屋林兵衛

右之通相糺候所相違も無御座候ニ付、奥印仕候、以上

泉屋真右衛門

御本家様

御支配人官兵衛様

御日勤連蔵様

一八九　末家太兵衛借銀年賦返済願

乍恐以書附奉願上候

一私義従幼年長々御養育被為成下、其上今般休足被　仰付、重々結構御目録被下置、冥加至極万々難有仕合奉存候、然上者一向御歎ケ間敷儀不奉申上候筈ニ御座候へ共、元来宿元至而難渋ニ罷過候ニ付、在勤中毎度無心申参、難懸(黙)止訳も御座候ニ付、無余儀見次早くシ猶亦私手元ニても無拠入用等間々有之、何角以内借筋案外追々相嵩、先年御本家ニ而銀三貫目拝借仕候、且又於予州表ニも過分当借仕候ニ付承引払申候、彼是都合銀三拾壱貫七百五拾目借財ニ相成、誠ニ当惑之至奉存候、実ニ万端結構被為　仰付難有仕合奉存候へ共、右銀高当時御返納奉申上候才角無御(座脱カ)大ニ心痛仕候、依之甚奉恐入候、何とも御願申上兼候得共、乍此上格別之御憐情以何卒年賦ニ被仰付、今年七百五拾目幷来申年壱貫目御引取被成下、向酉年ゟ毎年壱貫五百目宛御引入被為成下候ハヽ、以御蔭其内ニ者商売方ニ取付、被下置候御家号も程能相続仕、親族共ニ至迄御高恩之別而難有仕合奉存候、乍恐此段可然様被為　聞召、何卒御慈恵以願之通御聞済被為　仰付候者重畳難有仕合奉存候、何分精々宜鋪御歎奉奉(衍)申上候、以上

文政六未年八月

御末家
太兵衛

旦那様

一九〇　末家与四郎養子願

乍恐以書附奉願上候

一私義御蔭を以家業相続仕難有仕合奉存候、然ル処悴与三兵衛義、当夏頃ゟ病身罷成候処此節差重、本服仕候儀無覚束奉存候ニ付、追々及老年候儀、跡相続人貰請置度、此度天満市之町池田屋忠右衛門悴喜三郎当年廿三才ニ相成候者貰請申度奉願候、此段御聞済被成下候者難有仕合奉存候、何卒可然様御取合被仰上可被下候、以上

文政六未九月　御末家 与四郎

右之趣承糺候処、相違無御座候ニ付、奥印仕候

御末家 真右衛門

御本家

旦那様

御支配 官兵衛殿

日勤 連蔵殿

一九一　末家喜兵衛召遣に家号下賜届　醤油小売商売

御届奉申上候

一私是迄召遣来候庄兵衛と申者、定年数無滞相勤候ニ付、醤油小売商売為致申度候、依之近辺表

借家借受、此所へ為引移、家号等差遣シ、泉屋庄兵衛と申、則私別家ニ仕申候、此段御届ケ奉
申上候、已上

文政六未年九月　　　　　　　　　　御末家
　　　　　　　　　　　　　　　　　　喜兵衛

右之趣届被出候段相違無御座候様相聞候ニ付、奥印仕候

　　　　　　　　　　　　　　　　　御末家
　　　　　　　　　　　　　　　　　　真右衛門

御本家様
　御支配
　　官兵衛様
　御日勤
　　連　蔵様

一九二　末家杢右衛門妻帯願

乍恐書附を以奉願上候

一私義妻呼迎之儀、是迄取結仕度候所、幸今度津村南ノ町播磨屋正兵衛借家医師福井一方娘
うの当年三十六歳ニ相成候者、内々聞繕候所相応之人柄ニ御座候故、妻縁取組仕度候、并
親類之者共も夫々聞糺仕候処、家業も正敷、人柄も宜敷御座候ニ付、名前下紙ニ相記奉申
上候、右之段御願奉申上候、縁組仕度候間、何卒　御聞済被為　成下候ハヽ、難有奉存候、
宜敷御取成奉頼上候、以上

（付　箋）

文政六未年九月　　　　　　　　　　御末家
　　　　　　　　　　　　　　　　　　杢右衛門

右之通願上候趣承糺候処相違無御座候間、御聞済被成下度、依之奥印仕候

御末家
真右衛門

御本家様
御支配
官兵衛様
御老分日勤
連　蔵様

(付箋)
「親類
谷町弐丁目
亀屋喜兵衛
南本町弐丁目
大文字屋九兵衛
右之通ニ御座候、已上」

一九三　手代政助暇願

乍恐書附を以奉願上候

一 私義、去亥年ゟ御奉公ニ罷出、当未年迄九ケ年間相勤来難有奉存候、幼年ゟ御養育被為成下冥加之段難尽筆紙難有仕合奉存候、然ル処親類之内ニ相続人無御座候而当惑仕居候、右ニ付私無拠御暇御願申上相続仕度奉存候、何卒文書之趣被為聞召、御暇被為下置候ハヽ、冥加至極難有仕合奉存候、乍恐此段以書附奉願上候、何卒　御前可然様御聞済之程御執成可被成下候様奉希上候、以上

文政六未年九月
御内
政助

一九四　松山藩扶持米六割引

一 以手紙致啓達候、然者隠岐守殿より被相贈候扶助米、当未十一月ゟ来申六月迄六割引之積有之

候、尤勝手向連年不如意之上、近年公務打続、無余儀物入有之、殊当年領内旱魃ニ而夥敷損毛等彼是差湊、必至と差支候付、此度家中宛行も人数扶持被申付候、勿論各方之義者格別之訳ニ候へ共、何分前件之次第ニ付無拠引増之儀被申出候条、此段訳而宜得御意旨、松山役人共ゟ申越候付、如斯御座候、以上

十月廿七日

飯塚助右衛門

一九五 実相寺常念仏祠堂利足奉納願

以書附御願申上候

一拙僧儀者御案内之通、先住暢誉和尚法類之 因縁を以 御本山始、御門中并御本家之御聞済にて住職仕候段忝奉存候、然ル処先住役後法類立会相調候借財高之外、拙僧住職後追々増借之口出来、都合弐拾七貫五百目ニ相成、誠ニ存外之儀に而、拙僧者不及申、法類共一同大ニ倒(当)惑仕候、且又御本家ゟ先住暢誉御借用申上候銀子有之ニ付、常念仏御祠堂財之利足半銀者御差引被成候趣御尤之儀ニ奉存候、乍併先住暢誉儀者借用主之方故、格別前文之通大借之上、又々右躰ニ相成候而ハ誠ニ以難渋至極ニ奉存候、然レ共先住借財之儀ニ候得者、先住同様に後住引請之御取計御尤に奉存候得共、前文之次第ニ有之候得者、実ニ相読(続)も無覚束程之仕合ニ奉存候、尤常行念仏者勿論、御先祖方之御回願者随分大節(切)ニ修行仕候へ共、当時此儘ニ而者御先祖へ御供養等も自然と難行届、尚又三人之詰衆へ衣料等も行届兼、何共歎敷心配仕候、依之格別之御慈愍を以、明申年ゟ戌年迄三ケ年之間、右御祠堂之利分御奉納被成下候様偏ニ御頼申上候、誠ニ以無躰之願ニ御座候得共、差当り住職ニ相障り候哉に奉存候ニ付、不得止事、乍赤面御頼申事

ニ御座候、御承知被下候ハヽ、拙僧者不及申、法類一同安心此事ニ候、又御先祖之追善ニも可相成候間、能々御勘弁之上偏ニ御願申上候、尤年限相立候ハヽ、是迄之通御取計可被下候、此段御本家へ宜御取成之程奉希候、已上

文政六未年十二月　　　　実相寺印

住友御支配
米谷官兵衛殿

一九六　居宅土蔵取払いにつき囲設置願

文政七甲申年二月六日、居宅屋敷之内西南角土蔵壱ケ所、桁行五間、梁行三間大破ニ付、
（朱書）
「捨子」取払決談ニ付囲イ届、左ニ
次
乍恐口上

長堀茂左衛門町
住友吉次郎
病気ニ付代
勇右衛門

一　私居宅之内、土蔵壱ケ所大破損仕候ニ付、取払普請仕度奉願上候、尤箒屋町鱣谷角折廻り
（朱書）
「捨子」拾間半弐尺板囲イ仕、往来之妨ニ不相成様可仕候間、此段御聞届被為成下候ハヽ、難有奉存
次
候、以上

文政七甲申年二月六日　　　　勇右衛門

御奉行様

但、地方御役所永田御氏御懸り、椽（縁）側ゟ帯剣出勤

一九七　捨子の捨主見つかる

申二月十日暁六ツ時過、東ノ入口用水桶之上江当歳出生女子捨有之ニ付、西　御役所江届書

左ニ

乍恐口上

茂左衛門町
住友吉次郎
代　重右衛門

捨子

一私居宅前軒下用水桶之上ニ今暁六ツ時過ニ当才と相見へ申候女子捨有之、早速拾ひ入養育仕罷在候ニ付、乍恐此段御断奉申上候、尤右捨子惣身ニ疵等無御座候

但、番人引取候後ニ御座候

文政七申年二月十日　重右衛門

月行司　泉屋　藤右衛門

御奉行様

（朱書）「捨子」

右書付西御月番御懸り安東丈之助様江差出候所、追而貰人有之候ハヽ、受人召連可罷出候様被仰渡、相済候事

今暁六ツ時半頃、吹所入口東手用水桶之上ニ当才之女子捨置有之ニ付、早速前文願書ニ而訴申候、五ツ時当番所罷出候処、安東丈之助様御掛り聞置ニ相成候、然ル処同日七ツ時頃

（朱書）「捨子」捨主相知、先方ゟ家主幷当人当町内へ貰受ニ参り候者、津村北之町家主広谷屋藤七借家堺屋吉兵衛と申者、私娘当月四日出産之有之候、病気ニ付兼而聞及小児医師長堀橋本町梶川

と(脱アルカ)方へ連レ参り候道ニ而右吉兵衛持病けんのふと申病発、追々差重り、頓而不相弁、右娘何方へ失ひ候哉相知レ不申、先帰宅養生之上諸所相尋候内、長堀茂左衛門町住友氏方ニ捨(朱書)「捨子」子有之趣ニ相聞候ニ付、驚入早速家主同道ニ而申受ニ参り候処、最早今朝　御役所へ訴申上候趣ニ御座候ニ付、先方ゟ願書ニ而当方も付添罷出、則暮六ツ時頃、御役人成瀬九郎左衛門御子息成瀬銀三郎様御掛り、明十一日五ツ時罷出候様被仰渡、一統引取申候、夜四ツ時

長堀茂左衛門町年寄
病気ニ付代
月行司
河内屋勘兵衛

住友吉次郎
病気ニ付代
重右衛門

其外町代下役

下宿木屋利右衛門方也

(朱書)「当方ハ願書最初計り也
只御尋計」

〆

津村北之町

広谷屋藤七
借家
堺屋吉兵衛

家主
広谷屋藤七

年寄代
町代下役付添

向下宿

〆

二月十一日惣方打揃、御役所江罷出、吟味方御掛りニ相成候、御役人内山藤三郎様段々吟味之上、明十二日早々罷出候様被仰渡、引取同日八ツ半時頃

二月十二日朝四ツ時頃、夫々揃罷出候処、御掛り御役人内山藤三郎様願書行届キ不申、先（朱書）「捨子」方へ案文御聞せ候上、又々罷出候処、九ツ時過ニ相成、御掛り最早御引取ニ相成、又々当番所へ罷出候処、願書文句之内所々直シ等有之、相認メ先方ゟ差出候、御掛り役人成瀬銀三郎様・伴守之丞様御子息様御奉行様へ申上置、追而御沙汰ニも相成候由被仰渡、引取申候、七ツ時也

一九八　松山藩より扶持加増

松山

一旧冬出銀之儀ニ付、此度左之通り御加増被為　仰付候

一扶助米弐拾俵　（朱書）「但、下地百五拾俵之処、此度弐拾俵御加増被仰付、都合百七拾俵ニ相成ル」

右之通加増被下置者也

文政七申二月廿四日　飯塚助右衛門印

住友吉次郎殿

一五人扶持　（朱書）「但、下地拾人扶持之所、此度五人扶持御加増被仰付、都合拾五人扶持ニ相成」

右之通被下置者也
文政七申二月廿四日　飯塚助右衛門印
泉屋甚次郎殿

一三人扶持
右之通被下置者也
「(朱書)但、此度初而被下候事」
右同人

右之通御呼出之上、飯塚氏ゟ以書付被仰渡候ニ付、夫々御礼廻勤候事
泉屋
勇右衛門殿

一九九　末家故半兵衛名跡相続のため後見設定願

乍憚奉願上口上
一御末家半兵衛名跡之義、実子佐太郎乍幼少相続仕度段、先達御願奉申上候処、御聞済被為成下難有相続仕罷在候、然ル処右佐太郎母はな義未若年と申、店方商売諸取引万端不都合ニ御座候ニ付、幼年ゟ私方ニ相勤罷在候藤蔵と申者、実躰成者御座候ニ付、右佐太郎為後見商売方諸事店方取締為致度、勿論御本家向之義者乍幼少佐太郎為相勤申度奉存候、右之趣御聞済被為成下候ハヽ、難有奉存候、此段御願奉申上度候間、乍憚可然様御執成以御願被成下度、偏ニ奉希候、已上
文政七申年正月
御末家
勘七
同
仁右衛門
右之通無相違相聞候ニ付、奥印仕候

御本家

御支配人中様

二〇〇 手代直蔵に浅草店を預ける

一札之事

一貴殿方へ従幼年相勤候直蔵義、此度江戸浅艸諏訪町御蔵前御札差被成候甚左衛門殿と申御名前之御出店、直蔵へ御預ヶ被成、御店一件差配御申付被成、御家法御申渡之通委細承届申候、然上者御屋敷様方出金明白ニ御證文取之、帳面ニ記置可申候、尤御対談之筋失礼無御座候様太切ニ為相勤可申候事

一御公儀様御法渡(度)之儀者不及申上、御蔵前諸御役所御掟等少も為相背申間敷、太切ニ可為相勤候、幷御仲間御定等少も為致違背間敷候、其外御店ニ付而如何様之出入六ヶ敷義御座候共、遠国之御出店預り相勤候上者、急度引請埒明、貴殿へ少も懸御難儀申間敷候事

一直蔵義御暇被遣候歟、又者如何様之義ニ而勤方引退候儀有之候者、御差図次第少も違背不仕、御仲ヶ間へ申届、御店跡之差障無御座候様御差図之者へ一式引渡可申候事

右之外不限何事、直蔵引請相勤候上者、万端貴殿江懸御難儀申間敷候、勿論御店諸勘定毎年明白ニ相立、御店御利益御座候様可致勘弁候、尤為登金銀御差図次第無遅滞為差登可申候、此外先年差入置候請状之通ニ御座候、為後證差入置候一札仍如件

文政七申年二月

御店預り主 鈴木直蔵

證人 松本平右衛門

住友吉次郎殿

二〇一　末家故常右衛門名跡相続人御目通願

乍恐以書附奉願上候

一去未年故常右衛門名跡結構被　仰付、御蔭を以相続仕冥加至極難有仕合奉存候、其節年頭盆礼之義奉願上候処、是又結構被　仰付難有奉存候、何卒両人共御序之節　御目通被為　仰付被下置候様奉願上候、右之段宜御取成奉頼上候、以上

文政七申年二月

常右衛門妹　八　重

同人養子　常次郎

御支配　米谷官兵衛様

御日勤　高橋連蔵様

右願之趣尤ニ相聞候ニ付、乍恐奥印仕候

御末家　仁右衛門

二〇二　末家金右衛門養子願

乍恐以書附奉願上候

一私義先達結構休息被為　仰付、引続小泉御銅山勤蒙相冥加至極難有仕合奉存候、未御奉公中ニ御座候得共、追々及老年候ニ付、兼而親類共之内ゟ養子仕度存居候処、幸私兄播磨屋清兵衛悴伊兵衛と申者、当年廿才ニ相成、相応之人柄ニ相見候ニ付、養子ニ貰受申度、此段御聞済被成

下度奉願上候、且又御序之節御目通被為　仰付被下候様御執成之程偏奉願上候、以上

御末家
金右衛門印

文政七申年二月

御日勤
高橋連蔵様

御支配
米谷官兵衛様

右願之趣尤ニ相聞候ニ付、乍恐奥印仕候

御末家
仁右衛門印

二〇三　清水家御用の証拠金につき正金での拠出を断る

乍恐以書付奉申上候

一御屋形様御分国ニ付大坂表御懸屋幷ニ為御替御用之儀、大坂表本家吉次郎ゟ先達而奉願上候処、願書御取上被下置難有仕合奉存候、右ニ付当正月廿八日被為　仰聞候者、右御用相勤候内、證拠金として当十一月迄ニ金五千両差出候者、来酉年ゟ年三歩之利足被下置、元金之内三千五百両者拾ケ年ニ割合御下ケ被下置、十一ケ年目千五百両ニ相成候分、無利足ニ而勤中證拠金ニ残置候御主法ニ有之候間、右之通被仰付候而も御用達相願候哉之段被為　仰付奉畏、早速大坂表へ申遣候処、難有奉存候、然ル処此節正金ニ而差出候儀者甚難渋仕候、右訳合者吉次郎旧来相勤罷有候　御本丸銅山方御用、近年長崎表御銀操不宜候趣ニ而、御用銅代御渡方追々相後れ、当時余程之金高相滞、其上別段調達金をも被仰付、手元甚不融通ニ而当惑仕候儀ニ御座候間、正金ニ而差出候儀者何分御免奉願上候様申越候ニ付、乍恐此段以書付奉申上候、以上

申二月廿四日　　泉屋
甚左衛門印

清水
御勘定所

一札

二〇四　恩赦願　手代文兵衛

一私義幼年之砌者奉受御厚恩を於御家ニ成人仕候処、中頃親共之存意ニ随ひ、無拠子細ニ而御暇願上、退罷有候処、於私者乍受御厚恩を未奉報候故、其念之不空事年久敷心中之思ひニ御座候、其由縁歟先達而不思儀に値偶之縁を求、三十年来を経而再勤蒙　御免を、実ニ冥加至極難有、可様成儀者中々不凡稀成仕合ニ御座候、依而生涯御恩奉報、忠勤可仕と存意候処、然ニ御家馴々敷存候余不計御家風ニも相背心得違仕候、且最早不顧年輩之程も右躰心得違仕候、依之御本家様御暇被　下候、何共無申分御尤之次第奉恐入候、右ニ付無是非退身仕候処、必至と難渋相逼り誠ニ十方ニ暮罷有候、全旧恩忘却之御咎残念至極奉存候、是被蒙天罪候義と存、今更後悔仕候、弥難渋身ニ染、猶以天道奉恐入候、然者已来心底相改、諸事太切ニ仕、飽迄相勤、尤御家風等少も相背申間敷候間、何卒今度之義者其元様万事御受持御侘被成下、如已前御召遣被下候様御執成偏ニ奉頼上候、猶又向後私過之条目篤と相改候上者、実ニ心根哲(頃)傾刻も無油断勤方相励、二之過絶而仕間敷候、依而彼是其元様證拠ニも為御立可被下候、必雪恥辱可申候、若亦右之通申上置候、於後ニ聊ニ而も御家風ニ相背、狂成儀仕候者不及御佐(沙)汰ニ、速退身可仕候、幾重ニも此度之義者御宥免被為成下、出勤之義御聞済被成下候ハヽ、難有仕合奉存候、右

之趣重々奉願上候間、宜敷御執成奉願上候、以上
申二月　　　　　　　　　文兵衛
泉屋藤右衛門様

二〇五　捨子を実親に引渡す

申三月九日夜六ツ半時、西御番所吟味方ゟ御差紙、明五ツ時罷出候様有之、町内ゟ申来り候事
同十日五ツ時吟味方へ罷出、内山藤三郎様与力御掛り双方揃之上被仰渡候者、去月九日捨子養育之女子、先町相渡候様有之候、当先町津村北の町家主町内本人堺屋吉兵衛幷女房へ厳敷利界之上御預り御免、悴受取候様被仰渡相済候
八ツ時頃先町家主本人当方へ揃、立会之上内玄関ニ而慥相渡候事

当方代
重右衛門
津村北の町
家主
広谷屋藤七
本人堺屋吉兵衛
女房　りつ

〆
当方町内左ニ
一金百疋　　御年寄へ
一銀三両　　町代へ

一同壱両宛　　下役弐人へ
一南鐐壱片　　下男藤七へ
〆四拾五匁壱分三り
其外養育預ケ料
去二月九日ゟ三月十日迄
〆三十二日分
一六〆四百文　　一日弐百文宛
一四百五拾文　　たつき代
〆六〆八百五拾文
代六拾壱匁六分弐り（五）
二口〆百六匁七分八り
又　　下宿払
五ケ度分
〆凡百五拾匁余入用高也

二〇六　泉屋理兵衛より茂左衛門町堺筋家屋敷を譲請

文政七申年三月十四日、茂左衛門町堺筋家屋敷、是迄泉屋理兵衛名前ニ有之処、此度当方名前ニ切替譲り渡、町内へ差入一札幷出銀左ニ
一札
一他町持徳井町泉屋理十郎代判休右衛門ニ同家泉屋理兵衛家屋敷、表口九間、裏行拾七軒（間）、但し

三軒役、壱ヶ所所持仕罷在候、然ル処右家屋敷此度御町内従弟住友吉次郎譲り請、右家屋敷相続仕候処実正也、依之三ヶ条御法度書毎月町中連判之證文脇書、右吉次郎と被成可被下候、右譲り之儀ニ付親類縁類者不申及、脇ゟ違乱妨ヶ申者無御座、万一妨申者出来仕候ハヽ、此連判之者罷出急度埒明、御町内へ少シも御難義掛ヶ申間敷候、為後日連判證文仍而如件

文政七申年
三月

家屋敷譲り受主
住友吉次郎印

同 譲り渡主
泉屋理兵衛印

親類惣代
従弟 右 同 人印

同
泉屋理十郎印

年寄
泉屋理右衛門殿

五人組中

御町中

家守付

一札

一此度私義住友吉次郎家屋敷、表口九間、裏行拾七間、三軒役、壱ヶ所、家守相勤申候、然ル処家内之儀ハ不申及、支配借家末々迄万事心付ケ、不□(実)成者等一切差置申間敷候、勿論火之元之儀ハ昼夜見廻り心付ケ可申候、此外何事不寄御町内御差図被成候儀違背仕間敷候、諸事随分入

念相勤可申候、為後日一札仍而如件

文政七申年
三月

家守　九之助町壱丁目
泉屋藤右衛門（印）

右之通相違無御座候、諸事入念為相勤可申候、万一藤右衛門義不念之儀御座候歟、又者御不勝手ニ御座候者為引退、御差図請可申候、為其奥印仕候処仍而如件

家主
住友吉次郎（印）

年寄
泉屋理右衛門殿
御　町　中

出銀之方

一金三両　三役　顔見世料
一銀三枚　振舞料
一同壱枚　年寄へ
一金弐百疋　町代へ
一銀三両宛　町代女房　母へ
一金百疋宛　下役弐人江
一銀六匁宛　下役女房　弐人へ

一同九匁宛　髪結弐人へ

外ニ

銀壱両三ツ（座頭
同弐匁三ツ（人形猿引
同四匁　張紙惣代祝義

〆五百弐匁七分

別子銅山買請米の引当家質として引き続き差入れる

一札

一此度町内泉屋理兵衛家屋鋪壱ケ処、親類ニ付私江譲受ニ相成候処、先年寛政四子年予州御銅山稼方為飯米御米買請代銀為引当、私居宅并右理兵衛家屋鋪共家賃（質）ニ差入候砌印形御頼申候ニ付、両人ゟ御町内江一札差入御座候、然ル処右理兵衛家屋鋪譲受申候上者、本證文其儘御用イ可被下候、文言之通相違無之候、為其一札仍而如件

文政七申年三月　住友吉次郎印

證人 泉屋連蔵印

年寄 泉屋理右衛門殿

五人組中

二〇七 対馬藩より時服等下賜

対州

年々諸用留　十二番

御時服一
人参三両　住友吉次郎
右者兼々御取引筋御用便宜鋪差働、尚又去秋役筋ゟ示談之品ニ依、銀五百貫目致出銀、不一形御為ニ相成候ニ付、右之通被下之候
申三月三日　年寄中

二〇八　網嶋新築屋敷へ家守を引移す

文政七甲申年三月、野田村新宅成就ニ付、家守之儀是迄利助致居候処、右新宅之内守建家江為引移、無家賃ニ而以来入念家守り可申付、則親類受左ニ

家守請状之事

一野田村御掛ヶ屋鋪家守利助江被仰付承知仕、依之我等請負ニ相立申処実正也、則同人寺請状村方江相納置候事
一御公儀様　御領主様幷村方ゟ御触書之趣、其度毎大切ニ為相守可申事
一其元殿御勝手ニ付家守御仕替被成候節者、無違背退役為致可申候、幷同人住居之家是又御入用次第利助家内不残我等方へ引取、早速家為明可申候、其節ニ至り聊申分無御座候、右之外如何様之六ヶ敷儀出来仕候共、我等何方迄も罷出、急度致訳立、其元殿江少シも懸御難儀申間敷候、為後日請状仍而如件
文政七甲申年三月　家守　利助印
請人（アキママ）

枡屋直蔵殿

右出銀之覚

一金百疋宛

庄屋
熊田兵次
同
新堂伊兵衛 〆

一南鐐壱片宛

年寄
助左衛門
七郎兵衛 〆
百性惣代
勘右衛門 〆

一銀壱両

会所　壱人

一同三匁

髪結下役之□
新兵衛 〆

二〇九 大名嫡子叙位任官

御任官之事

一松平越前守様　御嫡子
仁之助様御事
従四位上侍従
松平伊予守様

一松平越後守様　御嫡子

銀之助様御事

従四位侍従
松平三河守様

右之通先三月廿八日被為　仰蒙候趣、従江戸申来候

申四月五日

住友吉次郎
病気ニ付
代重蔵

二一〇　居宅土蔵屋根葺替につき足場設置願

乍恐口上

一長堀通り私居宅続東手ニ御座候、桁行七間、梁行三間之土蔵、御預り吹銅入置候所、此節雨漏候付、屋根葺替仕度、右普請之間丸太ニ而釣足場仕度奉存候、尤往来妨相成不申候間、何卒御聞届被為成下候ハ、難有奉存候、乍恐此段以書附奉願上候、以上

申四月十四日　重蔵

右之通奉願上候間、乍恐奥印仕候

年寄
泉屋利右衛門

御奉行様

但、帯剣ニて重蔵地方御役所差出し申候事

二一　錺屋町掛屋敷家守交代

錺屋町掛屋敷家守勘七死去、名跡相続悴平兵衛、右仁へ家守申付、町内へ出銀幷一札左ニ

一札

一御町内住友吉次郎掛屋敷代印家守、我等此度相勤申候処実正也、従御公儀様被仰出候御法度之儀者勿論、御触書毎堅相守、火の元等別而入念、用水桶平日心付可申候、幷町式万端不依何違背仕間敷候、且又我等家守御差図之節何時ニ而も相退キ可申候、為後日一札仍而如件

文政七申年四月

家守
泉屋
勘七印

右之趣承知仕候、右家守勘七御町内御差図為相退、跡家守御差図受可申、為其如件

住友吉次郎印

年寄
近江屋可兵衛殿
幷
五人組御町中

出銀

一銀四拾目　町中江

一同弐両　年寄へ

一同六匁　町代へ

一同四匁　下役へ

〆

錺屋町

家守請状之事

一錺屋町泉屋勘七江家代被仰付承知仕候、依之我等諸事請負ニ相立申候処実正也、則同人寺請状町内江相納メ置候事

一従御公儀様被為　仰出候御法度之儀者不及申、御触書之趣其度毎ニ不洩様大切ニ為相守可申事

一其元殿御勝手ニ付家代御仕替被成候節者、無違背退役為致可申候、幷同人住居之家是又御入用之節者同人家内不残我等方江引取、早速為明ケ可申候、其節ニ至り聊申分無之候、右之外何ケ様之六ケ敷儀出来仕候共、我等何方迄も罷出、急度致訳立、其元殿へ少しも懸御難儀申間敷候、為後日請状仍而如件

文政七甲申年
四月

家守
泉屋
勘　七印

請人
同
治兵衛印

住友吉次郎殿

二一二　居宅土蔵普請出来につき囲取払い

箒屋町鱣谷角土蔵大破損囲所払之願書左ニ
乍恐口上

長堀茂左衛門町
住友吉次郎
病気ニ付
代　勇右衛門

一当二月六日御願奉申上候、私居宅西手ニ御座候土蔵大損普請出来仕、囲取払申度奉存候ニ付、
乍恐此段書付ヲ以御届ケ奉申上候、以上

申四月　　勇右衛門印

右之通奉願上候間、乍恐奥印仕候

年寄　泉屋理右衛門印

御奉行様

二一三　札差株書入にて金子貸渡

借用申金子之事

一金五百弐拾両　　但、文字金也

右之金子業躰無拠用ㇾ要ニ付拙者札差名題株式書入借用申所実正也、返済之儀者当申十月晦日限り、右金百両ニ付壱ケ月金壱部宛之利足を加、元利共返済可申候、尤元金八百両去ル巳年中両度ニ借用致、期月相立元利滞ニ付、去未ノ九月中榊原主計頭様御番所御出訴被成、御吟味ニ相成、度々御日延奉願上、懸合之上願金高九百六拾六両弐部、銀拾匁之処、当金四百四拾六両弐分、銀拾匁相渡、残金前書之通期月無相違元利返済可申候、万一相滞候儀も有之候ハヽ、書入札差株式無相違加判人立会早束(速)相渡可申候、為後日仍而如件

文政七申四月

借主　松本屋　唯吉

加判　大口屋　弥平次

泉屋甚左衛門殿

二一四　居宅土蔵普請出来につき囲取払い

乍恐口上

御預銅入置候地売蔵事也

住友吉次郎
病気ニ付
代　重蔵

一当四月十四日御願奉申上候、私居宅続東手ニ御座候、桁行七間、梁行三間之土蔵繕普請出来仕候ニ付、囲取払申度奉存候間、乍恐此段書付ヲ以御願奉申上候、以上

申五月八日　重蔵

御奉行様

右之通奉願上候間、乍恐奥印仕候

年寄
泉屋理右衛門

二一五　大坂南船場火災

申四月廿八日夜四ツ半時博労町東堀浜ゟ出火、折節東北風にて如図焼失之事、尤翌廿九日昼四時火鎮ル

○図は次頁に別掲。

（貼付）

○図を覆い隠すように白紙二枚にて貼紙がしてある。

右出火ニ付諸屋敷方ゟ御手当水鉄炮人足被下候ニ付、為礼謝五月朔日左之通贈ル

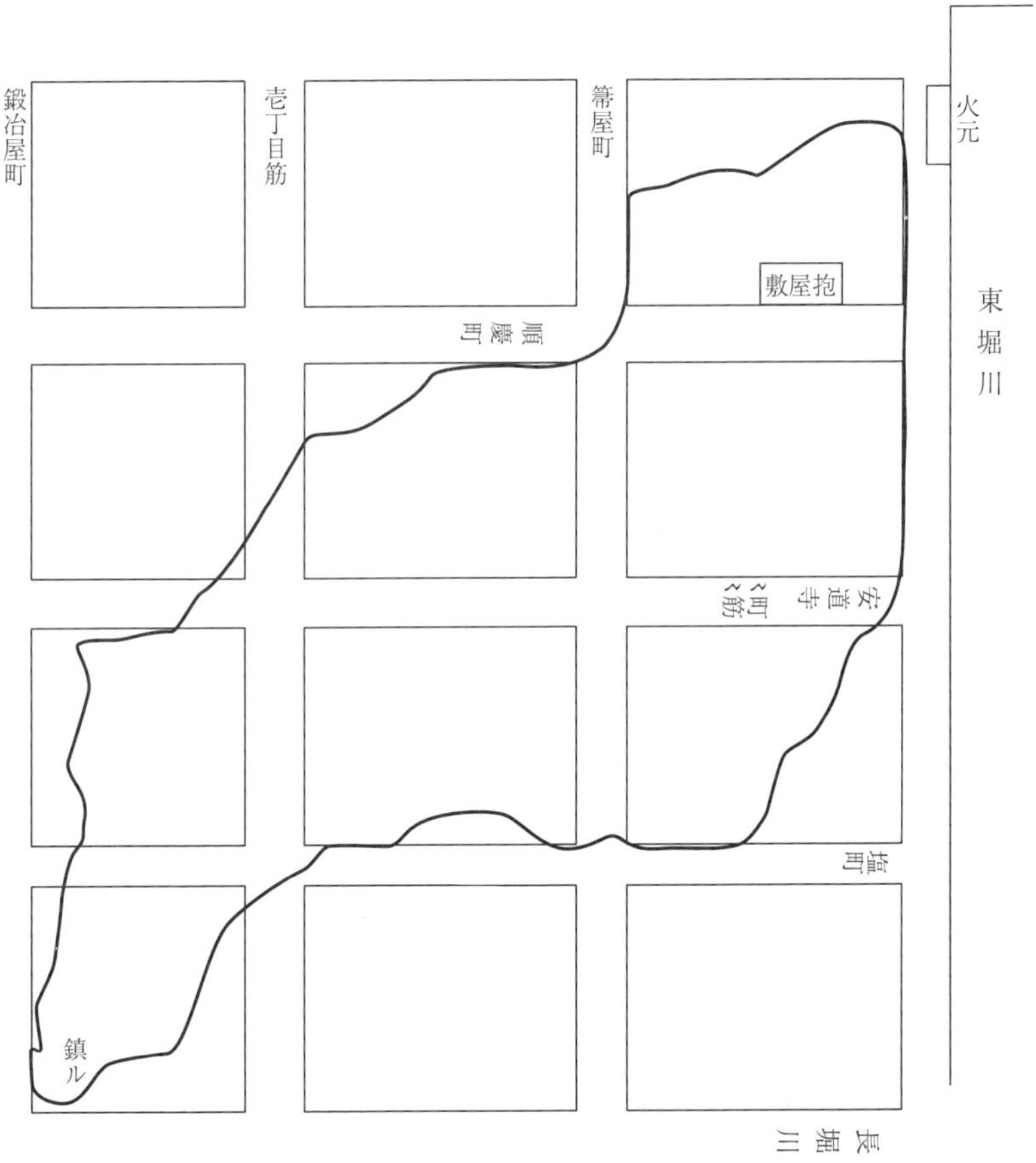

○焼失範囲を示す線は朱書にて記されている。「町筋」は朱筆で抹消されている。

一海魚　三種
一銭弐貫文　松山御屋敷江
〆
一海魚　三種
一銭三貫文　津山御屋敷江
〆
一海魚　三種　対州御屋敷へ
〆
一海魚　三種
一銭三〆文　土岐御屋鋪へ
〆
一海魚　三種　辻様へ
〆
一同　三種　薩州御屋鋪江
〆
一海魚　三種
一酒　壱斗　阿州御屋鋪へ
〆

一海魚　三種　　　西尾御屋鋪江

〆

一海魚　三種

一酒　　壱斗　　　今橋平野屋様江

〆

一海魚　三種

一酒印紙五枚　　　老松町様江

〆

右之通剪紙添差贈ル

二一六　綿屋市兵衛より家質証文返却願

覚

一銀拾九貫弐百八拾目　　家質元銀高

右廿四年賦壱ケ年八百目宛、午年ゟ差入可申相対

内

一四貫四百八拾目　　午年ゟ亥年上半季迄五年半差入有之

但、亥年下半季ゟ辰年上半季迄五ケ年之間、普請ニ付年賦差入方年延御頼申上、御承引被下候事

一弐貫八百目　　辰年下半季ゟ未年迄三ケ年半分差入有之

都合七貫弐百八拾匁差入有之

差引残
拾弐貫目　元銀残り
此分当申年ゟ十五ヶ年差入候ハヽ、皆済ニ相成候事

右之通ニ御座候所、猶亦今度此上之御勘弁御頼申上度、甚勝手計申上候仕法左ニ

借銀残高十二貫目の内二貫目差入、残十貫目を年賦返済とするか、四五貫目差入、皆済の姿とするか

一元銀残高拾弐貫目
右之内江当時銀弐貫目差入、残テ拾貫目年賦證文ニ御仕替被下、来酉年ゟ壱〆目宛十ヶ年賦ニ御取立被下候様、乍此上御勘弁附申間敷哉、左候ハヽ、御目当ニハ相成兼可申候得共、外両人加判差加、年賦證文御取置、下地之家質證文御戻被下候様御頼申上候、又者当時銀四五貫目差入候上ニ而家質銀皆済之姿ニ被成下、證文目出度御戻可被下哉之事

一右家質銀者従来格別御懇情を以、年久敷御貸居相成、殊ニ養父代々も色々御苦労被下候上、去午年無利足廿四ヶ年賦御承知被下候処、居宅普請之砌又々年賦年延御頼申上、是又御聞入、御蔭を以此節迄ニ漸々七貫弐百八拾目差入、当時残銀拾弐貫目、兼而之御約束通十五年ニ差入候得者無此上安心ニ御座候、然ル処私方役得も有之候事ニ付、暮方諸事絟(倹)約仕候得者、可也ニ取続可申候得共、猶手当之ため少々心付居申候買躰有之、兼々外懇意之仁江薄々相談仕候処、代呂物仕送之義者仕法を以承引有之、全先方出店之心持ニ而世話致被呉候丈ケ者相談も落合候ニ付、此上ニも右家屋敷を以元方目当ニ申談置候者弥手堅可有之、尤右之元方江引当等ニ差入、銀子借用いたし候事ニ而者決而無御座、畢竟物事万一不都合之時者目当ニいたし、心慥ニ仕送

被呉候様ニと仕向ケ可申哉と愚案仕候故、先々貴家様へ右様勝手ケ間敷義なから御頼申上候事ニ御座候、是迄度々御無躰御頼申上候上、又候哉此趣御頼申上候儀者呉々思召之程恥入候へ共、年来御深切ニ而当時迄ケ成ニ暮方仕法折角相立有之候事ニ御座候へ者、猶此上買事後年ニ至仕似相調候ハヽ、先祖へ対し候而も御深切者勿論、且不及なから養家孝道も相立可申哉と、不顧思召重々御頼申上候、何分御熟談之上御承知被下候者、永々不朽之御厚恩申伝候御儀ニ御座候間、幾重ニも御頼申上候、格別之御勘弁奉頼候事

一前段両様之仕法ニ当時入銀弐貫目、又者四五貫目調達之儀者、至而六ケ敷候へとも、貴家様御談之思召次第ニて親類共へなりとも、右勘弁被下候訳委細申聞、口々ニ出銀相頼、畢竟同し借財高を振替候心持ニ而、精々調達可仕哉との心積りニ御座候心底御推察被下度候、四五〆目只今調達方手堅慥ニ申上候儀ニ而者無之、御返事之筋ニ寄可申哉、此段猶御含可被下候

右之趣御詰合中様へも可然御頼申上候間、何分御熟談被下候様奉頼上候、已上

申五月　綿屋市兵衛

二一七　手代佐助暇願

乍恐以書附奉願上候

一私義先達ゟ結構被仰付御奉公仕候処、何分病身ニ付御奉公難出来、右ニ付甚以奉恐入候得共、御無人之御中御願申上候も如何敷奉存候へ共、何卒御憐以御暇被仰付候様偏ニ奉願上候、御聞済も被成下候ハヽ、難有仕合奉存候、右奉願上候通偏御聞済之程奉希候、以上

申二月　佐助

二一八　末家故勘七名跡相続願

乍恐奉願上候

一私夫勘七儀、去冬ゟ病気ニ罷有候処、養生不相叶、当月十六日死去仕候、依之悴平兵衛義勘七と相改、跡式家業相続為仕度奉願上、御聞済被為成下候者、御用向勿論式日等之義同人出勤為致可申候、并御家守之儀者御大切成御役儀ニ御座候得者、尚以叮嚀ニ為相勤可申候間、不相替右同人江被為仰付被成下度奉願上候、右両用とも御聞済被為成下候者、広太之御慈悲難有仕合奉存候、以上

文政七申三月

御末家勘七後家
え　つ印

悴
平兵衛

親類惣代
平　助

御支配
官兵衛様

御日勤
連　蔵様

前書之通相違無御座候ニ付、奥印仕奉願上候、已上

仁右衛門

二一九　末家与四郎転宅につき借銀願

乍恐以書付奉願上候

一去午年居宅普請仕度御願申上候而、金三百両拝借被仰付冥加至極難有仕合奉存候、御蔭を

御公辺御用聴

（付　箋）

以是迄相続仕、年々無滞上納仕、当申年切ニて皆納ニ相成難有仕合奉存候、此上御歎申上候儀者不仕候様相心得、兼而紋（倹）約罷有候処、別紙下紙を以申上候通、去ル卯年以来六ケ年ニ三度も類焼、其度毎ニ夥敷失費相懸、当惑難渋仕候へ者、他借も不仕自力ニ而相応之普請も仕候得共、実ニ数度之変事、此上者難及自力、迷惑至極御座候、乍去裏店ニ住居仕候、御公辺御用聴も相勤候義ニ付、諸家之外聞も有之、何卒相応之場所も有之候ハヽ、此度者方除家相等も相改転宅仕度、兼而場所柄承り合候処、幸高麗橋壱丁目八百屋町角屋敷、間口六間弐尺余、奥行廿間半住居附居宅、幷ニ借屋も有之候家屋敷、代銀五拾貫目ニ売払出候ニ付、何卒右家買得仕度候処、中々自力難及候ニ付、何とも申上兼候へ共先年拝借仕候通之御振合を以、此度銀廿貫目拝借被仰付候ハヽ、外聞旁冥加至極難有仕合奉存候、尤右家之儀者住居之外借屋も五軒程も御座候ニ付、右拝借済方之儀者、来酉年ゟ向午年迄拾ケ年ニ割合無相違御上納可仕候間、何卒願之通御聞済被成下候様重畳奉願上候、以上

文政七申四月　　　　御末家
与四郎

悴
喜三郎

御支配人中様

（付箋）
「文政二卯二月廿九日　（石町ゟ出火両替町居宅類焼）

文政三辰八月晦日　（当所南町ニ而旅宿類焼）

文政七申二月朔日　〔三河町より出火 両替町居宅 類焼〕

一二〇　友聞悴郁三郎、平野屋五郎三郎の養子となる

郁三郎入家之記

一文政五午年今橋平野屋五兵衛殿分家天満老松町同苗五郎三郎殿方いまた世嗣是なく候ニ付、此度当方三男郁三郎事為養子被致所望度由、五兵衛殿別家九郎兵衛と申者を以、当方別家勇右衛門迄度々内談申来候、尤於今橋者旧縁も有之候得者、乍分家幸之縁談ニ付、右取結承知之趣及返答候、其後追々掛合之義有之候得共、先取極候分左ニ記

一午九月十二日老松町より九郎兵衛を使として明十三日郁三郎被相招候ニ付、勇右衛門附添、幷手代弥十郎子供下男罷越、初而之事ニ付為手土産持参もの左ニ

　一扇子　　一箱　　但、五本入

　一生鯛　　一掛

　右之通致持参候処、医師三上氏幷九郎兵衛為執持被出候事

一於座敷、初而対面、菓子酒飯等被出候事、折節五郎三郎殿家兄呉田村吉田喜平治殿入来、相伴有之、至極丁寧之取扱、暮半時退座

一隠居教寿殿へ郁三郎挨拶に参、対面之義早々相済、且又附々之者へ酒飯祝儀等被出候事

一於着座、郁三郎へ左ニ

　一文鎮　　一箱　　教寿殿より

一硯筥　但、作もの

小倉野
丹後嶋

一小倉野　一箱　五郎三郎殿ゟ
一丹後嶋袴地　一反　喜平治殿ゟ
〆

一今席被招候ニ付、先方手代下男女へ心付左ニ
一金百疋　弐ツ　手代両人へ
一南鐐一片　壱ツ　乳母壱人へ
一銀壱両　弐ツ　子供両人へ
一同　七ツ　下男女七人へ
〆
右之通相贈ル

天神秋祭り流鏑馬神事見学

一九月廿五日天神秋祭ニ付やぶさめ之儀式有之、前日ゟ案内を以当日郁三郎被招候、附添勇右衛門幷弥十郎、子供、下男、今昼時ゟ致伺公候、右見物後於　老松町ニ馳走有之、其節為手土産左ニ
一干菓子　一筥（千代結・友白髪・猩々菊）　教寿殿へ
一手遊ひ文庫　壱　おゆさ殿へ
右之通相贈ル

一未年八月十三日以九郎兵衛ヲ、郁三郎事弥養子縁談取結致度段被申入候、則九月朔日結納可被

相贈旨、勇右衛門へ懸合有之候事

結納

一九月朔日結納被相贈候ニ付、別家九郎兵衛麻上下、幷手代市兵衛袴羽織着用、其外下男五人釣台弐荷、品もの左ニ

一生鯛　一掛
一麻上下地　一反
一扇子五本入　一筥
一羽二重　二反
一熨斗　二把
一家内喜多留　二荷

〆

右之通目録被相添、結納相済、右為請取左ニ

覚

家内喜多留

一点数

右之通幾久敷祝納仕候、以上

九月朔日　住友吉次郎内
岡田勇右衛門

高木五郎三郎様御内
井関九郎兵衛殿

一使者九郎兵衛、手代市兵衛床之間へ通シ、友聞面会、挨拶之上祝盃相済候而致退座候、夫ゟ勇

右衛門致饗応、菓子、酒飯等出し、目出度納盃之事、尤献立書別帳ニ記、略ス
　但、供之もの同断
一当日之祝儀左ニ
　一金三百疋　　使者 九良兵衛へ
　一同　百疋　　手代 市兵衛へ
　一南鐐壱片宛　　下男六人へ
　一銀壱両六ツ　　右六人へ溜
　一同三匁弐ツ　　舟方弐人へ
　〆
　右之通遣し候
一九月十七日老松町へ左ニ
　一箪笥　　一棹
　一長持　　一棹
　右之通目録相添、使者別家勇右衛門、持歩四人、提灯持弐人、先方ゟ九郎兵衛、市兵衛、
　久兵衛出迎、挨拶有之、尤荷物祝納書附前同様
一五郎三郎殿於　座敷、挨拶之上祝盃相済、其後九良兵衛幷手代両人饗応有之候事
一当日祝儀左ニ
　一金弐百疋　　使者 勇右衛門へ

一南鐐壱片宛六ツ　下男六人へ
一銀壱両六ツ　　右之者へ溜
〆

入家

一九月廿一日就吉辰、目出度入家、早朝土産もの品々差贈、則左ニ
一鮮鯛　　　一掛
一熨斗　　　二把
一扇子五本入　一箇　　　五郎三郎殿へ
一羽二重　　一疋
一家内喜多留　壱荷
〆
　又
一扇子五本入　一箇
一（白縮緬
　緋之敷か　　一疋　　　教寿殿へ
〆
一扇子五本入　一箇
一（白縮緬
　同断　　　一疋　　　おゆさ殿へ
〆
一扇子五本入　一箇
一羽二重　　一疋　　　今橋
　　　　　　　　　　　五兵衛殿へ
〆

一扇子五本入　一箇　同　おとも殿へ
一（白縮緬
　緋之敷か　一疋
〆
一扇子五本入　一箇　同　資次郎殿へ
一羽二重　一疋
〆
一扇子五本入　一箇　呉田　喜平治殿へ
一羽二重　一疋
〆
一扇子五本入　一箇　呉田　おかし殿へ
一（白縮緬
　緋之敷か　一疋
〆
一扇子五本入　一箇　同　喜四郎殿へ
一羽二重　一疋
〆
一扇子五本入　一箇　福井　半兵衛殿へ
一羽二重　一疋
〆

右之通夫々目録相添

又

一竜門絹壱疋ツヽ　〆おやな
おとせへ

一金　壱両ツヽ　〆市兵衛
久兵衛へ

一金　三百疋　乳母へ

一同　百疋ツヽ　子供下男女へ

一同　百疋　料理人へ

一同　千疋　勝手惣中へ

〆

右之通杉原半切惣目録

又

南部嶋

一金七百疋　九良兵衛へ
南部嶋料

〆

右二口之分者九郎兵衛宛、勇右衛門より引合を以相贈ル

但、釣台弐荷、挟箱弐荷

一右請取書認様前々同断

一右為祝儀左ニ

一金　三百疋　勇右衛門へ

一同　百　疋　　　　和治郎へ
一南鐐壱片宛　　　　下男五人へ
〆
右之通
一今夕祝盃ニ付、呉田喜平治殿初メ福井半兵衛殿、五兵衛殿、資次郎殿、何れも出席有之候事
一入家之節左ニ
吉次郎　草履取 市助　　挟箱持壱人
若党　和治郎　　提灯持弐人
郁三郎　同 仁助　幷勇右衛門　　供　壱人
右之通今八ツ時ゟ三人乗屋形ふねニて津軽 南部御屋敷西角へ着船、為案内先へ勇右衛門罷越ス、於先方玄関へ九郎兵衛出迎、何れも入家、囲之間ニて暫致休息、上下着用八ツ半時ゟ座ニ着、結ひ祝盃無滞相済、一統ニ退座
但、銹付其外順盃之式、又者後段雑煮膳部、惣而献立別帳ニ記有之候ニ付略ス
一後段之席
東座吉次郎　郁三郎
西座喜平治　五兵衛　半兵衛　資次郎
五郎三郎　但、一統袴羽織

右祝盃是又無滞相済
〆
一右席為相伴九郎兵衛、勇右衛門、麻上下着用ニて出仕
一祝盃之節郁三郎へ左ニ
一黒羽二重小袖　一着
但、紋所鷹之羽違
一浅黄下着　一着
右教寿殿ゟ
一脇差　一腰
但、目録ニ而
右五郎三郎殿ゟ
一提もの　壱ツ
但、舎兄ゟ譲被請候由
右呉田喜平治殿ゟ
右之通被相贈候事
一右始終万端都合能相整、夜九ツ時目出度納盃、且又召連候者へ祝儀、左ニ
一金百疋　手代 和次郎へ　一南鐐一片宛　供之者へ
一南鐐壱片　子供 米松へ　一銀三匁ツ、　舟方之ものへ
〆

一廿二日四ツ時老松町へ部屋見舞遣ス、左ニ附添勇右衛門
（後筆）
「此処樽肴添可申事」

一寿饅頭　五百員　但、行器壱荷

〆

外ニ

一緋縮緬一疋ツ、　やな
とせへ

右者五郎三郎殿無拠訳合ニ付別段ニ郁三郎ゟ遣ス

一嶋縮緬一反

右者五郎三郎殿娘おゆさ殿未幼年ニ付乳母之ものへ別段ニ遣ス

〆

但、右二品者勇右衛門ゟ九郎兵衛へ相渡

一於座敷勇右衛門へ雑煮酒飯等被出、并祝儀左ニ

一金弐百疋
小杉二束　　勇右衛門へ

一南鐐一片宛
銀　壱両
半紙弐折　　下男両人へ

〆

一郁三郎今橋本家へ初而参候ニ付、為土産左ニ

一金百疋五包　　　別家
　　　　　　　　　平九郎　平兵衛　安兵衛
　　　　　　　　　万兵衛　支配人篤兵衛
　　　　　　　　〆五人
一同百疋ツヽ四包　店手代四人へ
一南鐐一片弐包　　同
　　　　　　　　　子供両人へ
一同　一片四包　　奥賄女幷台所賄
一銀壱両八包　　　部屋腰元幷子供へ
一同三匁七包　　　下男女へ
　右之通遣し候事
一九月十四日世話掛り謝礼左ニ
一竜門絹一疋
一金　弐千疋　　三上大輔殿
〆
一松魚　十本入一筥
一白銀　三枚　　加賀屋新蔵殿
〆
一松魚　十本入一筥
一白銀　三枚　　藪平三殿

右之通手代使を以及挨拶候
〆
一同廿九日仲人九郎兵衛へ左ニ
一金　弐千疋
一加賀絹一疋
一松魚　一篭
〆
右者何角執持致世話候ニ付、手代庄兵衛を以及挨拶、即時ニ九郎兵衛為礼入来

一同晦日老松町ゟ勇右衛門へ左ニ
一白銀　五枚
一竜門絹一疋
一松魚　一連
〆
右者九郎兵衛同様之事ニ付、手代市兵衛を以被差贈候事、即刻勇右衛門為礼参ル

一十月十四日老松町ゟ当方日勤連蔵、支配人官兵衛、仲人別家勇右衛門、右三人之者へ盃可被致ニ付案内有之、七ツ時ゟ参ル、於座敷ニ五郎三郎殿目見之上左ニ
一麻上下一具ツヽ　　三人へ
但、先方定紋附鷹ノ羽違、是者先年縁組之節互ニ重手代之者へ被遣候、依旧

例如斯被致候事

右盃相済、五郎三郎殿退座、夫ゟ膳部被出、相伴九郎兵衛、市兵衛、久兵衛、執持馳走有之、今夕五ツ時納盃何れも退出、献立略之、供之者酒飯幷祝儀被出

一十月廿九日左之通

一松竹梅高蒔絵重箱　一荷
　但、黒塗宮ニ入
一緑金同台　弐ツ
　但、黒塗箱ニ入
一巾紗　弐ツ
　但、金糸縫、定紋附

右者披露目蒸もの配用、則今朝取揃贈、子供米松遣ス

為祝儀

一南鐐一片　米松へ
　小判紙一束
〆
一南鐐一片　下男へ
　半紙二折
〆

一十一月朔日就吉辰為内祝蒸物配、左ニ

一定紋附重赤飯　一重　老松町へ
一松魚　一連
〆
一定紋附重赤飯　一重　今橋へ
一松魚　一連
〆
一同断同　徳井町　永瀬　西泉理右衛門　理助
一同　尚元　三上氏へ
〆
一同断同　平野屋別家
一同　九郎兵衛へ
〆
一大重　一重　今橋平野屋店中へ
一黒中重一重　老松町台所へ
一黒重　一重ツヽ、諸方へ
但、末家中、出入方、其外町内、吹大工、手伝差、普請方出入、家守、其外祝ひ差出し候もの不残
右之外遠方親類中夫々へ相贈ル

吹大工普請方出入

里帰り

一郁三郎就里帰りニ土産物左ニ

一交肴　一折　五種
一酒　一樽　五升　奥へ

富貴饅頭

一富貴饅頭五百員
〆
一蒸もの　一重
〆
一蒸物　一重　店中へ

一金銀封　左ニ記

一金弐百疋ツヽ　太兵衛　連蔵
　官兵衛　勇右衛門へ
一同百疋ツヽ　手代　三拾人へ
一銀壱両ツヽ　子供　十五人へ
一南鐐一片　奥賄うたへ
一銀壱両ツヽ　おく女中八人へ

普請方出入

一同三匁ツヽ　（下男女出入方同並
　普請方出入〆三十八人へ

吹大工

一同壱両ツヽ　吹大工中弐十壱人へ
一同三匁ツヽ　同差手伝仲仕髪結
　〆六拾壱人へ

右之通

十一月朔日　　　　　　　　　　　高木五郎三郎使
　　　　　　　　　　　　　　　　　加藤市兵衛

　　　住友吉次郎様御内
　　　　岡田勇右衛門殿

右祝納之書附下地之通認遣ス、幷使之者へ祝儀遣ス、左ニ

一祝義　金弐百疋

一膳料　同百疋　　　　市兵衛へ

一酒　南鐐一片

〆

一祝義　金百疋

一膳料　同百疋　　　　久兵衛へ

一酒　南鐐一片

〆

一祝義　南鐐一片

一膳料　同　一片　宛　　子供両人
　　　　　　　　　　　　下男五人へ

一酒　銀壱両

〆

花帰り

一郁三郎花帰り之節、先方ゟ手代久兵衛子供壱人為迎来ル、当方ゟ手代和五郎、子供米松、こうばいふねニ而送ル、土産物左ニ

一生鯛　一掛

一金米糖　一筥

〆

一富貴饅頭三十　勇右衛門へ

右者老松町ゟ被贈候分、九郎兵衛ゟ添書有之候事

一老松町ゟ為内祝左ニ

一蒸もの一重　新調之重筥ニて　豊後町　徳井町

一松魚　一連　永瀬　西泉屋両家　へ

〆

一大重　一重　当家店中へ

一蒸物　一重

一松魚　一連

宛　連蔵　官兵衛　勇右衛門へ

〆

一老松町ゟ勇右衛門被招候ニ付罷越候処左ニ

一掛物　一幅
　但、寿老人画、法眼幽汀筆
右被遣候事、其上酒飯等被出、入念之事

一十一月八日鞴祭定例之外為内祝左ニ
　平　吸もの　取肴　鉢肴　冷し物
　右之通家内相祝候事

一十一月八日一統へ祝儀左之通
　一金弐百疋ツヽ　太兵衛　連蔵　官兵衛
　一同百疋ツヽ　手代分一統へ（新田幷京　奥のかた共）
　一銀壱両ツヽ　（子供十五人　腰元七人）　此外　京　ゆり　嵯峨　まさ
　〆
　（一銀三匁ツヽ　一銭弐百文ツヽ　但、膳料）　（吹大工廿壱人　差廿三人　手伝廿九人　仲仕八人　出入方拾壱人　下男女廿人　幷出入方　髪ゆひ　普請方出入）
　〆八人
　〆

一同十五日別家中於床之間、右為祝振舞

但、膳部一汁三菜　其外取肴　鉢肴　吸物　冷しもの

右之通内祝ひ賑々敷候事

鏡餅

一十二月十三日、正月為祝儀左ニ

一七升取鏡餅　二錺　五郎三郎殿
　　　　　　　　　郁三郎　へ

但、玉包添品物　白米少々　榁甘弐ツ　ところ弐ツ
　梅干弐ツ　田作り弐ツ　本俵弐ツ
　こうじ弐ツ　橘弐ツ　榧弐ツ　かち栗弐ツ
　ころ柿弐ツ入ル

のし包ニして前へ錺ル、串柿三串、神馬艸二くゝり
幷海老、橙、ゆづり葉を乗セ、皆しきニ大之うら白を敷

一七升取同　二錺　教寿殿
　　　　　　　おゆさ殿　へ

但、都而右同断

一塩鰤　二尾

右鏡餅者初年ニ付四錺、新キ白木台ニ乗贈候得共、明年ゟ者二錺可相贈之約束也、尤台者其儘例年用可申候事、右為使手代文兵衛遣ス、為祝儀左ニ

一金百疋
　　　　文兵衛へ

一小半紙二束

〆

一南鐐一片
一半紙二折　宛　持歩四人へ
〆
一十二月十四日、老松町ゟ正月為祝儀到来もの左ニ
一鏡餅　二銹
一塩鰤　一尾
但、銹付前々同断
右手代久兵衛を以挨拶有之候、為祝儀左ニ
一金百疋
一小半紙二束　久兵衛へ
〆
一南鐐一片
一半紙弐折　宛　持歩弐人、供壱人へ
〆
一十二月廿九日郁三郎へ
一引戸駕　一挺
右相贈候処、使之者へ為祝儀銀壱両、半紙二折ツヽ来ル

袖詰

一就吉辰郁三郎袖詰被為候ニ付、為祝儀左に贈ル
一扇子　一箱

一松魚　十本入　一筥
一袴地　　一反
〆
右者手代幸三郎を以祝詞申入、依之而左ニ
一南鐐　一片　　幸三郎へ
一小半紙二束
〆
一銀　壱両
一半紙二折　　宛　　下男弐人へ
〆
一年八五節句礼勤之儀者、双方当日差合候ニ付、互ニ以名代可致礼を定、尤年頭者三本入扇子一
筥持参、猶又祝盃之儀者閑日承合、案内可致事也
一申年四月八日差贈ル
一簞笥　一棹
〆
一同五月朔旦端午為祝儀左ニ
一粽　　二連
一塩鰆　二尾
右者手代宇兵衛へ向、勇右衛門ゟ手紙添贈ル

一粽　　一連
一松魚　一連
右者端午為祝儀到来
　一粽　　一連
　一松魚　一連
　　　　勇右衛門へ
右端午為祝義被贈候事

二二　友聞娘盈、平野屋五兵衛倅資次郎と縁組

お盈入家之記

一文政六未年九月廿八日、平野屋五兵衛殿方ゟ別家九郎兵衛を以、当方勇右衛門へ被申越候者、此方娘お盈事、子息資次郎殿へ縁組被致度候段被申籠候、然に資次郎殿未若年ニ付婚姻取結ひ之義者致追而ニ、先為養女と来ル十一月中ニ入家為致呉候様被申候、右等之義余り火急之事ニ者候得共、老松町と申重縁ニ成、幸之縁談ニ付一統相談相整、承知之趣及返答ニ候、仍而追々掛合之一条有之候得共、先取極候分左之通記

結納

一十一月二日就吉辰結納
　一紅羽二重　壱疋
　一白羽二重　壱疋
　一綿　二把
　一帯地　壱
　一裏吹錦　壱表

一緋縮緬　壱裏
一昆布　壱折
一鯣　壱折
一鯛　壱折
一熨斗　二把
一家内喜樽　壱荷
〆

右目録認様、大高檀紙二枚重弐ツ折、高足付目録台ニ乗ル、幷奉書二枚重、右点数書記、是者白片木ニ乗セ、使者九郎兵衛ゟ勇右衛門名宛ニて被差出候ニ付、引合セ請取

一右結納請取認様左ニ
一右品々数拾壱点
右之通幾久敷祝納仕候、以上
十一月二日
住友吉次郎内
岡田勇右衛門
高木五兵衛様御内
井関九郎兵衛殿

右結納被相贈、目出度祝納之上、使者於床ノ間ニ干菓子煎茶出置、友聞出座之上使者九郎兵衛何角挨拶有之候事、尤祝儀左ニ

一祝儀 金七百疋　別家 九郎兵衛
一膳料 同弐百疋　宛　手代 市兵衛
并ニ小杉原弐束ツヽ
一同 同三百疋　手代 恒七
一同 同弐百疋　同 金兵衛
并ニ小杉はら弐束ツヽ
一同 同百疋　宛　持歩廿五人
并ニ半紙二折ツヽ添
一同 同百疋

但、九郎兵衛と市兵衛と祝儀致同様ニ候事、是者諸色仕立方引請骨折候由を以、先方ゟ内々噂有之、依而如斯取計候事

一結納無滞相済候趣、親類中へ以手代使致披露候、猶又末家之もの一統へ以廻状を致吹聴候事

一結納之品配分左ニ

一昆布　弐枚
一鰑　三枚
一家内喜樽　弐升 壱樽
〆

但、理兵衛、理助、理右衛門、永瀬へ手代使を以相贈ル、八幡・京・宇治へ者
夫々使之者へ手紙添相贈ル、又仲人九郎兵衛へハ勇右衛門ゟ書状を添贈候事

一十一月八日暁七ツ時、平野屋へ相贈候荷物左ニ

一衣桁　一組
一琴　一面
一屛風　一双
一櫛簞笥　一棹
一簞笥　二対
一手簞笥　一棹
一挟箱　一荷
一塗長持　三棹
一木地長持　二対

〆

以上

十一月八日　住友吉次郎内
岡田勇右衛門

高木五兵衛様御内
井関九郎兵衛殿

右荷物祝納書認様、前同断略之

一荷物贈之節、附添勇右衛門并手代四人於使者之間に五兵衛殿為挨拶出座、干菓子・蒸菓子・茶等被出候、尤勇右衛門上下、手代分袴羽織着用、都而荷物贈之節者双方ゟ祝儀同格ニして遣候筈、尤先方ニ者附添之者へ祝儀之外ニ酒飯料被出候事、其外委敷者別帳ニ記、猶又当方之祝儀左ニ、又々入家之節も双方ゟ祝儀有之

（祝義）一金七百疋　勇右衛門へ

〆

一同三百疋ツ、　手代四人へ

〆

（祝義）一金百疋
（膳料）一同百疋　宛　持歩五拾八人へ

〆

（祝義）一南鐐一片
一鳥目五百文ツ、　長吏三人へ

〆

但、召連候節者、祝義遣シ候得共、門口囲之節者雇賃五百文ツ、遣ス

一十一月十一日仲人九郎兵衛、侍女郎同人妻いし、并今橋腰元たけ、以前目見致度段申候ニ付、今日罷出候而勇右衛門座敷へ案内之上逢候事、則手自ラ左ニ遣ス

一定紋附麻上下　一具
一竹花生　壱　九郎兵衛へ
〆
一祝義金弐百疋
一嶋縮緬一反　いしへ
〆
一同金弐百疋　たけへ
〆
右之外ニ菓子酒飯出ス、并供之者へ祝義左ニ
一金百疋ツヽ　下男三人
下女壱人
〆
一十一月十二日朝七ツ時、入家ニ付為土産物左ニ
一熨斗鮑　二把
一扇子五本入　一箱
一上下地　一反
一羽二重　一疋
一真綿　五把　五兵衛殿へ
一袴地　一反
一松魚二十入　一箱

一鮮鯛　一掛
一家内喜多留　一荷
銘老松
〆
一扇子五本入　一箱
一緋紋縮緬　一疋
〆　お友殿
一扇子五本入　一箱
一羽二重　一疋
〆　資次郎殿
一扇子五本入　一箱
一羽二重　一疋
〆　五郎三郎殿
一扇子五本入　一箱
一羽二重　一疋
〆　郁三郎殿
一扇子五本入　一箱
一緋縮緬　一疋
〆　おゆさ殿
一扇子五本入　一箱
一白縮緬　一疋
〆　教寿殿

一扇子五本入　一箱　福井村
一羽二重　一疋　半兵衛殿
〆
一扇子五本入　一箱
一緋縮緬　一疋　おあい殿
〆
一扇子五本入　一箱
一緋縮緬　一疋　お鶴殿
〆
一扇子五本入　一箱　呉田村
一羽二重　一疋　喜平治殿
〆
一扇子五本入　一箱
一緋縮緬　一疋　おかし殿
〆
一扇子五本入　一箱
一羽二重　一疋　喜四郎殿
〆
一扇子五本入　一箱
一羽二重　一疋　弥太郎殿
〆

但、何れも反ものハ桐ノ筥入、白木台付、奉書ニて上ハ包、丸のし、水引白紅二
把ツヽ掛、銘々目録添

覚

一扇子三本入　一箱
一白加賀　一疋　宛
〆
別家
仁兵衛　庄三郎　彦兵衛　彦市
作兵衛　平九郎　新兵衛　平兵衛
孫兵衛　次兵衛　源兵衛　孫四郎
安兵衛　九郎兵衛　六右衛門　万兵衛
〆拾六軒
一扇子三本入　一箱
一白紬　一疋　宛
〆
准別家
九兵衛　幸助　幸八
〆
一白銀　三枚
〆
支配人
篤兵衛
〆

一金　　三百疋宛
〆
手代
太兵衛　重郎兵衛　市兵衛　七良兵衛
善兵衛　伊兵衛　恒七　金兵衛
利助
〆九人
一金　　百疋宛
〆
子供
繁太郎　市松　栄三郎　彦太郎
豊三郎　勇次郎　勘三郎
〆七人
一龍門絹　一疋宛
〆
奥賄方
妙里　妙全
〆弐人
一金　　弐百疋宛
〆
腰元
やす　さよ　みよ　こう
りつ　たけ　なか
〆七人

一南鐐　三片

〆　台所賄方　いま　　一金　百疋ツヽ

〆　　下男四人へ

一金　百疋宛

〆　下女　かや　たつ　すぎ

〆　三人

一南鐐　一片宛

〆　仲仕見習　八尾八　惣兵衛

〆　弐人

一金　百疋宛

〆　出入方　源七　又兵衛　利兵衛　勇助

〆　四人

一金　百疋

〆　　一南鐐　三片ツヽ

料理人

料理人
源七
〆
一金　五両
〆
勝手方惣中へ

〆
上仲仕四人へ
一金　百疋ツ、
〆
下仲仕六人へ

右之通杉原半切ニ認、勇右衛門ゟ九郎兵衛宛、尤先方ゟ請取認様左ニ

覚

一点数

右之通幾久敷祝納仕候、以上

（一）十二月十二日　　高木五兵衛内
井関九郎兵衛

住友吉次郎様御内
岡田勇右衛門殿

右土産物釣台七荷、附添勇右衛門麻上下幷手代三人袴羽織着用、先方着之上、五兵衛殿入念之挨拶被致、其上夫々祝儀被出、猶委敷者別帳ニ記

右土産物之内為配分、左ニ被贈

一酒弐升一樽
一松魚一連　　勇右衛門へ
〆

一十一月十九日、当方親類中へ弥明廿日入家之儀、手代使を以其由致披露、猶又末家中へ以廻章及沙汰候事

一明夕弥入家ニ付、家内不寝之番役割出、猶又吹所幷豊後町火之元入念起番可致様申遣ス

一廿日昼時今橋ゟ仲人九郎兵衛幷妻いし為迎入来、座敷向諸事勇右衛門致案内、面会之上左ニ遣ス

一龍門絹　一疋
　迎之祝義
一金　五百疋　九郎兵衛へ
　肴料
一同　弐百疋
〆
一白縮緬　一疋
　迎之祝義
一金　五百疋　いしへ
　肴料
一同　二百疋
〆
但、右反もの〻義者、斐初而いしニ逢候ニ付遣し候事
　祝義
一金　百疋　下男女三人へ
　酒飯料
一同　百疋
〆

右両人為迎参候得共、未隙取候事故、先引取可申様申聞ル、尤於床之間菓子・
茶等出ス

入家

一今夕五ツ時大屋形舟ニ而、　友聞、お盈并腰元乗組、末家惣代、家内之者不残、浜側迄見立、
外ニ紅梅舟一艘手代分并供之もの乗組、五ツ半時今橋浜着、先方ゟ手代太兵衛上下着用ニ而出
迎、下男箱提灯持参、道筋警固有之、随而長吏共同断之事

一五ツ時過無別条平野屋へ入家、於玄関九郎兵衛并妻いし、其外役付之腰元出迎、直様夫々居間
へ案内、暫休息、用意相調候上、大座敷へ着座、左ニ

上下着
九郎兵衛

吉次郎　盈

五兵衛　友　本酌 やす

右祝盃之節為引手物左ニ
(アキママ)

右結ひ祝盃万端無滞相済、一先退座

一後段之席一統袴羽織ニて着座左ニ

吉次郎

喜平治　五郎三郎　五兵衛　郁三郎　資次郎

右之通祝盃是又無滞相済、此席ニて暫休息

一其後膳部被出、尤為相伴、九郎兵衛・勇右衛門、麻上下着用ニて出席之事、右膳部是又無滞相

済、夫より後段酒宴ニ相成、夜八ツ時万々目出度納盃ニ相成、主従退出
　但、鎊付、其外順盃之式、又者後段雑煮膳部献立等別録ニ有之
一附々手代分一統於使者之間ニ、茶・干菓子・蒸菓子并祝儀等被出、皆別録ニ委敷記、尤若党両
人残り居、其外ハ退引為致候事、若党両人者及深更候故、酒飯被出候也
一廿一日昨夕入家式無滞相済候趣、当方親類中へ手代使を以致吹聴、猶又部屋見舞等之義者無用
ニ可被致様以口上申遣ス、并末家中へハ例之通以廻章、右之趣致沙汰候事
一同日部屋為見舞左ニ
（後筆）
「此処樽肴相添可申事為後識」
　一寿饅頭　千員
　但、奉書ニて目録相添、新調行器壱荷、其余ハ海老之模様大重箱四重ニ入贈ル
右為見舞使者勇右衛門并妻さと両人遣ス、尤妻より盈へ文相贈候ニ付、諸事さとへ申
付候事
一右両人先方主人三方へ目見いたし、厚挨拶有之、其上為祝儀手自ラ被差出品左ニ
　一白縮緬　一疋
　一金　弐百疋　　さとへ
　〆
　五兵衛殿ゟ
　一加賀絹　一疋　勇右衛門へ
　一羽二重　一疋　さ　とへ

〆
お友殿ゟ　但、此外ニ両人へ祝義有之
右都合能挨拶相済、於使者之間ニ、菓子・酒飯等被出、尤供之男女酒飯祝
儀有之、別録ニ有之

一豊後町甚次郎ゟ部屋為見舞左ニ贈ル
(後筆)「此処江肴相添可申事」
一富貴饅頭　行器一荷　五百員
右使手代庄兵衛を以部屋見舞祝詞申入ル、尤祝儀被出、別録ニ有之
一饅頭　一重　員五十　勇右衛門へ
右者九良兵衛ゟ書状添、宿元へ向被贈候事、尤即時ニ勇右衛門礼ニ参ル

一廿三日里帰りニ付、為土産物被贈品々左ニ
大鯛　一尾　海老　五ツ
大かれい壱　赤貝　七ツ
はも　弐本　くすな弐ツ
いとより七ツ
一海魚　一折
〆
一酒　塗樽一荷
銘幾久水

一嵯峨饅頭　千員
　但、行器弐荷ニて
右目録添
　又
一干菓子　一箱
一蒸菓子　一箱
　銘　ひな鶴　一棹
　　　幾代餅　一棹
〆
　又店方へ
一金　壱両ツヽ　太兵衛
　　　　　　　　連蔵へ
一銀　三枚　官兵衛へ
一金　壱両　勇右衛門へ
一同　弐百疋ツヽ　手代三拾人へ
一銀　弐両ツヽ　子供十五人へ
一金　百疋　賄うたへ
一銀　弐両ツヽ　奥女十人へ
一南鐐一片ツヽ　下男女弐十人
　　　　　　　　出入方十四人へ
　　　　　　　　同普請方四人
〆

吹大工

一銀　弐両ツヽ　吹大工廿壱人
同差廿三人
一南鐐一片ツヽ　手伝廿九人
仲仕八人
髪結壱人
〆

杉原半切惣目録

右之通何れも目録添、猶又先方手代於床之間ニ、干菓子・蒸菓子・茶出ス、并祝儀左ニ

一祝義金　三百足
一膳料同　弐百足　ツヽ　善兵衛
伊兵衛　へ
小杉原弐束
〆

一祝義金　百足
一膳料同　百足　持歩五人へ
半紙二折
〆

里帰り

一廿三日里帰りニ付、為迎勇右衛門・手代源兵衛・腰元せう、大屋形ふねニ而夕方より罷越候処、菓子、酒飯等被出、暮早々ゟお盈先方手当之船天神丸ニ乗、附々一統同刻過吹所之浜へ無滞着、

川岸ゟ門口内玄関迄家内之もの何れも出迎候事、尤川岸ゟ内玄関迄駕、先方附々手代腰元於床之間ニ、菓子・茶出、幷祝儀左ニ

一金　三百足　　上下着 太兵衛
一同　弐百足ツ、　袴羽織 重郎兵衛
　小杉原弐束　　同 市兵衛
　　　　　　　　同 金兵衛
　　　　　　　　腰元 たけ
〆
一金　五百足　　九郎兵衛妻 いし
一同　弐百足
　小杉原弐束
〆
一金　百足　　下男女 拾四人
一同　百足ツ、
　半紙二折
〆
一銀　壱両ツ、　舟手之者 六人
外ニ

一銭五百文ツヽ　長吏三人へ
但、門前キ固、又先方ゟ四人道筋手当有之候へ共、是ハ此方ニ構
不申候事
一金　弐百疋　太兵衛へ
但、入家之節浜迄迎ニ出候ニ付、為挨拶遣ス

嵯峨饅頭
一土産嵯峨饅頭配分左ニ
一弐百員　平野屋五兵衛殿へ
一百五拾員　同　五郎三郎殿へ
一五十員　別家九郎兵衛へ
但、先達今橋ゟ当方勇右衛門へ如右被贈候ニ付、此方ゟも差贈ル
一三拾員ツヽ　理兵衛殿　理助殿　理右衛門殿　永瀬氏
京中川氏　同岡村氏　八幡今橋氏両家
〆
一拾三ツヽ　権左衛門殿　尚元殿　藪先生　古春
田中　貞庵
〆
一三拾員　三上大輔殿へ
〆

一十三ツ、　末家廿八軒
一弐ツ宛　手代三十人　子供十九人　腰元八人
一壱ツヽ　下男女廿四人
都合数千弐百三拾五
右之通相贈、尤親類中へハ手代使口上申遣ス、猶又遠方ノ親類者書状相添、態使遣ス
一廿四日今橋ゟお盈逗留為見舞腰元やす・手代七郎兵衛来ル、為持被贈品左ニ
一干菓子　一折　　但、杉大箱二重ニ入、下タ之箱足半月操リ、箱ノ大キサ、惣
高一尺八寸、横壱尺三寸、至極律波也
（後筆）「蒸菓子銘」
松の雪　新紅梅
水仙餅
但、上ノ箱　（後筆）「干菓子」　下ノ箱　蒸菓子七十入
一海魚　一折　鯛一尾　車海老五ツ
さごし二ツ　かなかしら二ツ
烏帽子貝三ツ
〆
右之通到来、尤やす事ハ先方ゟ口上も依有之、於座敷ニ逢候事、左ニ
一金（反物料）　三百疋　やすへ
但、斐初而逢候ニ付遣ス

一同　百足　　同人へ
　但、入家之節致酌候ニ付、別段遣ス
右用向相済、於床之間ニ手代七郎兵衛・腰元やす両人へ菓子幷酒飯為致候事、又祝儀
左ニ
　一金　三百足　　七郎兵衛へ
　一同　弐百足　宛　や　す　へ
　延紙弐束ツヽ添
　〆
　一金　百足
　一同　百足　ツヽ　　下男三人へ
　半紙二折添
　一銀　壱両ツヽ　　舟手之者三人へ
　〆
一お盈里帰りニ付、末家出附之女房幷娘へ逢可申候ニ付、以回章明廿五日一統罷出候様申遣ス
一廿五日右何れも罷出候ニ付、四ツ時於座敷逢候上、左之通目録遣ス
　一金　弐百足ツヽ　　老分女房
　一同　百足ツヽ　　末家中同断
　〆

右祝詞相済候上、於床之間ニ酒飯申付ル

一十一月廿五日仲人九郎兵衛、今橋支配人篤兵衛幷此度之用掛り手代市兵衛、右三人今夕当方へ相招、勇右衛門奥向致案内、於座敷目見、何角致挨拶、其上手自ラ左ニ

俊満筆福禄寿

一福禄寿画壱枚　九郎兵衛へ

但、俊満ノ筆、蜀山人讃

右者定紋附上下可遣之所、此間目見之節上下遣し候ニ付、右之品遣ス

一定紋附麻上下一具　篤兵衛へ

一同　一具　市兵衛へ

〆

右何れも上下遣シ候義者任古例取計候事

右祝詞相済、於床之間ニ菓子幷酒飯料理等申付ル、尤　友聞銘々致盃、跡連蔵、官兵衛、勇右衛門、宜相賄、席及数刻納盃、猶又供之者三人へ酒飯為致、幷為祝儀金百疋ツヽ遣ス、又々料理献立別録ニ有之

花帰り

一同廿六日今夕花帰りニ付、早朝ゟ左ニ贈ル

一生鯛　一掛

一酒　一樽

〆

店中へ

伊丹酒

一海魚　五種　鯛一尾　あこ弐ツ
　　　　　　　生貝三ツ　かれい一尾
　　　　　　海老五ツ　代九拾匁位

一酒　一樽
　但、伊丹莚包亀印ニて

〆

右之品々釣台壱荷ニて差贈り、手代政治郎を以花帰り之挨拶申入ル、例祝儀入念之事別録ニ有之

一花帰りニ付為迎別家九郎兵衛夫婦、其外手代并腰元差被越候事、暫時刻を待合候間、於床之間ニ酒飯、猶又為祝儀左ニ

一金　五百疋　九郎兵衛
一同　弐百疋　いし
〆　小杉原弐束

一同　三百疋　太兵衛
一同　弐百疋ツヽ　市兵衛
　　　　　　　　恒七
　　　　　　　　利助
〆　同断　〆

一金　百疋　下男十五人
一同　百疋ツヽ　同女壱人
〆　半紙弐折

一右ニ付暮半時為迎天神丸壱艘、当方者大屋形舟壱艘申付置、お盈内玄関ゟ吹所浜迄駕、迎之者、附添之者、一統都合能家内中者門口ニて見立候事、吹所はまゟ乗船、川中無滞五ツ時今橋浜へ着、夫ゟ都合能、帰宅有之候、諸事次第書付別録有之、猶又附添手代腰元於使者之間ニ、茶・菓子幷酒飯、祝儀等被出、尤勇右衛門夫婦者別段於座敷逢被申、是迄無滞相済、心配之段厚挨拶有之、幷祝儀被出候事、別録ニ有之

一お盈為召遣ひと、うの、こと、両人今夕ゟ先方ニ差置

一廿九日平野屋ゟ連蔵、官兵衛、勇右衛門、今夕被招候ニ付案内有之、則上下着用ニ而罷越候、九郎兵衛致案内、於大座敷ニ五兵衛殿被逢申候上、厚キ挨拶有之、銘々へ左ニ

一定紋附麻上下　一具ツ、　　連蔵
　　　　　　　　　　　　　　官兵衛へ
　　　　　　　　　　　　　　勇右衛門

右之通被致取計、猶又於使者之間に五兵衛殿ゟ銘々へ盃有之候、後席九郎兵衛、篤兵衛、太兵衛執持可致様被申付退座、料理向種々丁寧之事別帳ニ記、酒席及数刻ニ四ツ時即（退）座

一十一月晦日仲人九郎兵衛夫婦共、今度之一条何角致世話候ニ付、為挨拶手代使を以左之通遣ス

一銀　拾枚　　　九郎兵衛へ
一竜門絹一疋
一松魚　一箇　廿本入

〆

一銀五枚
一白縮緬一疋　妻 いしへ
一松魚 十本入 一箇
〆
右之通九郎兵衛宅へ向相贈ル、同人早速礼ニ入来

一十一月四日平野屋ゟ勇右衛門へ為挨拶左ニ
一銀拾枚
一白加賀一疋　勇右衛門へ
一松魚 廿本入 一箇
〆
一銀五枚
一白縮緬一疋　妻 さとへ
〆
右之通手代遣を以、勇右衛門宅へ向被贈候、早速勇右衛門礼ニ参候事

一同十一日入家万端無滞相済、依而お盈町内人別ニ入申度段被申越候ニ付、則実相寺へ宗旨送手形之義申遣ス、南久太郎町壱丁目光徳寺宛也、右之手形申請、別家九郎兵衛方へ向為持遣ス、
但、東本願寺派

事始め

一十二月十三日正月事始メニ付、祝儀物左ニ贈ル
五兵衛殿

一鏡餅四鎊　お　友殿
　但、正月鎊祝ひ之物　資次郎殿
　取揃、奉書ニ而玉包　お　盈殿
　ニ致し乗ル、海老橙
　惣而老松町へ贈り候通り
一塩鰤二尾
　但、塗台ニ乗ル
〆
右鏡餅白木台ニ乗セ贈ル、尤初年之儀ニ付銘々へ相贈候得共、明年ゟ者申談、二鎊分相贈り候筈、台者其儘例年用候事、右為祝儀被差出候品別録ニ有之
一十二月十五日入家無滞相済、為内祝末家中其外豊後町吹所頭役之者迄及案内ニ、目見銘々目録差遣ス、猶又於床之間ニ料理申付ル、尤献立別録ニ有之
一同日、内中、吹所、豊後町、手代一統於座敷目見、夫々目録遣ス、次第別録ニ有之
一同十五、十六、十七、三日為内祝諸方へ蒸物配り左ニ

内中

一赤飯　定紋附重箱　一重　平野屋へ
一松魚　一連
〆
一赤飯　同　一重　老松町へ
一松魚　一連

〆

当地親類
理兵衛殿
理助殿
理右衛門殿
尚元殿
永瀬殿
権左衛門殿
〆

一定紋附重箱
赤飯 一重
一松魚 一連
〆
宛

遠方親類
今橋氏両家
中川氏
岡村氏
上林氏
浅井氏
中西氏
前田氏
〆

一同断
赤飯 一重
一松魚 一連
〆
宛

一海老蒔絵大重箱
赤飯 一重
平野屋店中へ

一黒八寸重筥
赤飯 一重
老松町台所へ

一赤飯　一重（定紋附重箱）　平野屋 九郎兵衛へ
一金　弐百疋宛　篤兵衛
〆　市兵衛
但、当方末家並之取計ニ而金弐百疋ツヽ添贈ル
一赤飯　一重宛（黒八寸重箱）　豊後町へ
末家中
出入方中
町内
〆
吹大工
普請方出入
吹大工差中　手伝中
普請方出入　家守中
其外祝儀差出し候所不残配ル

右之通

一十二月廿四日今橋ゟ正月為祝儀到来、左ニ
一鏡餅　五錺
但、正月錺もの取揃、仕立方老松町同様之事
一塩鰤　二尾
〆
右者白木台ニ乗セ到来、兼而申談之通明年ゟ者鏡餅も二錺被居、台も其儘可被用様申入候事、使之者へ祝儀左ニ

一金　弐百疋　　手代伊兵衛へ
一南鐐一片ツ、　下男四人へ
〆
一年頭八朔幷五節句双方繁多ニ付、名代を以礼勤可致事、尤年頭者三本入扇子一箱持参可致事
一正月六日節案内ニ付、友聞、万太郎外ニ勇右衛門罷越候、節之義ニ付、組重ニ而盃被出、又膳部等手軽料理向
　但、万太郎初而罷越候ニ付、五本入扇子一箱持参、甚次郎事案内有之候得共、折節痲(麻)疹発候ニ付不参
一当方節会案内之義者閑日を見合、前日ゟ可申入事
一二月廿六日就吉辰、五兵衛殿、資次郎殿、為舅聟入入来、則為土産物左ニ
　一扇子　一箱
　一白羽二重一疋　　友聞へ
　一鰹節　一折
〆
　一扇子　一箱
　一緋縮緬　一疋　　妻へ
〆
　一白羽二重一疋　　万太郎へ
〆

一帯地　一ツ　寧へ
〆
一扇子　一箱　理兵衛殿
一袴地　一反ツヽ　甚次郎殿
〆
理助殿
理右衛門殿
七郎右衛門殿
〆
右目録壱枚

一金　三百疋ツヽ　末家中三拾三軒へ
一同　三百疋ツヽ　太兵衛
但、日勤ニ付別段　連蔵
官兵衛
勇右衛門
〆
一金　七百疋　官兵衛
一同　弐百疋ツヽ　手代中廿九人
一同　百疋ツヽ　子供十三人
一同　弐百疋ツヽ　奥賄べん
うた
一同　百疋ツヽ　腰元九人

出入方

一南鐐一片ツ、　下男女廿弐人
　　　　　　　　出入方十壱人
　　　　　　　　同並　三人
　　　　　　　〆

吹方大工

一金　百疋ツ、　吹方大工廿壱人

一南鐐一片ツ、　吹方差廿三人
　　　　　　　　手伝廿九人
　　　　　　　　髪ゆひ壱人
　　　　　　　〆

普請方出入

一銀　三両ツ、　普請方出入四人
　　　　　　　　はま仲仕八人

〆

一金　百疋　酌人へ

一同　百疋　料理人へ

一金　弐千疋　当日勝手方へ
　　　　　　　相詰候ものへ

〆

右之分杉原半切ニ認

又

一金　七百疋ツ、　勇右衛門
　　　　　　　　　同妻さとへ

〆

右之通御祝納可被下候、已上

二月廿六日　　　　　　　　　　平野屋五兵衛内
九郎兵衛

住友吉次郎様御内
勇右衛門殿

一右請取書前々同様之事

一金　五百足　祝儀
一同　弐百足　酒飯料
〆　小半紙弐束　市兵衛へ

一金　百足　祝義
一同　百足　酒飯料
〆　半紙二折　ツヽ、　持歩弐人へ

一今廿六日右客来ニ付、夫々家内役割張紙出ス

一同日八ツ時入来左ニ

五兵衛　供　若党善兵衛　末家九郎兵衛
資次郎　供　恒七

右之通大屋形船ニ而吹所浜へ着、夫ゟ列東座敷へ請待、玄関ニ出迎、連蔵、官兵衛、勇右衛門、両主新座敷へ誘引、暫休息、上下着用之上、上之間へ着座

南側席 五兵衛　同 資次郎　上下 勇右衛門
北側席 吉次郎　本酌上下 源兵衛
但、斐事差掛り不快ニ付不致出席
右結ひ祝盃之節、為引手物資次郎殿へ左ニ
一脇差　一腰
一麻上下一具
一小袖　一重
〆
但、目録大高檀紙二枚重、白木台ニ乗セ、奉書巻熨斗添、勇右衛門持進
右結ひ順盃、万々目出度相済、一先退座

一後段之席

袴羽織 五兵衛　同 資次郎
袴羽織 吉次郎　同 万太郎　同 甚次郎

右祝盃無滞相済、猶又於此席ニ暫休息、夫より膳部出ス、九郎兵衛、勇右衛門相伴、給仕方連蔵、官兵衛幷手代分五人、続而後之酒宴、諸事万端都合能相整、夜七ツ時後目出度納盃
但、座敷錺附、其外順盃之式、又者後段雑煮膳部等、惣而献立別録ニ有之

一供之手代分新座敷次之間ニ而取持、干・蒸菓子・酒飯出ス、幷下男庭座敷ニ而同断、其外舟方
之ものへも酒飯出ス
一附添幷供之面々為祝儀左ニ
一祝儀金　七百足　九郎兵衛へ
一肴料同　弐百足
〆和紙二束添
一祝義金　三百足　宛　善兵衛
一肴料同　弐百足　恒　七へ
〆和紙二束添
一祝義金　百足
一膳料同　百足　ツヽ　下男五人へ
〆半紙二折
一祝義銀　壱両ツヽ　船方三人へ
〆半紙二折
一幷銭五百文ツヽ　長吏弐人
〆但、当夜外廻り固メ申付候雇賃別段

一翌廿七日早朝、九郎兵衛為名代昨日之挨拶ニ入来
一別段相贈候品左ニ
一五重ノ重箱　二箱
但(アキママ)
一巾紗　二ツ
但、金糸ト白糸鶴亀縫
一重箱台　二ツ
一堺重　三重入一箱
但、黒塗内朱紋所三ツ蘘荷幷枝菊之蒔絵付跡先キ蓋も同様、尤かぶせ蓋桟蓋共

上巳祝

一二月廿七日上巳祝鎊之物左ニ贈ル
一海魚一折　鯛二尾　はまくり数々
一大菱餅　二鎊
一七寸菱餅　二鎊
一内裏雛　一対
一御殿　一組
一錫神酒徳利　一対
一御膳　二膳

一随臣　一対
一桜橘　一対
一羅氈　七枚
一小道具為料　金拾五両
〆
一跡ゟ贈ル荷物左ニ
一琴　一面
一箪笥　三棹
一長持　一棹
一屏風　一双
〆

三二　末家数右衛門養子願

乍恐以書附奉願上候

一私義御陰を以家業無恙相続仕、誠以冥加至極難有仕合奉存候、然ル処私義実子無御座候ニ付、今度甥寅松当年九歳ニ相成候者養子ニ仕度、此段奉願上候、何卒御聞済被為成下候ハヽ、難有奉存候、且又御序之節　御目通被為　仰付被下候ハヽ、重々難有仕合奉存、右之趣宜御執成可被下候様偏奉頼上候、以上

文政七甲申年二月　御末家 数右衛門

同
親類
源　助

御支配
官兵衛様
御日勤
連　蔵様

右願之通無相違相聞候ニ付、乍恐奥印仕候

仁右衛門

二二三　末家金右衛門悴銅器物等商売願

乍恐以書附奉願上候

一私悴伊兵衛義、先達而結構被　仰付冥加至極難有仕合奉存候、然ル処私義備中小泉御銅山ニ相勤罷在候ニ付、右伊兵衛へ可成之商売為致申度奉存候而、親類共相談仕候処、銅器物鉄金もの類幷紙雛等商売仕候得者手寄之方も御座候ニ付、此度御抱屋敷南米屋町泉屋半右衛門殿跡ニて右商売相始申度奉存候、何卒此段御聞済被為　成下候様御執成之程偏ニ奉願上候、以上

申
六月
御末家
金右衛門

御本家
御支配人中様

二二四　久本寺祖師堂修復願

口上書

貴下御先祖法華宗門依御信仰、当寺境内ニ祖師堂御建立顕然之事ニ御座候、従爾以来御代々御参

詣御座候而、法喜不過之候、抑自御建立当申之年ニ至、星霜百四拾二年ニ相及候、此中間御修覆(復)之事、当寺七世日充代高欄三方、九世日尚代惣修覆、祖師堂銅樋敷瓦廊下再建、十七世日友代日蓮上人五百遠忌ニ相当、祖師堂廊下ニ至迄惣修覆被成下、夫ゟ当年迄四拾二年ニ相成候得者、又々破損廻り候ニ付此段申上候、尤甚御大雑(難)之儀ニ奉察入候得共、何卒御修覆可被成下候様頼上候、無程　日蓮上人五百五十遠忌当来可仕事ニ候得者、於拙寺も近年之内報恩会取越致執行度願望ニ御座候間、為御先祖代々菩提、猶又為御家運長久祈禱御建立以来代々之住持相伝致誦経来候処、今般御大雑之儀ニ預り候得者、猶又拙僧者不及申、後々之住職相伝軸(抽)丹情、朝夕寿量品・陀羅尼品祈誦可仕候、何卒今般御修覆之処可然様御執成之程偏奉頼上候、以上

文政七年申六月　　久本寺

住友吉次郎様

御支配人
官兵衛殿

二二五　長崎へ手代差下す

乍恐口上

一此度銅方御用ニ付、手代八郎右衛門と申者長崎表へ差下し申度候、彼地用向凡日数廿日余ニて相片付可申候、右用済候ハヽ、早速登坂可仕候、此段書附を以御届奉申上候、御聞済被成下候様奉願上候、以上

文政七申年八月　　住友吉次郎
病気ニ付代
宗七

銅座
御役所

二二六 山本新田八幡宮へ灯籠奉納

文政七甲申年八月
河州若江郡山本新田当方地面之内、会所向地八幡宮江奉納御影石燈籠壱対、寸法者左ニ、田地方豊作并村方為安全寄符(付)之

御影石六角
物高サ五尺壱寸
柱石文字丸彫
年号月日ヤンゲン彫

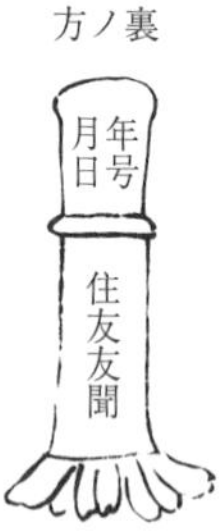

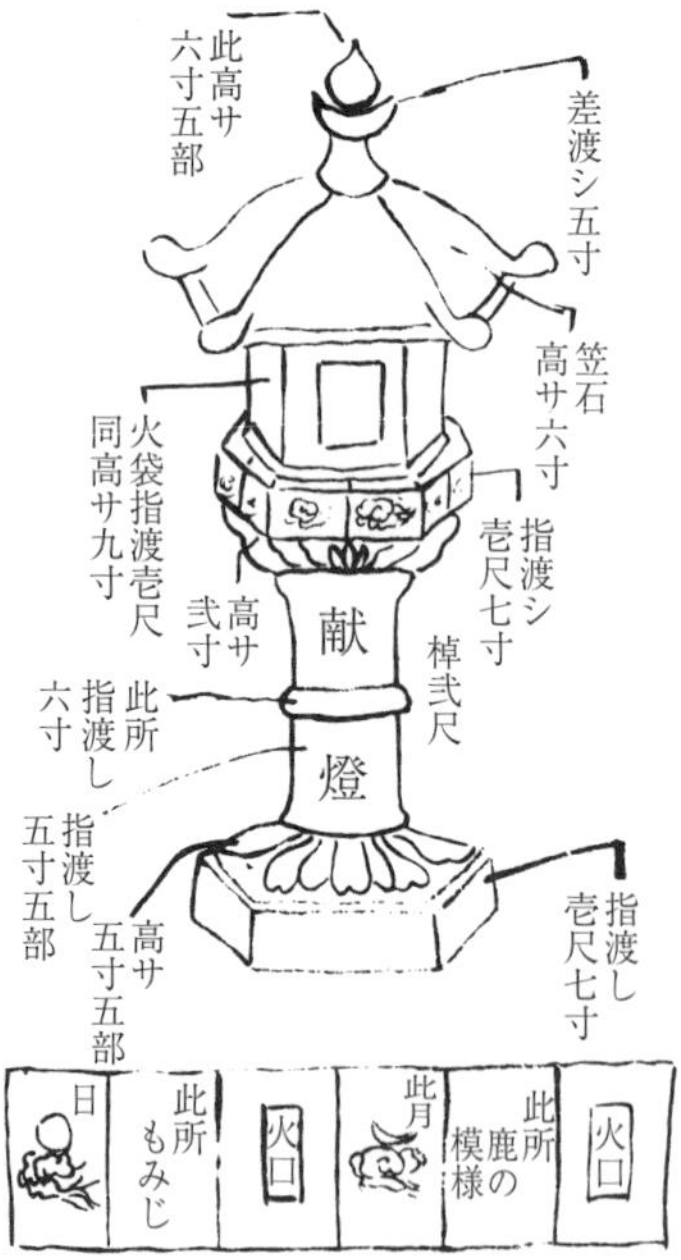

前書有
山本新田
地内
八幡宮
奉納
壱対

御新田勤
服部慶蔵

二二七 帯願 手代慶蔵妻

乍恐書付ヲ以奉願上候

一私儀及老年無妻ニ而内分取扱不自由ニ御座候ニ付、私弟八尾寺内村小山屋善右衛門口次ヲ以、同村庄屋忠右衛門と申仁媒人ニ而、同国若江郡佐渡村庄屋義兵衛妹なりと申婦人、年比も相応ニ有之、人柄も一統宜敷趣ニ御座候ニ付、貰請度存罷在候、尤婦人連レ子、姉娘くの、妹りう、末子百三郎共三人ニ御座候得共、何れも成長仕居候ニ付、追々片付方も御座候間、此段御届奉申上候間、御聞済被成下候様奉願上候、尤婦人親類書下ケ札ヲ以奉申上候間、御前向可然様御取成御頼申上候、以上

御新田勤
服部慶蔵印

申五月

御本家様

御支配人
米谷官兵衛様

御日勤
高橋連蔵様

下紙
親類書左ニ申上候

河州若江郡八尾木村
本文義兵衛弟
年寄庄兵衛

同国同郡八尾寺内村
右同人従弟
小山屋八郎兵衛

右之通重立候もの計申上候、薄縁ハ文略仕候

二二八 末家四郎兵衛定紋付衣類着用願

乍恐口上

一私義先般御末家四郎兵衛名跡相続結構被為　仰付難有仕合奉存候、右古四郎兵衛所持仕候　御定紋附衣類、私着用仕度奉願上候、此段御聞済被成下候ハヽ、難有奉存候、以上

申八月　四郎兵衛印

御本家

御支配
米谷官兵衛様

御日勤
高橋　連　蔵様

二二九　手代慎助暇願　長崎佐兵衛悴

乍恐以書附奉願上候

一私儀御本家出勤之儀奉願上候処、結構御聞済被為　成下難有早速罷去、(出)去ル九月ゟ出勤仕、乍不調法無滞此節迄相勤冥加至極難有仕合奉存候、然ル処元来病身ニ罷在候処、上坂後猶更多病ニ相成、毎々引入御役場難相勤り、恐多ク奉存候、依之何卒御暇被為　仰付被下置候者ヽ、重畳難有仕合奉存候、右之段　御聞済被為　成下候様重畳奉願上候、御上可然様御執成奉頼上候、以上

申八月　御内　慎助

高橋　連　蔵様

米谷官兵衛様

二三〇　末家林兵衛後妻願
末家与四郎の養女とした上で林兵衛の後妻とする

口上書

一池田屋忠右衛門養女ひさ儀、此度私方江貰らひ受、御末家林兵衛殿方ニ後妻遣シ度、此段御届ケ奉申上候、以上

申八月

御末家
与四郎印

御本家

御支配中様

乍恐奉願上候

一私儀暫無妻ニ罷有候処、悴両三人も有之、世話等行届兼候ニ付、此度幸　御末家与四郎養女ひさ儀、私方へ貰請申度奉存候ニ付、此段奉願上候、御聞済被為仰付被為下候はゝ重畳難有仕合奉存候、以上

文政七甲申八月

林兵衛印

親類
義　助印

御支配
官兵衛様

御日勤
連　蔵様

二三一　清水家の蔵元掛屋御用を辞退

乍恐口上

一此度御分国ニ付、御蔵元幷御掛屋御為替御用等可為仰付候御趣御内意被仰付、冥加至極難有仕

遠町深敷

合奉存候、右御用半通相勤候ニ付、御当用金弐千五百両分御建替被　仰付、右者月三朱之利十ヶ年元利御割払之御趣意ヲ以被仰渡奉畏候、然ル所御建替金殊之外下歩ニ而内損夥敷相立、此償方手段無御座、甚当惑仕候、且私業躰御銅山方追々遠町深敷下鉑及減歩、仕入銀莫太相懸り、融通も難出来時節ニ御座候ニ付、折角結構被為　仰付候　御用向万一難行届候御儀御座候而ハ重々奉恐入候、尤年来　御館入被為　仰付御儀ニ付、可相成候御儀ニ御座候ハヽ、為御冥加御奉公ニも相勤申度志願ニ御座候得共、何分銀操不宜、手元差支候ニ付、御蔵元御懸屋御用之儀御免奉願上候、此段御聞済被為成下候様、乍恐以書附奉願上候、已上

文政七申年閏八月　　住友吉次郎

清水
御役所

二三二　将軍日光社参延期の報知

十月十六日出、四日切仕立状無番

来酉年四月日光山　御参詣可被遊旨被　仰出候処、当年関東筋打続出水ニ而、御道筋始宿々人馬等其外難儀之儀被及　聞召候、依之来酉年　日光山御参詣御延引、来々戌年四月御参詣可被遊旨被　仰出候

十月十五日

右之通被　仰出候間、以仕立為御知申上候、以上

十月十六日　　江戸
住友店

住友甚次郎様

二三三　居宅前水汲場繕普請につき足場設置願

乍恐口上

住友吉次郎
病気ニ付代
新次郎

一長堀茂左衛門町私居宅前川岸御用銅吹立申候入用水汲場破損仕候ニ付、繕普請仕度、右普請之間丸太ニて足場仕候、尤往来之妨ニ不相成様可仕候、猶又普請出来仕候ハヽ、取払之節御届可申上候、此段御聞済被為　成下候ハヽ、難有奉存候、以上

文政七申年十一月朔日　新次郎印

右之通奉願上間、乍恐奥印仕候

年寄
泉屋理右衛門印

御奉行様

右地方・川方両役所へ差出し候、尤川方者通船之妨ニ不相成候様と認候事、且新次郎出勤之所、両御役所共早速御聞済有之候事

二三四　居宅浜先井戸屋形下に縊死人

乍恐口上

長堀茂左衛門町
住友吉次郎
代清兵衛

文政七甲申歳十月廿九日朝、吹所浜先井戸屋形下ニ而、年比三十才計之男首縊相果居候ニ付、早速為見候処、則主家所書と所持致候ニ付、右町へも為知、両町申合御届申上候事、左ニ

一私居宅前浜先キ井戸家形下ニ、今朝六ツ時頃、年頃三拾才と相見へ申候男、右家形〆キ桁ゟ白さらし木綿下帯ニて首縊相果罷在候ニ付、及見候処、北久宝寺町四丁目綿屋弥兵衛手代作兵衛と申封書所持仕候ニ付、早速右町へ相知らせ、乍恐此段御断奉申上候、已上

文政七申年
十月廿九日

住友吉次郎
病気ニ付代
清兵衛

月行司
泉屋藤右衛門

年寄
泉屋理右衛門

御奉行様

右之通御届申上候処、今夕御検使御役人御両所御越、夫々御改相済、翌十一月朔日御番所へ罷出候処、夫々御聞糺し之上、暮方相済、則夜ニ入立会ニて右死人先方へ相渡候事

東懸り御当番
吉田百輔様

御検使
東
平山武左衛門様
西
高橋小源太様

右入用左ニ

*一金弐百疋　御検使御両所
百疋ツヽ

*一銭弐貫弐百文
十月廿九日
十一月朔日
〆両日下宿払

*一銀四匁　同御家来へ
弐匁ツヽ

*一同壱〆七百五拾文
番人足入用
三町わり分

*一金百疋　町内年寄へ

*一銀弐両　同　町代へ

*一同弐両　同　下役両人へ
壱両ツヽ

*一同弐〆六百四文　町内会所ニて
諸雑費

〆　金三歩
銀弐拾目四分
銭六〆五百五拾四文

〆

○＊印の箇所に「改正」丸印が捺されている。

二三五 大坂瓦屋橋
西詰火災

十一月五日今暁八ツ時、瓦屋橋西詰半丁西水のふや裏出火、早速火鎮ル、然共遠方之所水鉄炮為御持、御見舞被下候ニ付、乍軽少為挨拶左之通差贈ル

但、火鎮り候後ニ付、少し軽少也

一海魚三種　松平和泉守様
代銀弐両位　御屋敷へ

一青銅壱貫文

但、御酒料御人足へ

〆

但、青銅壱貫文者先方様ゟ是迄振合も無之由ニ而段々御断、十二月廿日堺屋源兵衛殿ゟ帰ル事

二三六 居宅前水汲場普請出来につき足場取払い

乍恐口上

地方
川方　壱通ツ、

一当月朔日御願奉申上候、私居宅前川岸ニ御座候御用銅吹立申候入用水汲場、繕普請出来仕候間、足場取払申度候ニ付、乍恐以書附此段御届奉申上候、已上

文政七申十一月廿五日　住友吉次郎
病気ニ付
代重蔵

御奉行様

重蔵

年寄奥印有之候

二三七 友聞別子銅山見分につき山神宮へ灯籠奉納

文政五午年三月

友聞予州銅山見分罷下候ニ付、山神宮江為奉納御影石燈籠一対下ス、雛形・代銀左之通

*1 一三百弐拾目　御影石 春日形弐本

*1 一弐拾五匁　高サ五寸之直まし

*1 一三拾弐匁　八匁替 正面文字四ツ 丸ほり

*1 一五拾弐匁　弐匁替 裏年号文字廿六 やげんほり

*1 〆四百弐拾九匁*2

○*1の箇所に「改正」丸印、*2の箇所に「合」丸印が捺してある。

文政七甲申年十一月差下ス　石燈籠本御影石惣高サ五尺五寸

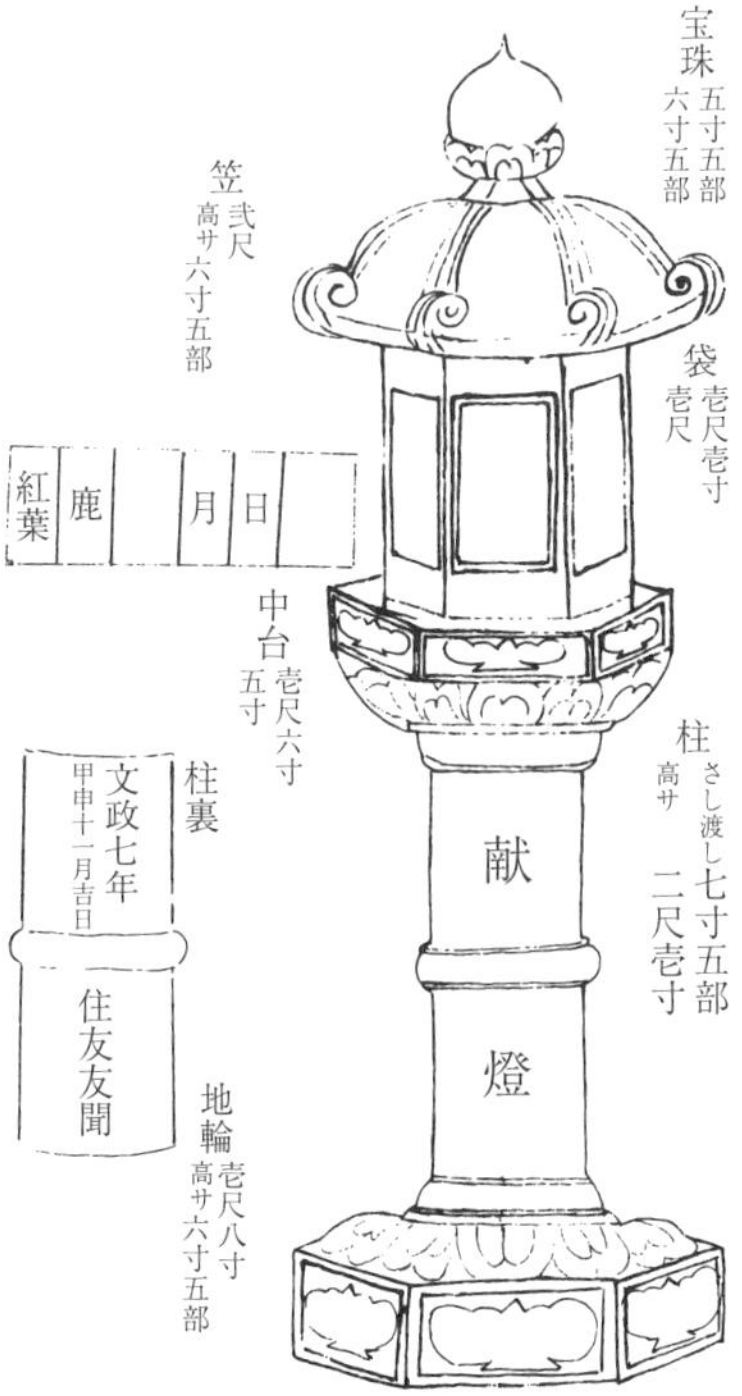

二三八　予州別家田右衛門拝借銀の引当

予州老分別家田右衛門拝借銀引当之覚

一拝借銀弐拾五貫目

内　与州払入皆済

米六百俵
此石弐百四拾石

五拾匁かへ
代銀拾三貫目

残銀拾三貫目　但、此銀子ヲ以求候所之田地左ニ

一徳米弐拾六石　　新ニ調

但、銀壱〆目ニ付徳米弐石当

又

一同十五石　　下地ゟ持地

合徳米四拾壱石

石ニ付五拾匁がへ
代銀弐貫五拾匁

内

一銀壱貫弐百五拾匁　但、廿ケ年斌（賦）一ケ年上納

〆

残銀八百目

外ニ

一銀六百目　　年々米弐拾四俵　拾弐石代如高

一同壱貫五百目　　店料凡如高

三口〆銀弐貫九百目　但、此分家内之立方之積

〆

二三九　捨子を養子に遣す

文政七申十二月十七日夜五ツ時、東堀炭蔵入口、当年之女子捨有之、早速拾ひ上ケ、翌朝

東　御役所へ届、左ニ

乍恐口上

一私居宅東堀通り土蔵入口前ニ、今朝六ツ時過、当才ト相見江申候女子捨有之、早速拾受養育仕罷在候ニ付、乍恐此段御断奉申上候、右捨子疵等一切無御座候

但、番人引取候後ニ御座候

住友吉次郎
代 弥十郎

申十二月十八日

代 弥十郎

年寄 泉屋 理右衛門

御奉行様

乍恐口上

一私居宅東堀通り土蔵入口前ニ、当月十八日朝六ツ時頃、当才ト相見江申候女子捨有之、早速拾ひ入養育仕置、御断奉申上候処、追而貰人有之候ハヽ、御断可申上候様被　仰付奉畏候、然ル処右捨子此度岸本武太夫様御代官所河州松田郡諸口村百姓与次兵衛請人ニ相立、同村百姓作兵衛へ養子娘ニ貰受度申ニ付、相糺候処、当年八才ニ相成候小作次郎と申者有之、女房ぎん義去未二月出生致候女子、当十二日病死仕候跡乳も沢山ニ有之、右乳ヲ以養育仕度申ニ付、右作兵衛へ差遣シ申度、乍恐此段御断奉申上候、何卒御聞届被為成下候ハヽ、難有奉存候、以上

但、右捨子作兵衛へ差遣し候義、村方へ引合候処、村役人承知仕候

申十二月廿六日

代 弥十郎

右奉願上候趣相違無御座候、右捨子私へ被為下置候ハヽ、末々悴小作次郎ト妻合、麁抹無之候様大切ニ養育仕候ニ付、何卒御聞済被為成下候ハヽ、難有奉存候、以上

但、此外ニ悴壱人も無御座候

泉屋
年寄　理右衛門

岸本武太夫殿御代官所
河州松田郡諸口村
貰親　百姓　作兵衛
請人　同　与次兵衛
付添　頭百姓政右衛門

東
御奉行様

請負一札之事

一御町内住友吉次郎殿土蔵入口前ニ、当月十八日朝六ツ時過ニ、当才之女子捨有之、早速其段御届被成、御町内ニ御養育被成候処、此度我等同村百性作兵衛ト申者、去未二月出生之女子有之候処、当月十二日相果、依之女房ぎん義乳も沢山有之候ニ付、右捨子養子娘ニ貰請申度奉存候、尤外ニ当年八歳ニ相成候実子小作次郎と申者壱人有之、末々右悴と妻合、大切ニ養育為致候、此外ニ悴壱人も無之ニ付、東御番所様江御願被下、御聞済之上養育料として銀弐百目、右女子ニ相添被下慥請取、女子末々麁抹無之様養育為致可申候、猶亦右女子縁ニ付差戻シ候ハヽ、右養育料差戻し可申候、作兵衛義身上不如意ニ成候共、御町内幷吉次郎殿へ対シ無心ケ間敷義一切為申間鋪候、勿論右女子病気等差発候迚、是亦無心ケ間敷義為申間鋪候、万一何角と申族有

之候ハヽ、私共何方迄も罷出、急度埒明ケ可申候、猶亦自然右女子病死等仕候ハヽ、早速御町内へ相届ケ候間、御立会被下御届ケ可被下候、為後日一札仍而如件

文政七申年
十二月

河州松田郡諸口村
受人百性与次兵衛印
右同村
貰親同　作兵衛印

前書之趣相違無之、致承知候

右同村庄屋
三郎平印

年寄
泉屋理右衛門殿
住友吉次郎殿

覚

一其御町内住友吉次郎殿方へ当十八日捨有之当才之女子、此度当村方百性与次兵衛受人ニ相立、同村作兵衛方へ養子娘ニ貰請度、尤当年八才ニ相成候小作次郎と申実子有之、末々妻合候趣相違無之、猶亦女房ぎん義去未二月出生之女子有之処、当月十二日病死致、跡乳沢山ニ有之、右乳を以養育仕候段相違無之、右作兵衛へ被差遣候共、末麁抹之取計決而無御座候間、為念村方ゟ引合承知印形仍而如件

文政七申年
十二月廿五日

河州松田郡
諸口村庄屋
三郎平印

大坂茂左衛門町
町役人中

覚

一　銭弐貫文

右者着物料として被下難有慥受取申候、以上

申十二月廿六日　　諸口村
貰親作兵衛
同
受人与次兵衛

住友吉次郎殿

覚

一　銀四拾目也

右者御町内ニ有之候捨子世話方口銭銀慥請取申候、以上

文政七年
申十二月　　明石屋喜兵衛　印
油屋喜兵衛　印

長堀茂左衛門町御会所

右入用左ニ

一　銀弐百目　　養育料　　　一　銭壱貫八百文　　捨子預ケ賃
十二月十七日夜
ゟ同廿六日迄
〆九日

一　銭弐貫文　　衣類料

一　銀四拾目　　口入口銭銀　　一　同　九百文　　大又払

一南鐐壱片　御年寄へ
一同　壱片　町代へ
一銀三匁宛　下役両人へ
一金　百疋　藤七
〆金弐歩
　代三拾弐匁五分
銀弐百四拾六匁
銭六貫三百文
　代五拾九匁八分五り
惣合三百三拾八匁三分五厘

一四百文　蒲団二ツ
一五百文　綿入弐ツ繻絆壱
〆
一同壱貫六百文　会所渡
一弐百文　十二月十八日
支度二人分
一弐百文　廿五日
諸口村行帰り
下宿ニて弐人支度
一三百文　證文引合
一九百文　廿六日
支度九人
〆

二四〇　末家義助出店転宅・商売替届

きせる商売
髪附蠟燭・小間物商売

乍恐口上

一私出店泉屋庄兵衛儀、先達御願申上御聞済之上、四ツ橋平右衛門町ニ而きせる商売仕罷在候処、此度勝手ニ付心斎橋筋大宝寺町角江変宅仕、髪附蠟燭幷小間物商売仕候ニ付、乍恐此段御届ケ奉申上候、以上

文政七年
申十月　御末家
義助印

二四一　別家丈右衛門悴召抱え願

乍恐以口書奉願上候

丈右衛門悴清助
改名彦七

一私父丈右衛門儀、従　御先代様年久敷御奉公被為仰付、首尾能相勤、御家号等被為成　御免、結構別宅奉蒙、難有仕合奉存候、誠御仁恵之余慶ヲ以家族相続候処、親共儀幼年ゟ詰(結)構之御奉公相勤候身分、賤敷業難営御座候哉、被為下置候家督等も遂ニ者亡失仕、難渋と相成候時節、京都従　大旦那様被為　御召登、亦々結構御役義奉蒙難有在勤仕候、其比親共儀年齢相片向候ニ付奉願上、私御銅山表在勤被為仰付、凡五ヶ年余登山仕罷在候内、親共老病差発、京都ゟ下宿之上無程死去仕候、然ル後幼年之族弐人相抱之母之手業ニ養育難相叶、何共歎敷次第、乍恐此段奉願上度奉存候得共、至而無功之私恐多奉存候ニ付、於御銅山奉願上、十八ヶ年已前登坂仕候、其後色々相稼罷過候内、幼年之族漸成人仕、夫々身分相片付候哉ニ奉存候、於只今老母壱人而已程能見立可申之外無御座、於私大慶仕候、然共年久敷世事ニ取纏、家名も絶々と相成、心労仕候而者、弐日之御賀等可奉申上之処、不計も不敬仕候段不埒至極奉恐入候、依之奉蒙御見限候ハヽ、譬遺跡細々相続仕候とも、亡父之霊ニも不相叶候哉、孝義も無御座候段歎敷奉存候、誠累年之間家事苦々敷罷暮、不敬奉相重候段恐入、今更後悔仕候、乍恐右之段奉申上候、

御支配
官兵衛様
御日勤
連　蔵様

何卒格別之御憐愍ヲ以、先例之通被為　仰付候ハヽ、亡父江孝養ニも相成、於私生前之面目誠
難有仕合可奉存候、乍憚右奉願上候通、御披露之上宜敷御執成偏奉希上候、以上

文政七申十一月　　　　　　　　　　　　　　　　　　彦七印

高橋連蔵様

米谷官兵衛様

右願之趣相糺申候処相違無御座、乍恐奥印仕候

松井仁右衛門印

二四二　末家連蔵預金払戻し願

乍恐以書付奉願上候

一私江戸両御店江預ヶ金子、永々結構御利足頂戴仕、難有仕合奉存候、右金子当年切御下ケ奉願
上度候、若御差支無御座、御勝手不苦候ハヽ、御聞済被為成下候様、御取成被仰上被下度奉願
上候、以上

申十一月　　　　　　　　　　　　　　　　　　御末家
連蔵印

旦那様

官兵衛殿

二四三　末家次兵衛預金払戻し願
産物問屋商売

乍恐書付ヲ以奉願上候

一私御本家様御影ヲ以家名相続仕難有仕合奉存候、然処先達而産物問屋商売仕候処、諸国客舟受

荷物の売捌きが年内に間に合わず、仕切銀の支払いが出来ない

方宜、日増ニ入津多、追々繁昌仕候、是全　御本家様御影と偏ニ難有奉存候、然ル処此節入舟一時ニ相成候処、最早年内余日も無御座相成候ニ付、荷物売捌方年内ニ出来不申、依之仕切銀相渡候義ニ御座候処、右入舟数口ニ御座候故、余程之銀高ニ相成、差当り当惑仕候、右ニ付甚奉恐入候得共、私先祖ゟ御預ケ銀之内銀六貫目、此度御下ケ被為成下候様奉願上候、何卒御聞済被為成下候ハ、、諸向都合能仕、重々難有可奉存候、右之通御聞済被為成下候様奉願上候、

以上

申

十二月　　　　次兵衛印

御本家様

御支配御衆中様

二四四　離縁願　手代勘七妻

乍恐口上　　（朱書）「酉六月
此願書再縁願ニ依而
聞済候ニ付、書付下ケ遣ス」

一御末家泉屋治兵衛妹まさト申者、先年ゟ愚妻ニ貰ひ受御座候所、一子出生仕、当年九才罷成候与三郎儀私方ニ相残シ置、右まさ儀家風ニ合不申候ニ付、無是非此度離縁仕候、此段御聞済置被成下候ハ、、難有奉存候、已上

文政七申年十二月　　　　泉屋勘七印

御支配

官兵衛様

右奉願上候ニ付、乍恐奥印仕候

泉屋仁右衛門印

○右の文書は朱線罰点にて抹消してある。

二四五　縁組　上林六郎妹

覚

一上林六郎殿妹今度膳所本多下総守様御惣領家、当時御家門並本多伊織之助様方へ縁組被致候段、吹聴申来り候、尤知行千石ニ而無役之由致承知候事

文政八酉正月十九日

右ニ付為歓使者遣ス、則進物左ニ

一白縮緬壱反

一扇子　壱筥　五本入　台附

〆

二四六　妻帯願　末家太兵衛

乍恐以書附奉願上候

一私義妻呼迎之義、是迄取結仕度候所、幸今度私生国播州魚崎村油屋彦太夫妹冬と申者、相応之年輩ニ御座候間、縁談取組申度奉存候、尤悴房次郎と申者御座候ニ付、是又養子ニ申請、一流ニ引取申度奉存候、且親類之者共夫々聞糺候所、家業も正敷人柄も不苦候様相聞申候、則名前下ケ紙ニ相記奉申上候、左候得者早々取結仕度奉存候間、何卒宜敷御聞済被為成下候ハヽ、難有

仕合奉存候、此段可然御執成之程奉願上候、以上

文政八酉年正月

御末家
太兵衛印

右之通被願上候趣承糺候処、相違無御座候間、御聞済被成下度、依之奥印仕候

御末家
又右衛門印

御本家様
御支配
官兵衛殿

下ケ札名前

魚崎村
重郎左衛門

同村
九兵衛

二四七　末家杢右衛門借銀願

質物商売

乍恐以書附御願奉申上候

一　私儀、以御蔭年来質物商売相続仕来、誠難有仕合奉存候、然ル処只今之借宅拾ケ年之歳限約速(束)ニ而借用仕罷在候処、昨申年限ニ而年限も相済、右家明渡候様家主ゟ申出候、尤遠方江変宅仕候ハヽ、相応之場所も可有之歟ニ御座候得とも、左候而者得意ニ相離れ、商売之不勝手而已ならす、得意先も悉惑(迷)仕候ニ付、当辺相はなれ遠方江も参かたく、甚痛心仕居候処、幸近隣うつほ町ニ表間口四間、裏行拾六間半余有之候売家出申候ニ付、承合見候処、居宅普請も新鋪土蔵付ニ而、随分下直成ものニ御座候ゆへ、直段銀拾弐貫目ニ相談取極メ申候、乍去迚も私自力ニ相叶かた

く、右家引当家賃　御取請被為成下候様、猶内普取繕以釘付之品者勿論、其外建具等迄も不残奉差入度候之間、右銀高程何卒拝借被為　仰付被下候ハヽ、子々孫々ニ至迄家業永続仕度、広太之御慈悲冥加至極難有仕合奉存候、尤右御願奉申上候銀高之内、少々ニ而も相減御願奉申上度、種々勘弁仕見候得共、商売方仕入銀ニ相用申候ニ付、夫を取かき候而者、商売方不操合罷成候ニ付、不得止事、右之銀高御願奉申上候、御聞済被為　成下候ハヽ、返上納之儀者年毎ニ壱貫目宛元銀之内江可奉上納仕候間、何分御慈計之程重々奉願上候

右之通御座候間、幾重ニも御執成之程宜鋪奉願上候、以上

文政八酉正月　　　　御末家
　　　　　　　　　　杢右衛門印

右之通被願上候趣承糺候処、相違無御座候間、御聞済被成下度、依之奥印仕候

　　　　　　　　　　御末家
　　　　　　　　　　又右衛門印

御本家様
　御支配
　　官兵衛様

二四八　松山藩諸郡貸付米利息引下げの再考を願う

一松山様　日光御用被蒙　仰候ニ付、郡中へ御用金被　仰付、猶又当方米壱万俵御預ケ利米之分、利下ケ被　仰付候得共、是者銅山方稼人飯米手当之義ニ付、矢張是迄之通被　仰付候様歎書差出、右御聞済有之、其替り別段白銀三百枚、銅山方支配卯兵衛名前ニて白銀拾枚差上切ニ致候事、予州ニ而願書差出候写左ニ

(朱書)「△」乍恐以書附奉歎上候

貸付米の利足は別子銅山稼人の飯米手当としているのでこれまで通りの利足を願う

一　御銅山非常之備米壱万俵、是迄　御上様之御苦労御高恩ニ罷成、年々利米稼人飯料手当ニ相用、冥加至極難有仕合奉存候、然処此度七ヶ年之間利米半減ニ被　仰付候段被　仰出奉畏候、乍併近年世上歩安ニ有之候上、御定利之内定式減少ニ相成居候儀ニ付、口銭米引去候得者引残歩米纔之儀ニ御座候間、何卒減少之義者御慈計を以是迄之通被　仰付候様仕度、此段偏奉歎上候、

以上

文政八酉年正月　　　大坂住友吉次郎代
　　　　　　　　　　　泉屋卯兵衛

宛なし

右利下ニ致候時者、郡中へ奉公之様相当り候故、別段廉立差上候様取計致候事

二四九　借銀願　末家喜兵衛

別子銅山入用醤油商売

乍恐以書附奉願上候

私儀、

商売方之儀、従先祖不相替奉始　御本家様、予州御銅山御入用醤油御注文被仰付、御影を以数年来渡世仕候段、誠ニ以冥加至極難有仕合奉存候、然者私儀八ヶ年前ニ親共ニ相離レ、乍幼少跡目之儀御願奉申上候所、結構御聞済被為仰付、是又難有仕合奉存候、尤其砌ハ御末家七右衛門其外伯父ニ江戸屋七兵衛と申者御座候而、季々勘定縮ハ不不(衍)申及、諸向内外不寄何事ニ預世話居申候内、七右衛門儀者最早故人ニ相成、於今七兵衛商売方見結(給)差図請、無油断相働居申候、然ル所親共ゟ引受之節者何之弁も無御座、縁類共立会之上惣勘定有物等仕候所、商売方之余金銭等者一向貯方無御座、只御銅山御用向而已専ニ致、御売上ケ口銭相戴、猶其余町内年寄役被相勤、則右為

新居浜での醤油買入れが始まったため注文が減少

役料年々銀壱貫四五百目程ツ、余情御座候而、内間諸入用ニ間渡り御座候得共、実ニ其頃迚も手一盃之儀と愚察仕候而、中〳〵渡世之儀者不容易儀と兼而相心得居申候、扨又其後余程地廻りニ得意方ハ相増候得共、代々奉蒙　御厚恩　御銅山方御注文壱ケ年ニ樽数千挺程ツ、御用向被仰付、千万難有仕合奉存候、依右猶々醤油入念差上来り候処、近来新居浜御方角ニて段々御買入相始り、私方ハ年分ニ六百五拾丁ゟ七百丁位迄御注文被下置、是以難有仕合ニ御座候得共、以前之振合ニて者弐百丁又者三百丁程ツ、御減少被仰付、右奉頂戴候御口銭幷ニ町役料壱ケ年ニ壱貫四五百目、合凡壱貫六七百目余り程ツ、忽相減シ、一向内間六ケ敷、何共心痛仕申候、尤去ル巳年前年之振合ヲ以前借奉願、壱ケ年ニ五百目ツ、返上納可仕候所、前文ニ奉申上候通り　御山許御注文不足ニて当時年賦壱〆八百目余不納ニ相成御座候、何れ此儀者当年無間違御返納可奉申上積りニ御座候、先右之仕合ニて時々諸味薪現銀買入、御当借等御願も得不奉申上、無拠節季迄延買入ニ仕御座候得者、猶々不勘定ニ相成至極心配仕候、何分右之運ひニて者永続も難仕、甚以歎ケハ敷奉存候、

醤油だけではなく諸味も扱えば利廻りが良くなる

折柄私方へ出入仕候諸味中買之者ゟ承り居候者、市中醤油屋ハ沢山ニ候得共、右一商売ニ而ハ迚も難引合、諸味ヲ仕入、内々入用者勿論、其余時々模様ニ寄、売買無之而ハ眼前之損毛、手仕込有之時者捌方も早々、素ゟ利廻り宜ク旨申居候、成程此儀者親共ゟも兼而承知も仕、買入諸味ニてハ余程之損毛ニ相成申候、依右此頃縁類共段々相談仕見申候処、何れも至極尤ニ承知致被呉、格別之出銀者難出来候得共、銘々申合セ世話方致候様申候儀ニ付、右両商売仕見申度奉存候、

諸味仕入のため拝借銀を願う

就夫私浜蔵之儀棟も落込、五ケ年前ゟ(非)普請も仕度含ニ御座候得共、右諸味之存立も無之ニ付、先不用と存、其儘ニ仕置候得共、是悲此度者解払、納屋同前之儀ヲ仕、右諸味仕入申度、時節柄奉

恐入候得共、何卒御憐愍之御沙汰を以御銀六貫目御拝借被仰付被為　下置候ハヽ、広太之御慈悲
御影ヲ以難有永続可仕候、尚御返納方ハ当年者右年賦不納壱〆八百目余ヲ相納、明戌年ゟ向未年
迄拾ケ年賦被為　成下候ハヽ、猶々難有仕合奉存候、何分乍恐前文之次第被為　聞召訳、願之通
り可然御執成被仰付被下置候様、重畳奉願上候、以上
文政八酉年正月　御末家　喜兵衛　印
右之通被願上候趣承糺候処、相違無御座候間、御聞済被成下度、依之奥印仕候
御末家　又右衛門　印
御本家様
御支配人
官兵衛様

二五〇　末家太兵衛妻・養子御目通願

乍恐以書附奉願上候
一先頃私妻呼取之義御願奉申上候処、早速御聞済被　仰付難有仕合奉存候、左候得者乍恐近々何
等以御序之節妻ふゆ幷養子房次郎共何卒御目通被為　仰付候ハヽ、重々難有仕合奉存候、此段可
然御執成被成下候様奉願上候、以上
文政八酉年二月　御末家　太兵衛
御本家様
御支配
官兵衛様

二五一 末家故卯三郎借銀返済猶予願銅商売・伊勢御師仕送り

乍恐以書附奉願上候

一 卯三郎名跡銅商売幷伊勢御師仕送り等家業、御蔭を以相続仕候段冥加至極難有仕合奉存候、然ル処故卯三郎死去後、当用借財火急ニ被取立、忽家業可及退転、歎ケ敷必至困窮罷在、不得止事 御本家様拝借年賦上納之分御猶予奉願上候処、御慈恵之御沙汰を以結構被 仰付、無難是迄相続仕、世評も宜取引も手広ニ相成、誠以冥加至極難有仕合奉存候、則当酉年ゟ年賦上納可仕処、打続不幸存外之雑費相懸り、且他借急卒返済之口々、夫々訳立仕候ニ付、当時元手薄相成、外融通之義も私女之義万事行届兼候得共、別家共厚致世話呉、幷店方之者一統出情相励候ニ付、相応間渡り候段、全御余光故之義と朝暮亡却不仕、難有仕合奉存候、此上奉願上候義者重々奉恐入候得共、何卒年賦上納向亥年迄今三ケ年之間年延被為 仰下置候様奉願上候、左候ハヽ、当時打捨置候破損之場所追々雨洩候ニ付、少々取繕ひ申度、猶又家業太切倹約専ニ仕、先祖家名取失不申候様成行候ニ付而者、追々御上納無滞可仕志願ニ御座候間、格別之御仁恵ヲ以右願之通御聞済被為 成下候ハヽ、広太之御慈計難有奉存候、以上

文政八乙酉年二月

いく

卯三郎別家惣代 藤兵衛

年行司 義助

仁兵衛

前書之通相違も無御座候ニ付、奥印仕奉願上候

又右衛門

御本家
　御支配
　　官兵衛様

二五三　綿屋市兵衛よりの掛屋敷譲替願を断る

綿屋市兵衛殿ゟ来状幷返書之控

以切紙啓上仕候、追日春暖御座候、弥御勇健可被成御座珍重御儀奉存候、誠先日者御存外之義御頼申上候処、御返答之趣至極御尤恐入候、此義元来申上兼候得共、不成外様年来格別御懇意被成下候故、無覆(腹)臓御歎申上候処、御返答之趣承知仕候、思召之程赤面之至重御面会之程も恥入候程之義、後悔御憐察可被下候、乍併昨年已来覚書を以申上候通、多年困窮之小家全貴家様御深切ニ而是迄相凌、漸此節暮方仕法聊相立候ニ付、猶永久相続之一助ニも可相成筋取組置申度、乍此上御助成奉希候、彼是申上、唯々勝手へ引付候様ニ相当り候而者却而是迄御代々者勿論、不相変御懇意を相失ひ候道理ニ可被思召哉と、是而已恐入候得共、若此時節取逃し候ハヽ、重而時節無御座様ニ成行可申候歟ニ奉存候間、何卒曲而御勘弁被成下間敷哉、迚も先日之御返答ニ対しとかふ可申上筋無之、其段ハ相弁罷在候処、初一念難止、不顧御腹立之程、又候御願申上候、呉々御推察偏奉希候、夫ニ付重々失礼ニ御座候得共、自然後々御代江之聊被仰訳之ため、此度私ゟ達而御歎申上候故、実々無御拠御譲戻し被下候御趣意具ニ相認、一札成共御取被下候事者如何可在御座哉、何分御太切之御抱屋敷寸地ニても無謂御譲被下候義ハ無御座段、一札差入、右御頼格外ニ御聞入御許容被成下候ハヽ、文言如何様共御差図次第取計可申候、何れ任御心易失礼而已申上候、其段

御用捨可被下候、先者右之趣申上度如此御座候、必々御逆鱗被下間敷候、已上

二月廿二日　　綿屋市兵衛

住友吉次郎様

銅山御用のため抱屋敷を書入れ

貴札拝見仕候、追々春暖相催候処、弥御勇健被成御座珍重之御儀奉存候、誠先日者抱屋敷譲之義御申被下候得共、無拠訳合有之御断申上候処、猶又御細書被下、夫々御尤之義具ニ承知仕候、乍併此義者先日も御断申上候通、買得之義者格別、譲替之義者難出来儀ニ御座候、其訳と申者、外之義ニ而も無之、前々ゟ持伝候抱屋敷相減候義、先祖へ対シ申訳無之、尤拙者一存ニ而も難取計、老分幷重立候者共存意も有之、猶又先年親類共之内へ抱屋敷相譲候処、所持難相成、本宅へ相談も無之売払申候、然ル処右屋敷者外屋敷と違、実ニ由緒有之候故取戻シ申度、色々手を入候得共、不相応高価之義申之、無余義取戻シ方出来不申、甚残念至極ニ奉存候、其節家規相立、以来抱屋敷譲渡之義決而不相成候趣申伝有之候、猶又当方抱屋鋪者世間諸家と違、大造之御銅山方御用相勤候ニ付、抱屋敷等請負之内へ書入も有之、其外臨時手当ニ備置候訳合も有之、増殖者好所ニ候得共、減少仕候而者其筋へ御届ケ不申候而者不相済哉之振合も有之候ニ付、折角被　仰下候得共、当方家規ニ相洩、不得止事御断申上候、右様押而申上候義何共御気之とく御座候得共、前文之仕合宜敷御汲取可被下候、先者右之趣貴答申上度如此御座候、已上

二月廿三日　　住友吉次郎

綿屋市兵衛様

二五三　暇願　手代文兵衛

乍憚願書

一私義先年ゟ再勤之義奉願上候処、御聞済被為成下、実ニ旧来之御厚恩重畳難有仕合奉存候、然ル処病身ニ付御奉公難相勤候故、無拠御暇被　下置候様奉願上候、乍併年来奉請御厚恩候身分御座候得者、生涯御館入可仕候段御聞済被為　成下候様奉願上候、右之趣宜御執成奉頼上候、以上

酉三月　文兵衛印

御支配
官兵衛様

右暇差遣候ニ付、銀三百目目録其外古借之分半通用捨

二五四　召遣に家号下賜願　末家仁兵衛

乍恐奉願上候

一私是迄召遣候安兵衛と申者、年来無滞相勤候ニ付、此度休足之上順慶町弐丁目ニ而木綿小売為致度奉存候、右ニ付　御家号差遣申度奉存候、此段御聞済被成下候様奉願上候、以上

文政八酉年三月　御末家
泉屋
仁兵衛印

御支配
官兵衛様

二五五　銀再願　手代宗七借

一　乍恐以書付奉願上候

私義、

江戸店転勤の支度や宿元に銀子を残しておくため

先達而無拠儀ニ付拝借銀奉願上候処、御聞済被為　仰付冥加至極難有仕合奉存候、然ル処此度結構東府詰被為　仰付、重々難有仕合奉存候、右ニ付少々支度も仕度、且者私宿元甚難渋ニ御座候間、少々之銀子残し置度奉存候、夫故又候恐多御儀奉申上兼候得共、先達而拝借銀共都合銀高壱貫目拝借被為　仰付候ハヽ、難有仕合奉存候、何卒此上之御憐愍を以御聞済被為　仰付候様、御執成之程宜御取計被成下候様偏ニ奉願上候、以上

文政八酉年三月　御内 宗七

御本家様

御支配 官兵衛様

二五六　末家故半右衛門後家館入継続願

乍恐以書付奉願上候

一　私義、

数年来蒙御高恩御影を以取続仕候段冥加至極難有仕合奉存候、然ル処悴半右衛門義段々不束之義在之、対　御本家様江不埒至極之義可申上様も無御座候ニ付、聊不便とも不存、其儘捨置、相構不申候、私義ハ当時野田町親類共方ニ孫半次郎召連罷在候故、半右衛門義旧来蒙　御高恩身分、私迚も同様之義此儘過行候而者何共歎ケ敷奉存候、何卒私義者不相替御館入被　仰付被下度、為冥加之式日等相勤申度奉存候、何卒此義御聞済被為成下候ハヽ、広太之御慈悲重々難有仕合奉存候、以上

三月　故半右衛門後家 貞松

前書之通相違無御座候ニ付、奥印仕奉願上候、以上

行司
御末家　仁兵衛印
同　義　助印
又右衛門印

御支配
官兵衛様

二五七　松山藩へ冥加銀上納　諸郡貸付米利息の引下げは断る

松山表旱損幷日光御供被仰付候ニ付、御領分江御用金被仰付候処、村々ゟ差上米上納金
（朱書）「△」等有之、然之(依)当方貸附米も歩下ケ被仰付候得とも、是者銅山手当米之事ニ付御断申上、
別段差上銀改之事

乍恐以書付奉願上候

当御領所ニ而数年御銅山奉請負、以　御蔭渡世無恙仕候段難有仕合奉存候、依之為冥加左之通奉
差上度奉存候、何卒御請納被為成下候ハ者難有仕合奉存候、此段奉願上候、以上

一白銀三百枚　御銅山師　住友吉次郎
一同　拾枚　御銅山支配人　泉屋卯兵衛
〆

文政八酉年二月
住友吉次郎代
泉屋卯兵衛印

御差上銀差出方の図

白木台に白銀其儘に積かさね、奉書竪三ツ折、中ヲ水引にてくゝり、白銀三百枚として銀子の上に置、外ニのし包添ル、前へ御名札紙張事

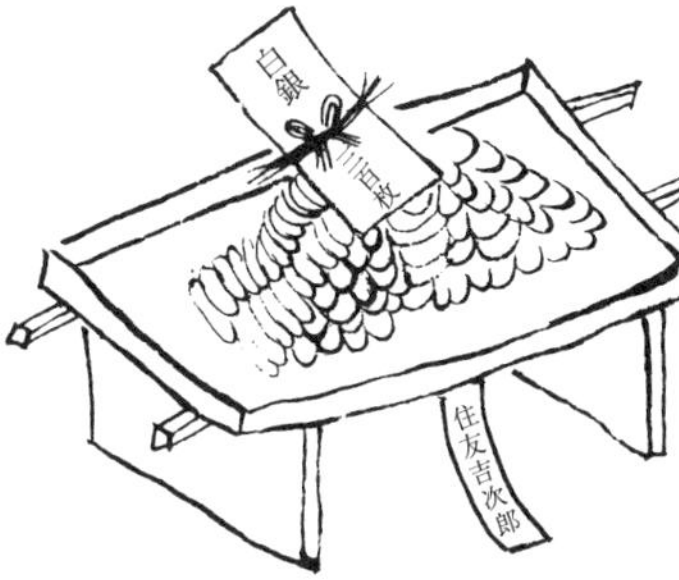

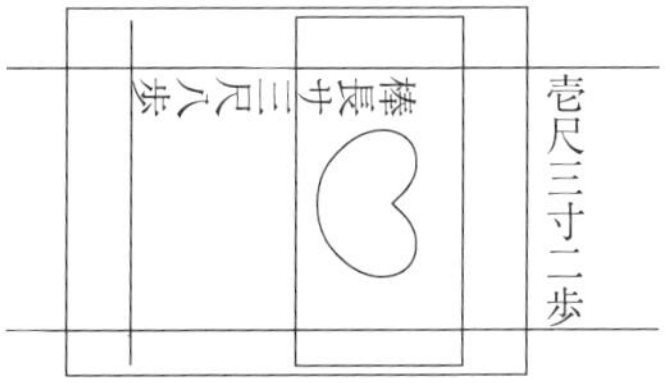

縦板厚サ惣而壱寸

三百枚裸銀ニ而丁銀積上ケル

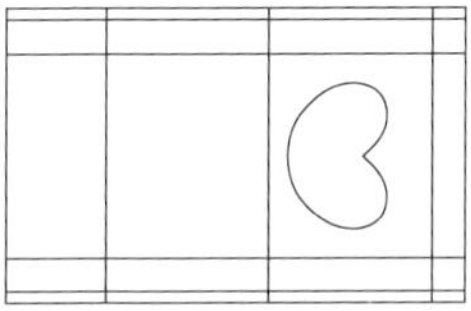

銀拾枚方ハ掛屋包ニ而乗せ差□之事

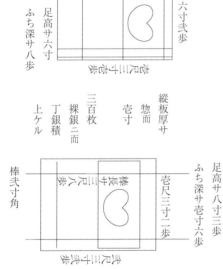

大小寸法右之通ニ御座候

酉四月五日　大工次平

覚

一銀三百枚ハ　住友吉次郎分

一銀拾枚ハ　泉屋卯兵衛分

右者差上銀請取申候、以上

酉
四月五日　御勘定所

天羽作之丞殿へ

二五八 武家方へ洪水見舞

一文政八酉年四月廿八日夜五ツ時前ゟ雨降出し、五月二日朝迄昼夜共大雨ニ付、二日昼前八尺余り之洪水ニ相成候故、則水見舞相贈り候御屋鋪左ニ

徳島藩

阿州御屋鋪

御留主居　坪井平右衛門殿

酒五升

御勘定　小寺恵左衛門殿

福嶋増五郎殿

同弐升宛

御米奉行　寒川広太殿

山内佐和太殿

右甚次郎分

一橋家

一橋御代官所
酒五升　木下徳太郎様

明石藩

酒弐升宛
多田安太郎殿
増島権六郎殿
田口亀吉殿
本田助太郎殿
松本金吾殿
岡田一之進殿
渡瀬左金吾殿
本多直三郎殿
柏木平太良殿
〆

同弐升ツヽ　御門番中へ
并木屋太介

明石御屋鋪
酒三升　御留主居
大畠官兵衛殿

同弐升ツヽ
平野利助殿
高嶋忠次殿
〆

外ニ
酒弐升　富島家守
中屋嘉兵衛へ

右之通持参ニ而孝三郎出勤、其外蔵御屋鋪者夫々見計御手札計ニ而廻勤致候事

〆

二五九　水野忠邦より袷・扶持下賜

水野左近将監様従於江戸表、名代晋右衛門幷惣輔御呼出之上御手自被仰付候、尚於　御殿右名代之者江種々御料理被仰付候上、御上下一具拝領之旨申越候事

袷一着麻絹上下

右之通被相贈之

五月三日　住友吉次郎

勝手向之儀追々預世話候付、乍少分向後拾人扶持被相贈之

五月三日　住友吉次郎

二六〇　松平康任より十人扶持下賜

松平周防守様御勝手御掛屋相勤候ニ付、江戸中橋店へ拾人扶持被下置候目録

拾人扶持　住友吉次郎

勝手向之儀追々被相頼、彼是実意取扱有之趣、周防守委細被承之、満足被存候、依而扶持方目録之通被相贈候

文政八酉三月廿日

二六一　暇願　末家義助悴

乍恐口上

一悴芳松儀長々御養育被為成下冥加至極難有仕合奉存候、然ル処私儀及老年候ニ付、悴江商売向為見習置度奉存候間、何卒御暇被為下候様御執成被下候ハ者難有仕合奉存候、以上

文政八年酉五月　御末家　義助印

御支配
官兵衛様

二六二　借銀願　末家治兵衛　諸国産問屋

乍恐書付を以奉願上候

一私義先達而諸国産問屋相始メ仕来候処、諸客船受能荷物入津相増、追々商売繁昌仕候、是全以御本家様御蔭と難有仕合奉存候、然ル処此度入津一時ニ相成、余程之仕切銀ニ御座候処、手薄之私ニ御座候得者、右仕切銀差支当惑仕候、依之奉恐入候得共、私御預ケ銀五貫五百目、外ニ御銀四貫五百目、都合拾貫目当座拝借奉願上候、御返上納之儀者荷物売捌、当十月晦日限急度皆上納仕候、御利足之儀者宜敷被為仰付可被下候、右之通被為聞召訳、何卒御聞済被為成下候ハ者諸客船都合能舟仕舞仕、其上相応之利分相成、広太之御慈非(悲)難有仕合可奉存候、以上

四月　治兵衛印

御本家様
御支配官兵衛様

二六三　末家故重右衛門娘館入御免願

乍恐書付を以奉願上候

一　私義、先達而重右衛門名跡結構被為　仰付冥加至極難有仕合奉存候、然ル処故重右衛門実子幼女照と申者流浪仕居候ニ付、私無子、末々者養子も仕度存心ニ御座候得者、幸照女貰請養育仕候、追々生長仕、行年十才ニ相成申候間、表立御館入被為　仰付、尚又五節句御礼式も相成候義御免被為　仰付候ハ者、先祖之者格別ニ可奉存候、此段御聞済被為　成下候ハ者重畳難有奉存候、何卒　御前躰宜御執成奉願上候、以上

文政八乙酉年三月

御内
重右衛門印

御支配
官兵衛様

二六四　実相寺より修復助成願

以書付御頼申度候口上覚

一来ル戌之正月於拙寺宗祖円光大師御忌巡勤之当番ニ付、本堂庫裏寺内等惣而破損之場所修復相加へ申度候間、乍御苦労御頼申度候、依之檀方中江相頼可申積りニ御座候得共、近来檀中も御別家中者格別、余者貧檀計、漸々拾四五軒而已ニて行届兼候、右ニ付修覆之場所者数多有之候得共、差当り本堂仏前始、御先祖牌前廻り、後堂相繕、座敷者日差葺替幷畳表替等者、御苦労ニ候得共御本家江御頼申度候、尤昨年者当春之初登山ニ付、法衣等御苦労被成下候故、相重り候段気之毒ニ御座候得共、是も門中之定式、寔ニ大切之法要ニ付不得止事御頼申事ニ候間、御察解之上何卒御助成被成下候様宜敷御取計偏ニ頼入候、以上

文政八酉年四月

実相寺印

住友御支配
泉屋官兵衛殿

右之外仏具不足物等相求、損じ物惣直し料、幷ニ膳椀・家具・瀬戸物類不足勝ニ付、此度三拾人前相揃申度候儀者、御別家中始外檀方中江分限相応ニ軒別ニ相頼可申積りニ御座候得者、前文之一条者呉々も御承知被下候様頼入候、已上

二六五 御肴御用佐田屋十兵衛出入継続願

一 乍恐書付を以奉願上候
一 御当家様御肴御用御出入被為 仰付被下而ゟ数年来家名相続仕候段、是全 御上之御影と広太難有仕合奉存候

一 私義段々老年ニ及、家名相続仕来親共之家名悴十兵衛へ家名相渡候処、御出入不相替被為仰付被下候段重畳難有仕合奉存候、然ル処近年段々と不仕合ニ付、御恩借も相重、大借と相成重々奉恐入候、尤幾度となく御厚情を以御すくゐ被成下、御冥加ニあまり難有仕合奉存候、且又此度十兵衛義 御上之思召ニ不相叶、御出入御差留ニ相成、他家へ御用等被為仰付候趣ニ相成、仍之大ニ心病(痛)仕、御詫ヒ仕候事も途方暮、何共無手段奉恐入候、日々心症(痛)仕、親類共打寄相談仕、段々申付、以来心得違不仕候様申聞せ候処、十兵衛甚以奉恐入候間、老年なからかいぞへ仕候而成共、思召ニ叶候様ニ仕度存心ニ御座候故、何卒格別之御憐愍を以此度之御出入之儀御用捨被成下候ハ者、先祖へも申分ケ相立、御高恩之程広太難有仕合ニ奉存候、此儘御出入も差留り候ハ者、老年ニ及先祖へ申わけ相立かたく、尚又 御本家様江御出入不相叶、御差留ニ相成候ハヽ、外々之取引も差留り、家名も今日

限と相成、家名断絶仕候段甚以歎ケしく、然ル上者当所ニ住居仕候事難相成様奉存、先祖へ不孝之上不孝ニ相成、重々歎ケしく心症仕候、何分以来心得違不仕候様御用等大切ニ可仕候間、今一度御出入之儀是迄之通不相替御憐愍を以御用被為　仰付被下候ハ者、広太之御慈悲難有仕合奉存候、且又内間銀談之儀も追々取〆仕法立仕、出銀方之所もいろ〳〵と工夫仕居申候事故、随分御恩借も不仕候様急度相心得可申候間、何卒此度之御願御聞届ケ被成下候様偏奉願上候、以上

文政八酉年四月

佐田屋
辰
十兵衛
付添
藤　七

御本家様

二六六　暇願　銅山勤　手代源三郎

御銅山ニ勤居候
源三郎　伯父
河州八尾木村
越　尾　淳　安

同　請人
同村
奥田長左衛門

乍憚口上

一源三郎父安兵衛九ケ年前相果、祖父平助相勤居候処、老衰長病ニ而旧冬十月死去仕候、其後源三郎兄安兵衛相続仕候処、不図去ル十二月中旬ゟ傷寒相煩、種々療養仕候得共無其験、当正月廿九日落命仕候而、当時老母若輩之娘両人ニ相成難立行、親類共打寄商議仕候得共、何共致方

無之候ニ付、源三郎義以御憐愍御暇申請、右困究之母娘致養育候様仕度候、寔ニ源三郎義幼少より莫太之奉蒙　御恩育、未九牛か一毛も御奉公不相勤、中途ニ而奉乞御暇候段甚以恐入候得共、何卒以御仁慈御暇を被為下候ハ者、無此上御慈悲難有仕合ニ可奉存候、乍憚右御許容可被成下候様宜御取成可被下、幾重ニも奉希上候

文政八乙酉年　　　　河内八尾木村
　　　　　　　　　　　　淳　安
　　四月三日
　　　　　　　　　　同村
　　　　　　　　　　　　長左衛門

御本家
　御台所中
　　御人々

二六七　江戸中橋店・浅草店へ申渡し

今度江戸中橋店へ申渡シ候掛札之控

掟

(朱書)「㋐」(朱書)「壱」
一御公儀様御法度賭之諸勝負堅相守、御触之趣常々出入方幷下男共へ得と申聞、心得違無之候様精々遂吟味候事

(朱書)「弐」
一御勘定所
＊
一一橋様
一田安様

三田御役所町用者当役相勤、其外諸家様出勤之儀、当役堅御断申上候而、名代之者諸事御用弁可申上事

（朱書）「ア」一（朱書）「三」諸家様御役人様方御入来之節不敬無之様大切ニ御会釈可致、若麁酒等差上候節者懸り之外者白昼給酒致間敷候、大切之金銀取扱候ニ付、万一手違出来候而者不相済儀堅相慎可申事

一（朱書）「四」於諸家様金銀員数書入可申節者、役頭壱人、若手壱人罷出、得と立会見届ケ可申、尚又金銀受取、印鑑向々差出置、右合印持参無之候ハ者御渡方可為御無用御約定之事

（朱書）「ア」一（朱書）「五」火之元第一之義、子ノ刻替り起番致し、拍子木を打、夜中家内見廻り可申事

（朱書）「ア」一（朱書）「六」初更限りニ而出入之口々門差卸、手代分不残顔付致、当役可相改事

（朱書）「ア」一（朱書）「七」非常之義肝要ニ候間、平日心掛、家内人数役割致置、土蔵戸前并穴蔵等入念いたし、其外御用書物類大切之帳面等一番ニ持出し、宰領付最寄宜場処へ立退候事

年月請判帳・表状

（朱書）「ア」一（朱書）「八」手代子供下男ニ至迄、出勤年月請判帳へ相記、請状等入念取置、其時々表状ニ而本店江相届ケ可申事

（朱書）「ア」一（朱書）「九」新元服三年之間、子供同様相心得候事

（朱書）「十」
一当役之外、紬以上着用之儀遠慮可致候事

但、名代者格別

（朱書）「十壱」（朱書）「㋐」
一当役者町名前人事ニ付、自分印形たりとも直印同様之事ニ候間、諸事大切ニ取扱、人請合等自己之之儀可為遠慮候事

（朱書）「十弐」（朱書）「㋐」
一家業躰金銀大切ニ取扱候儀者勿論、日々出入算用過不足相糺、無相違候所見届ケ置、月々勘定相縮メ候上、両店互ニ立会相改可申事

（朱書）「十三」（朱書）「㋐」
一算考利方之売地面出候而買求可申節者、本店へ掛合、其上ニ而応対可致候、并是迄所持之地面之内借人無之場所者、地主ゟ家建かし候事も有之由、右等之節も本店へ申談シ相計可申候、其外居宅掛屋敷之繕普請者格別、新ニ建直し候節も同断ニ相心得可申事

（朱書）「十四」（朱書）「㋐」
一利附貸附金借主譬丈夫たりとも大数ニ不及様取計可申候、其外是迄（朱書）「○」無利足ニ而五両、拾両ゟ百両已下之貸数口相見、其取立方不行届有之候、此等之分応対通手続を以追々取立可申候、右取立不相済候内者、出入方又者懇意先キたりとも取替金一切相断可申事

（朱書）「十五」
一諸家様為替等御取引之外、臨時出銀御頼込在之候ハヽ、本店へ掛合之上御返答可申上候事

新規館入は断る

一（朱書）「十六」為替請取方延引致候ハヽ、日廻し利足等受取可申事ニ候得共、得と取極メ、余り不及延引候様僉儀可致事

一（朱書）「十七」諸家様ゟ御扶持方、其外拝領物等在之候ハ者本店ゟ御礼状差上候義ニ付、早々可相達、不敬無之様取計可申事

一（朱書）「十八」新規御館入之義者堅御断可申上、万一無余儀筋合も候ハ者本店へ得と示談可相遂候事

一（朱書）「十九」諸家様方御證文類幷取引先證文類等御印形相改、大切ニ取納置可申事

右之趣堅相守、一統倹約致し、和順精勤可致候事

酉
五月　　　吉次郎

○＊印の箇所の括弧は朱線で記されている。

浅草店江申渡掛札、准中橋候、併少々ツヽ差略有之、中橋同様之文面者番附を以可見合、加筆之文面者左ニ記

掟

一壱　　一弐（朱書）「除ク」　　一三（朱書）「中諸家様除キ
浅札旦那様と記ス」

一四（朱書）「除ク」　　一五　　一六

一七　　一八　　一九

一　十　(朱書)「除ク」　　一　十一　(朱書)「除」　　一　十弐　(朱書)「札差此文中橋文面之家業躰之書出しニ認メル」

一　十三　(朱書)「算考ゟ幷ニ迄除キ、是迄ゟと言文面ゟ認ル」　一　十四　(朱書)「利附ゟ其外迄除キ、是迄と言文面ゟ認メル」　一　十五ゟ十九迄　(朱書)「除キ」

札差以外の利貸しはしない

一(朱書)「加筆」札旦那様方御判物類入念相改、大切ニ取扱可申、幷諸證文類同断之事

一(朱書)「加筆」札差家業之外者利附貸先有之候共、出金之義一切差留置候間、一統堅相守可申、若利方宜存寄も在之候ハ者、本店へ申談之上取計可申事

一(朱書)「加筆」浅草店甚左衛門名前直印之事ニ付、格別大切ニ取扱、札差幷町用之外金銀又者人請合等都而自己之取計決而致間敷候事

〆

奥書前同断

右両通両店へ五月廿一日差下ス
(朱書)「但、中橋十九点
浅草十三点」

二六八　別家彦右衛門へ家督銀遣す

覚

一　銀五百枚

此銀弐拾壱貫五百目
代金三百三拾五両三歩
永百八拾七匁五分
両替六拾四匁割

右之通彦右衛門江御目録可下置分慥請取申候、同人相渡可申候、以上

酉五月十四日　　　浅草
　　　　　　　　　　店

中橋御店

請取申銀子之事

右者家賢(督)為結構被為下宜(置)候、御目録銀難有慥奉請取候、以上

文政八酉年五月　　御別家
　　　　　　　　　彦右衛門
　　　　　　　　　彦　兵　衛

御支配
半兵衛様

二六九　居宅続吹床前屋根普請につき足場莚囲設置願

乍恐口上

一私居宅続鱣谷通り東堀大道ゟ西江三拾壱間、御用銅吹床前之内、屋根雨漏候ニ付、桁行弐拾間

住友吉次郎
病気ニ付
代新次郎

半之間普請仕候ニ付、足場莚囲仕度候、尤往来之妨ニ相成不申様可仕候間、何卒御聞届ケ被成下候ハヽ、難有仕合奉存候、乍恐此段以書附奉願候、已上

文政八酉年　　　　新次郎
六月七日

御奉行様

二七〇 松山藩より御紋付羽織下賜

文政酉年二月松山表江差上物致候ニ付、同六月被下物有之候御達し書写

大坂住友吉次郎
銅山支配人
泉屋卯兵衛

住友吉次郎、此度差上物致候段寄(奇)特之儀ニ付、御紋付縮緬袷御羽織壱被下置候間、此段同人江被可申聞候、且又其方儀右同断差上物致候段寄特之儀ニ付、御紋付麻上下壱具被下置

〆

二七一 再縁願　手代勘七妻

乍恐口上

一私妻政儀、少々心得違之儀御座候ニ付御願申上、御聞済之上悔(暇)遣し申候処、其後老母病気ニ取合、右母介抱為致申度存候故、母江右之由申聞候処、早速承知仕候ニ付、さい縁之儀火急ニ奉願上候処、早速御聞済被為成下難有仕合ニ奉存候、然(ル)候上者右政儀是迄之通諸事為相勤申度奉願上候、将又先達而差出シ申上置候願書御下ケ被為遊被下候得者、重々難有奉存候、何卒右願書之趣御取成之程奉願上候、以上

六月廿三日　泉屋勘七

御支配
　官兵衛様

二七二　手代為助暇願

乍恐以書付奉願上候

一私義先般出勤御聞済被為　仰付難有仕合奉存候、然ル処持病ニ而御用向も勤兼奉恐入候、依之御暇被為仰付度候様偏奉願上候、此段御聞済被為成下候へ者難有仕合奉存候、右之段可然思召廻し宜敷御取繕奉希上候、以上

文政八年酉六月　為助

御支配人
　官兵衛様

二七三　末家故七右衛門後家借銀返済猶予願

乍恐口上書を以奉願上候

御末家
故七右衛門後家
仲

一私方儀先々七右衛門ゟ　御本家様御憐愍之奉蒙、是迄相続仕冥加至極難有仕合ニ奉存候、然ル所先七右衛門死後私女名前代判金兵衛相勤、家業仕、家内質素ニ相暮し罷在候得共、時節柄商内向も不景気之上、先々七右衛門存生中、姫路様・笹山様江出銀仕置、其後御仕法御年紙（賦）銀も、近年米下直ニ付御勝手向御差支之趣ニ而御渡方も御断御座候、殊ニ姫路様・笹山様銀高ニ而是

姫路藩・篠山藩から年賦銀返済を断られる

迄漸壱ケ年銀六百目御度（戻）し御座候処、明年日光御社参御供押被為蒙仰、右ニ付而者御物入も多く壱ケ年六百匁づゝ御年賦銀も此年ゟ御断被仰出、殊之外内間難渋仕候、依之御本家様ニ而先七右衛門代拝備（借）銀高拾六貫五百八拾四匁三厘御座候処、去ル辰年御憐愍ニ而壱ケ年銀六百目宛、昨年迄五ケ年之間返上納仕候、当時紗（残）銀拾三貫五百八拾四匁三厘ニ相成申候、何卒無滞返上納仕度候得共、前段申上候通、姫路様御年賦銀丸切御断ニ而、内間勘定向不足仕候ニ付、色々内間暮し方手を詰候得共行届不申間、何卒恐入候得共格別之御憐愍を以当暮より壱ケ年中銀弐百目宛之返上納御免被仰付度奉願上候、御聞済被為成下候へ者、ケ成ニ相続可仕と冥加至極難有可奉存候、何分御前向可然様御執合之程重畳奉願上候、以上

文政八酉年
六月廿八日

七右衛門後家
仲
代判金兵衛
御末家行司
儀　助
御末家同
仁兵衛
御末家
又右衛門

右願上候通相違も無御座候様奉存候ニ付、奥印仕候

御本家様
御支配
官兵衛様

年々諸用留　十二番

二七四　末家故藤右衛門借銀返済猶予願
酒小売

乍憚以書附奉願上候

一私義故藤右衛門存生中ゟ打続種々蒙御高恩、家名相続仕、酒小売家蒙(業)仕来候所、以御陰家内之者養育仕、以誠難有仕合奉存候、然処近来商売方甚不景気相成、其上無拠厄介之者多、家名相続難相成候ニ付、親類共呼寄色々相談仕、世帯入用相減候様勘弁仕罷有候処、昨年中私弟并厄介之小児弐人病死仕、右之者共長々病気罷在候内、多分雑用相懸り、其外臨時之入用夥敷相増、此節ニ至り弥家名相続難相成、歎ケ敷誠ニ難渋仕候、依之甚恐多御儀御座候得とも、故藤右衛門存生中拝借銀之分壱ケ年三百目宛年賦割済被　仰付候分、何卒格別之思召を以当年ゟ向三ケ年之間御宥免被成下度奉願上候、右願之通御聞済も被成下度候ハヽ、猶又是迄仕来酒商売之外種々勘弁仕、家名取続出来、冥加至極難有仕合奉存候、何卒右之趣御賢察之上御聞済ニ相成候様偏ニ御執成被成下度、此段以書附奉願上候、以上

文政八酉年
六月　藤右衛門

行司　仁兵衛

同　儀助

右難渋之趣相糺候処、無相違御座候間、御仁恵御聞済被仰付度、依之畳(奥)印仕候

又右衛門

御本家
御配支(ママ)
官兵衛様

二七五　久代屋より借銀依頼

乍憚書付ヲ以御願奉申上候

私方、

御影ヲ以日々繁永仕候段冥加至極難有仕合奉存候、然者乍恐兼而御存被為　成下候通、座鋪間数も無数ニ付、此度二階座敷皆造、幷ニ土蔵戸前勝手悪敷御座候ニ付入口明替、其外所々造作等仕候所、当盆季払高積り之外余程入用相嵩、差当難渋仕候、依右何共恐多御願ニ者御座候へ共、銀子五貫目御拝借被為　御仰付被下候ハヽ、家内一統冥加至極難有仕合奉存候、尤御返納之義者季々銀弐百目宛一ケ年ニ銀壱貫弐百目宛無相違上納仕度志願奉存候、万一御用無御座候節ハ別段私方ゟ持参之上相納可申上候

右之段何卒御憐愍ヲ以御聞済被為成下候様、乍恐　御上様江可然御執成之程重畳奉希上候、已上

文政八年酉七月　　　　久代屋　篤次郎印

　　　　　　　　　　　同　　茂　助印

住友様
　御支配人様

二七六　居宅続吹床前普請出来につき足場取払い

乍恐口上

住友吉次郎
病気ニ付代
新次郎

去六月七日御願奉申上候、私居宅続鱸谷通東堀大道ゟ西へ三拾壱間、御用銅吹床前繕普請出来仕候間、

足場取払申候ニ付、乍恐此段御届ケ奉申上候、已上

文政八酉年七月十日　新次郎

御奉行様

二七七　手代半兵衛に浅草店を預ける

一札之事

一貴殿方江従幼年相勤候半兵衛義、此度江戸浅草諏訪町御蔵前御札指被成候甚左衛門と申御名前之　御出店、半兵衛江御預ケ被成、御店一件差配御申付被成、御家法御申渡之通委細承届申候、然上者　御屋鋪様方出金明白ニ御證文取之、帳面ニ記置可申候、尤御対談筋失礼無御座候様大切ニ可為相勤候事

一御公儀様御法度之儀者不及申上、御蔵前　御役所御掟等少も為相背申間鋪、大切ニ可為相勤候、幷御仲間御定等少も為致違背間鋪候、其外御店ニ付候而如何様之出入、六ケ敷儀御座候共、遠国之御出店預り相勤候上者急度引請埒明、貴殿江少も懸御難儀申間鋪候事

一半兵衛儀御暇被遣候歟、又ハ如何様之儀ニ而勤方引退候儀有之候ハ者、御差図次第少も違背不仕、御仲ケ間江申届、御店跡々差障無御座候様、御差円《(図)》之者江一式引渡可申候事

右之外不依何事半兵衛引請相勤候上者、万端貴殿江懸御難儀申間鋪候、勿論御店諸勘定毎年明白ニ相立、御店御利益御座候様可致勘弁候、尤為登金銀御差図次第、無遅滞為差登可申候、此外先年差入置候請状之通ニ御座候、為後證差入置候一札、仍如件

文政七申年閏八月　御店預り主　大西半兵衛印

住友吉次郎殿

証人
松本平右衛門印

二七八
暇願　手代彦兵衛

館入の継続を願う

乍恐以書附奉願上候

一不調法之悴彦兵衛義、幼少ゟ御奉公ニ差出、長々御養育被　成下奉請御厚恩候段、難尽筆紙、誠ニ以冥加至極難有仕合奉存候、追々成長之上者御用便ニも可相成候処、私義長々相煩居有之候処、妻利代義多病之上及老年介抱難相成、歎ヶ敷甚難渋仕候ニ付、御無人之御中奉申上候も恐入候得共、何卒悴義御下ヶ被成下候様奉願上候、乍併旧来奉請御高恩候義ニ付、悴御館入之義者是迄之通不相変被　仰付候様奉願上候、格別之御憐愍ヲ以右之段御聞済被成下候ハヽ、広太之御慈悲重畳難有仕合奉存候、此段乍憚宜敷御取成被成下候様奉願上候、以上

文政八酉七月

親　和泉屋庄兵衛
請人金屋庄兵衛
彦兵衛

御本家様
御支配
官兵衛様

二七九
願　手代伴蔵暇

乍恐奉願上候

一私義先達御召抱被為成下難有奉存候所、無間も病気差起り、種々養生も仕候得共、於于今全快

も不仕、其上御手当等厚被為　仰付被下置候得共、病性冷ゟ生シ候故、早快之程も無覚束奉存候得共、一先御暇奉願上度奉存候、ケ様之御願申上候儀、甚以恐入奉存候得共、何卒此上之御仁恵を以駈と全快仕候上、又候再勤之御願奉申上度候間、此段偏ニ御慈悲御取成之御厚憐御聞済之程奉願上候

右之趣御前可然様御取次之御披露奉願上候、以上

文政八酉七月　山本新田詰　伴蔵

慶蔵殿

右之通被願出候間、承届候儘御取次奉申上候、可然御披露奉頼上候、以上

七月　山本新田詰　慶蔵

御本家御支配人
米谷官兵衛殿

二八〇　備後町三丁目掛屋敷へ盗賊侵入

文政八酉年備後町三丁目懸屋鋪先達ゟ皆済（造）普請中、七月廿一日夜盗賊這入、職人所持之品盗取候ニ付、翌廿二日御断申上候扣

乍恐口上

備後町三丁目
住友吉次郎家守
和泉屋伝蔵

一私支配借屋此節皆造普請致候ニ付、表通板囲仕、弐ケ所ニ入口付置、夜分入口錠おろしメり致置候処、右普請場裏手ニ在之作事方職人共小道具差入置候納屋之戸明キ御座候を今朝見付、不

審ニ存、納屋之内相改候処、左之通り

一木綿花色小紋男単物　壱

一同地白小紋袖なし襦袢壱

一同茶と白たんだら上帯壱

〆

但、此分大工職

玉造下清水町
天王寺屋伊三郎借屋
虎屋為次郎所持

一木綿花色紺立横島男単物壱

一同　三幅紺風呂敷　壱

〆

但、此分左官職

内本町橋詰町
最上屋善兵衛支配借屋
万屋伊八所持

一木綿花色紺立嶋男単物壱

一同滝じま男単もの　壱

一同紺がすり鉄炮襦袢　壱

一紺横島上帯　壱

一真鍮之曲尺　弐丁

一八部のみ　壱丁

南久太郎町四丁目
播磨屋嘉兵衛借屋
伏見屋勘兵衛所持

〆
但、此分左官職

合拾壱点

右之通相見へ不申、全夜前盗賊這入被盗取候様奉存候、且又右納屋之隣者同町明石屋弥三郎居宅裏手雑物納家ニ御座候処、其屋根江此方ゟつたひ下り候と相見へ、夫ゟ弥三郎方納屋前ニ有之候はしこを以同人土蔵之戸前へ懸、其辺ニ壱尺四寸計之銅てこと申もの壱丁残し置御座候而、塀之切戸を明、又々隣弥三郎借屋之路次へ抜出、裏手よりはしこを以私方右普請場へ立戻、板囲之入口戸はづし逃去候様奉存候、勿論銅てこハ普請場納屋ニ入置候を取出し候而已ニ而残し置御座候、尤弥三郎方ニ紛失物等無御座候へ共、右之始末ニ付乍恐申合此段御断奉申上候

文政八酉年七月廿二日　伝蔵印

品持印（主）　虎屋為次郎印
同　万屋伊八印
同　伏見屋勘兵衛印

前書之通相違無御座候、尤私共御吟味之義ハ不奉願上候

備後丁三丁目
明石屋弥三郎印

右之通ニ御座候ニ付、乍恐同様御断奉申上候

同町年寄
河内屋善兵衛印

御奉行様　西

二八一　対馬藩へ銀子用達につき脇差下賜

此度対州様御蔵元当方江引請相勤候ニ付、前銀六百貫目出銀、年々御米代ニ而十ケ年ニ割済御請申上候ニ付、七月廿五日御呼出ニ而、御腰物壱腰被下候、外ニ又右衛門・官兵衛・勇右衛門、金拾両宛被下候事

御自分儀、兼々銀談筋御深切ニ御心得、追々ニ者大銀之御借用ニ御預居候処、尚も此節対馬守殿御手当地、筑前・肥前之内、年貢米蔵元御引受之御約諾を以、金壱万両御借用被申、抜群御出精之段厚御頼母敷被存候、依而当時之為御挨拶目録之通、脇差一腰被進之、猶此上共宜敷御頼申候様被申付越候

七月

泉屋
官兵衛
勇右衛門

手代へ下賜金

右者此節吉次郎殿江対馬守殿御手当地収納米引当を以借金遂示談候処、品能御領諾、依之蔵元之儀吉次郎殿江被相任セ、則銀六百貫目預御出銀候段被致大慶候、就夫各方宜御心配、殊ニ是迄有来之店歩等之儀ニ至及御頼談候所是又預聞請ニ、当節借入之分其儀無之者偏ニ各方之御差働故之儀ニ有之、且又此度ニ不限操合筋ニ付、平素御深切之御心得方等被及承候付、依而御挨拶被申候、

寸志迄ニ先年々金拾両宛被下之候

七月

二八二　手代彦右衛門を末家とする

覚

一　私儀従幼年御養育被成下、御奉公相勤候処、此度休息被　仰付、御家号被下、御末家被　仰付、為家督銀五百枚被為下置之、其上万端結構被成下難有仕合奉存候、然ル上者渡世無油断相勤、少も御苦労相掛ケ申間敷候

一　御主人江相障り候家業仕間鋪候、勿論御差図請渡世相営、毎年勘定御改ヲ請可申候事

一　子孫永々申伝、対　御主人江不埒之儀為致申間鋪候、勿論御家法万端為相背申間敷候事

一　縁辺之儀御差図ヲ請可申候、子孫末々至迄親類他家共養子取遺(遣)り、御主人江相届候而御差図ヲ請可申事

一　御本家万一御身上相衰、私身上繁栄仕候ハヽ、随分出精御本家江助力仕候様相勤候、子孫至候迄次第此心得致させ、永々相背申間敷候事

一　家業并私用ニ付他出仕候節者、御本家江相届、御差図ヲ請可申事

右之通子孫永々急渡相守可申候、為後日仍而如件

文政八酉年七月　　御末家　彦右衛門

住友吉次郎様

二八三　紅毛方延板銅売渡出精につき長崎奉行より褒美下賜

手頭書

会所調役
年番町年寄江

銀三拾五匁　惣吹屋欠過請負人　大沢信八郎
同拾五匁　同　石井弥太郎
同　拾　匁　盛岡同　小野儀三太
同拾五匁宛　銅掛ケ役　祐　平
　　　　　　同　豊　助

右之者共儀、紅毛方買渡銅之内延板渡方等ニ付、臨時骨折出情相勤候ニ付、為手当為取之候間、可申渡候

酉七月　　越前

右者紅毛方延板渡方等ニ而臨時骨折ニ付、右之通七月三日御手頭書ヲ以、御褒美銀被下置候事、七月十九日出之書状ニ長崎表ゟ申来候事

二八四　手代役替

役場操上左ニ

一本家支配同役　貞　助

但、定紋附羽織一着

一豊後町支配役　芳兵衛

但、小遣加増

一吹所差配役　伊右衛門

但、小遣加増

〆

酉

七月十一日

変役幷加増覚

一小遣銀三拾匁加増　重右衛門

但、役向是迄之通り

一銭払本役　義蔵

但、小遣三拾匁加増、外吹所ニ而申付候分、小吹方、吹銅方、鉛方

一小遣銀三拾匁加増　源兵衛

但、役前是迄之通り

一普請方見習　藤右衛門

一間吹方　新次郎

間吹方

吹銅鉛助役

炭方、吹銅鉛助役

一小遣銀三拾匁加増　小兵衛

但、役向是迄之通り

一書方　覚兵衛

但、支配方ニ而申渡ス

一吹所詰　亀松

但、右同断

一豊後町詰　半次郎

但、右同断

一台所　助右衛門

但、右同断

一休足　正五郎

目録金三拾両

一吊（弔）料　嘉右衛門

目録銀五拾枚

但、末家梅へ渡ス

〆

武家方懸り手代　屋鋪方御用懸り左之通

一対州様
土井様
加州本多様　官兵衛

一松山御用懸り　　　貞　助
一若州様
秋田様　　　芳兵衛
外、重立候用向之節者浜松へも出勤之事
一松山様
津山様
対州様
西尾様
明石様
川越様
一橋様　　　勇右衛門
外、重立候用向之節者浜田へも出勤之事
一薩州様
浜田様
浜松様　　　源兵衛
外、西尾、川越、安藤江も折々出勤之事
一松山様
津山様
安藤様　　　幸三郎
外、西尾、川越、薩州へも折々出勤之事
一松山様
永井様
阿州様
田安様　　　八郎右衛門
一篠山様　　　小兵衛

〆

右之通申付候事

酉
八月五日

二八五　末家真右衛門借銀願

乍恐再願上奉申上候

一私是迄所持之田地御買上被為　成下度奉願上候処、聊之儀ニ付御好も難被遊御趣御内々被　仰下御尤ニ奉存候、此上願上候儀も奉恐入候得共、外方ニ右田地急ニ買手も在之候儀、銀高ニ付出来不申当惑至極仕候間、恐入候得共何卒御銀五貫目無利足拝借被為　仰付度奉願上候、返上納之儀者丸五ケ年御置居、六ケ年目ゟ壱ケ年銀五百目宛返上納仕、拾五ケ年目元御銀五貫目皆返納之積被為　仰付候ハヽ、内間損毛も入合ひニ相成候間、格別之思召ヲ以御聞済被為　仰付候ハヽ、冥加至極難有仕合可奉存候、右願上趣可然様御取成被成下度御頼申上候、以上

酉八月

御末家
重岡真右衛門印

御本家様
御支配人
官兵衛様
貞　助様

二八六　末家義助養子願

乍恐以書附奉頼上候

一私義御蔭ヲ以家業無恙相続仕、誠ニ以冥加至極難有仕合奉存候、然ル処先達而私親類共ゟ兄弟

両人養子仕度趣、両度ニ御願申上候処、早速御聞済被為成下難有御儀奉存候、且又私妻妹ニ当年四才相成候娘たけと申者、此度養子娘ニ仕度候ニ付、親類共江も内談仕、一統同心ニ御座候間、是亦御聞済被為成下候ハヽ、尚以安心仕候義難有仕合奉存候、何卒右願書之趣御執成之程奉願上候、已上

御末家
義助印

文政八年
酉八月

御本家
官兵衛様
貞　助様

二八七　末家故七右衛門後家養子願

故七右衛門後家
仲

乍恐以書附奉願上候

一先々七右衛門始私迄段々御憐愍を以相続仕冥加至極難有仕合奉存候、然ル処私是迄女名前ヲ以相続仕候得共、三ケ年目毎ニ　御公儀様江御願申上候次第ニ付、何卒相応之人物養子ニ仕度と兼々親類江相談仕候処、親類之内清水屋卯兵衛以媒、河州茨田郡出口村百(姓)姓市郎兵衛悴宗兵衛と申者、当年廿壱才ニ相成、則代判金兵衛方江折々商内手伝ニ相雇、人柄相試し候処、実父ハ勿論本人共至極実躰ニ御座候ニ付、依之故七右衛門在所重も親類共江相談仕候処、何れ申分無之安心仕、為後證一札も取置申候間、何卒右宗兵衛養子御免被為　仰出度奉願上候、御聞済被仰出候ハヽ、早々入家為致、追々商売見習せ、其上追而奉願上、名前人ニ仕度奉存候、尤養子

宗兵衛親類書下ケ札ヲ以奉申上之間、此段御聞済被成下度重畳奉願上候間、御前向宜敷御取成
御願申上候、以上

文政八年
酉八月廿七日

七右衛門後家
仲
代判
金兵衛　印

御末家行司
儀　助　印

同
仁兵衛　印

右之趣相糺候処、聊相違無御座候ニ付、奥印仕候

御末家
又右衛門　印

御本家様
御支配
官兵衛様
貞　助様

下札
養子ニ仕度宗兵衛親類書左ニ申上候

河州茨田郡出口村
宗兵衛
実父市郎兵衛

右同所
伯父瀬　平

右之外ニ薄縁之もの御座候得共、重立候者右之通ニ御座候

右同所
従弟甚右衛門

二八八　別子銅山涌水につき水引賃銭を増す

別啓上仕候、当二月頃ゟ三角左本辺鞭数相増居候ニ付、色々是迄鋪方ニ而操合候得共、何分当年之雨天続故歟、何れと申目当無之候得共、出水相増、当月十三日四日両日ニ棚立ニ付さつはり引切、其上水様し方仕候所、別紙之通ニ御座候、依之無様賃銀相増申遣申候、右様出御熟覧可被下候、何れ近日三郎兵衛殿ニも立帰り、上坂被致候間、是ゟ委敷御承知可被下候、跡略ス

当春已来より雨天続キニ候哉、鋪中大廻り三角新戌銀切口法建石目幷同所西左本幸右衛門切地、幸十郎切地より出水繁、併已前より者少々宛出候得共、当夏より追々出水、殊ニ左本廻り建破共一面ニにじミ強、番水是迄之荷替ニ入り兼候故、釣り荷替等相広ケ、上廻り地荷替者土部を取り、和ミをきらせ取広ケ、其上腰木相掛、樋口へせんいたし候ニ附、漸々番水相収り候得共、是迄之定水よりハ多く相成候得ニ付、（マヽ）水引共より山留ヲ以増賃銀之儀願出候ニ付、鞭様いたし候所、則左ニ

鞭様

大廻り三角かすり処
一千四百八鞭
一千五百鞭
一千四百五拾鞭
〆四千四百三拾鞭

平均千四百七拾六鞭
二棚操弐千九百五拾弐鞭
下地賃銭八分
増賃銭弐分五厘
都合賃銭壱匁五厘
大左本朝之棚　上之棚大角八丁
下之棚中角拾弐丁
内切地之出水
幷ニ庚申之
落水かゝり申候
一千九百七鞭
一千八百六拾鞭
一千八百九拾鞭
〆五千六百六拾五鞭
平均千八百八拾八鞭
二棚操三千七百七拾六鞭
下地賃銭九分五厘
増賃銭五分五厘
都合賃銭壱匁五分
廻り跡晩之棚　大角八丁
中角七丁
大道通りより一番走
下落水廻り跡突込へ
かゝり申候
一弐千三鞭
一千九百五拾八鞭

一千九百九拾五鞭
〆五千九百五拾六鞭
平均千九百八拾五鞭
二棚操三千九百七拾鞭
下地賃銭九分五厘
増賃銭六分五厘
都合賃銭壱匁六分

大根戸

一千百九拾五鞭
一千弐百三鞭
一千弐百鞭
一千百九拾七鞭
〆四千七百九拾五鞭
平均千百九拾八鞭
三棚操三千五百九拾四鞭
下地賃銭壱匁五厘
増賃銭弐分五厘
都合賃銭壱匁三分

乗地幷ニ中坪之かすり水
相かゝり申候

中根戸
一千弐百五拾鞭
一千三百鞭
一千弐百六拾鞭
一千弐百九拾鞭
〆五千百鞭
平均千弐百七拾五鞭
三棚操三千八百弐拾五鞭
下地賃銭壱匁五厘
増賃銭壱分五厘
都合賃銭壱匁四分
中棚分下地賃銭壱匁五厘
但、此棚者水様シ不仕候得共、右之割合ヲ以御増賃銭被仰付候様奉希候、棚廻りも宜敷、
殊ニ道程も近く候ニ付、大躰壱分程にて宜敷哉ニ奉存候
右様シ鞭前段之通り相違無御座候間、何卒増賃銭之儀夫々御聞済被仰付被下候様奉希上候
酉八月　鋪方
覚
一壱匁七分五厘　かスり

一　六匁六分　　左本
一　五匁弐分　　廻り跡
一　五匁五分　　根戸
一　弐匁六分　　中棚
一　三匁　　　　大中
〆　廿五匁六分五厘
三十日積　七百六拾九匁五分
十弐ケ月　九〆弐百三拾四匁
右之通ニ相成申候、尤右之内
片番七人五厘　三分五厘　かスり
片番十三人壱分　壱匁三分　左本
片番八人壱分　八分　廻り跡
昼夜十三人五り　壱匁三分　大根戸
〆三七五
但、此分ハ右増賃之内、引除置御座候間、難（足）日々相成候節、賃増と不申、棚増といたし候而遣し候ハヽ、何れも出情可致哉と役場相談之上先遣し不申候、何れ先ニ而ハ遣し不申而者難済寄相見江申候義ニ御座候
廿五匁六分五厘之内三匁七分五厘引除

残　弐拾壱匁九分増ニ成ル
三十日積合六百五拾七匁
但、右増八月十五日ゟ遣候事ニ御座候
八月廿七日

二八九　備中北方銅山見分に別家太兵衛差下す
津山藩には小泉銅山見分として添触を願う

一此度備中北方銅山為見分老分別家太兵衛遣す、右ニ付津山御屋敷相願、添触申請、則写左ニ、
尤津山御屋敷へ者小泉銅山見分と申立置候事

上包　添触
津山御預所御用懸
伊丹健左衛門

覚

一人足三人
大坂住友吉次郎代
中谷太兵衛
供壱人

右者津山御預所備中国川上郡小泉村銅山江来ル廿一日大坂出立罷越候条、書面之人足御定之賃銭請取之、聊無遅滞可被継立候、且止宿川越渡船等是又無差支可被取計、尤此添触披見之上此者へ可被差返候、以上

酉九月十八日

津山
御預所御用懸
伊丹健左衛門印

摂州大坂ゟ備中国川上郡
小泉銅山迄右道筋
問屋
年寄中
村役人

追而此添触往返相用候条、其旨可被相心得候

二九〇 蜂須賀家館入交代につき甚次郎へ御目見を願う

『年々諸用留十一番』三二五頁参照

（朱書）「⊕」阿淡御館入甚次郎名前引替願書、去ル酉年ニ無滞相済、十一番公用帳へ可致書記所失念、
仍而此所へ出ス

乍恐口上

一年来御館入　太守様此表御往来之御砌者　御目見被為仰付、御結構御扶持方頂戴仕冥加至極難有仕合奉存候、然処近来段々不仕合之儀打続難渋仕、其上私義兼々病身ニ罷在、追々老衰ニもおよひ難相勤、且又悴権左衛門先達而ゟ長々病気ニ罷在候処、是又唯今之掛ニ而ハ迚も出勤仕候様之容躰ニ無御座、依而無拠此度本家同性住友吉次郎悴次男甚次郎と申者、私甥之間柄ニ御座候ニ付、彼者へ私家督相続為仕申、御屋鋪表へも罷出、為相勤申度奉存候間、何卒私同様ニ御用之儀被為　仰附、是迄之通不相変御結構被為仰附被成下候ハヽ、重畳難有奉存候、何卒此度之儀御許容被為成下候様偏ニ奉願上候、以上

文化十酉年九月　　泉屋理兵衛

太田章三郎様

一文政九丙戌年正月甚次郎阿淡御屋鋪へ直勤ニ付而者、　太守様御通坂之節　御目見　可被仰付

願上候、左之通

乍憚以書附ヲ奉願上候

一文化十癸酉年私江先規之通万端結構被為仰付冥加至極難有仕合奉存候、然ル所私儀幼年ニ付是迄名代を以御祝詞等奉申上候処、今年十七歳ニ相成候ニ付、当夏　此表　御着座之節、先規之通り　御目見被為被（ママ）下候者難有仕合奉存候、此段奉願上候、宜御執成可被下候、以上

文政九丙戌年二月　　泉屋甚次郎

坪井平右衛門様

二九一　別子銅山涌水届

乍恐以書附奉申上候

一予州別子御銅山之儀者、元禄四未歳ゟ今戌歳迄百三拾有余ケ年相稼候ニ付、到而深鋪ニ罷成、累年稼苦敷大ニ心配仕候、然ル所去ル三月ゟ鋪内下り詰、当時専相稼候鉑石堀（掘）場所ゟ当水之外出水有之、色々手当ヲ以引捨居申候処、又候六月頃ゟ出水甚強相成、当惑至極奉存候、然者片時も難溜置儀ニ御座候故、鋪中樋筋其外水懸仕替普請等費用ヲ不厭、種々尽勘弁、且又水引人夫数百人入用ニ付、近国者不及申、九州辺ゟも雇附、過分之増賃差遣、漸々相防罷在候、勿論在山御役人様方御見分之上御差図等も被成下候御儀ニ御座候、誠ニ重キ御用銅之御儀ニ付、尚

亦此上者無油断尽誠心ヲ、御定数闕欠不仕様相防可申候得共、一応右之段御届奉申上候、以上

文政九戊(戌)年
正月

大坂住友吉次郎代
泉屋卯兵衛

右之通出水ニ付、御預り所　松平隠岐守様へ御届申上候趣、山許ゟ申越候、定メ而江戸表御勘定所へ御達シ可相成儀と奉存候、只今之様子ニ而ハ御用銅ニ差支申間敷奉存候、此上出水相募候時者、減銅之程無覚速(束)奉存候、此段以書附御届奉申上候、以上

文政九戊(戌)年
二月七日

住友吉次郎

銅座
御役所

御預所奥書左ニ

右者松平隠岐守御預り所、予州別子銅山近年追々深鋪ニ罷成、去ル酉三月已来鋪中常水之外別而涌水強、稼方甚難渋仕罷在候所、又々六月頃ゟ出水相増、益珀(鉑)石堀(掘)方難渋至極仕候趣、則書面之通ニ御座候、然共大切之御用銅稼方怠り候様相成候而者恐入候御儀ニ付、勿論在山役人共見分之上、不取敢水引樋筋普請等申付、水引人夫格別ニ相増、夫々手分仕、精々戴拝(采配)仕罷在候得共、右之次第ニ御座候得者、自然出銅減少可仕程も難計奉存候ニ付、此段御届申上候、以上

戊(戌)

松平隠岐守内
村治次兵衛

御勘定所

二九二　末家真右衛門幸生大切沢銅問屋口銀配分願

乍恐以書附奉願上候

一羽州大切沢御廻銅問屋私相勤候、元来者弐拾八ケ年以前吹銅市中商人中江銘々月々御定式御売下ニ付、御定直段と市中相庭とハ多分利分有之候ニ付、　御本家様も御末家仲名前を以吹銅御定式御買下之御願被遊候処、多斤数ニ付江戸御表へ御窺ニ相成候御趣ニ付、御内願ニ与四郎江戸御表へ御差下、同人出立之砌兼て私愚案仕候は休足被　仰付、後世渡一助相成候様、右問屋仕度趣同人へ内々相頼、江戸御表其節之　御代官三河口太忠様へ向、問屋被　仰付候者ハ御不益無之様御勝手宜敷旨内願仕候ばハ、御糺之上彼御表　御勘定所へ御伺之上可被　仰付哉之段懇意之仁〆極内風聞承り、委細之分ケ申含、与四郎罷下申候、然ル所　御本家様〆御願上之吹銅御買下之儀者、多斤数定式御願立之儀ニ付、江戸御表御評儀甚以六ケ敷、同人も折角御差下之処色々相働候得共、諸向商人并月々小斤数御売下者　銅座ニ余銅有之候者ハ売渡可遣との御評儀ニ付、終ニハ御願上之通別子地売廻し御売上高ニ代り吹銅八歩通り　御買下願相叶不申候、与四郎も御本家様へ対シ登坂土産無之ニ付、右ニ付前段私愚案之問屋株願相働、三河口様へ内願申上候者大切沢御廻銅近年悪銅多ク、減斤之訳不審ニ可被思召、幸大坂泉屋吉次郎別家手代真兵衛者右御廻銅御開発〆案内之者ニ御座候間、同人へ問屋被　仰付候者ハ御勝手ニも可相成と精々内願仕候処、御聞糺之上程好　御勘定所へ被　仰立、当地　御番所江御通達之上真兵衛身元御糺□、九之助町年寄〆身元慥成者ニ御座候由程好被申上候ニ付、無程右問屋相勤可申段御番所并銅座〆被　仰付候、然レ共銅座地役衆内存も有之哉、問屋御附被成候てハ口銀丈ケ御不益ニ相成候抔と御内評も有之候処、其砌銅座御詰御勘定ハ故　太田直次郎様ニ而真兵衛別而御懇命故、江戸御表御聞済之上者、今更彼是申立候てハ愘気ケ間敷相聞候間、無故障真兵衛

真兵衛へ銅問屋を仰せ付ける『年々記一』一四七頁参照

へ問屋可申附と被　仰出、漸々願望成就仕候、然ル処右銅代銀真兵衛へ御渡之上、同人ゟ江戸御代官様江向御為替取組取扱仕候、附而ハ大金之儀真兵衛并證人共根證文差上可申様被仰付候故、　旦那様之御證人之御奥印被成下、無差支相済難有奉存候、其後右銅山　御代官様も追々御変役ニ相成、出銅も大ニ相減し、近年御廻銅御買上五ケ年平均荒銅方壱ケ年五万六千八百斤ニ相当、御直段も其節格別ニ御引下被　仰出、右銅山も御仕当ニ合不申、休山ニも可被成御趣ニ付、左候而は稼人ハ素ゟ私共も難儀ニ相成、何卒是迄之通御廻銅ニ相成候様相歎キ内願も仕、五ケ年平均之外余銅も御買上被下候様私ゟ可願上、無左候而ハ　御勘定所御仕入金御返納御差支ニ相成候段被仰立候旨、御懸合等ニ大ニ心配仕候、右ニ付少々御増銅御買上ニ相成候、且又

問屋口銀は残らず本家へ納めてきた

問屋へ口銀被下置候廿六ケ年以後真兵衛在勤中ニ付、右之内少も役料頂戴不仕、　御本家様へ不残相納、其後十八ケ年以前真兵衛義休足被仰付候後も日勤可仕旨被仰付、壱ケ年計日勤仕候得共、御用ニも立不申身分ニ付病身申上日勤御免奉願上候処、御聞済之上四拾三四年も相勤候義ニ付、故　大泉院様御在世之節ニ而御憐愍ニ被思召、日勤退候者ハ定例家督銀之外、別段御目録も可被為　下置之御趣、京都ゆへ徳兵衛を以御内意被為　仰聞、万々難有奉存居候処、其後先支配人又右衛門上京之砌、右御目録之御内談被為　在候節、又右衛門ゟ申上候者、真兵衛儀御

定例家督銀以外の目録銀に代え問屋口銀を歩通で遣す

廻銅問屋相勤、并江戸仲買中　銅座買下銅取次致、少々口銭も有之儀、此分是迄之口銭者御本家へ差出候得共、向後此口銭不残遣シ、外大切沢御廻銅問屋口銀歩通被為遣候ハ者、別段御目録金被遣候儀者御無用と申上候ニ付、夫成切御内沙汰計ニ過去、右ニ付義助・又右衛門ゟ御礼申上、已後年一札差入可申様申聞候ニ付、別紙写之通一札差上置有之候、然ル処近年吹銅入札

御売下ニ相成故、江戸取次買下銅も御差止ニ付、口銭今者何も不相成候、其外吹銅商内も入札後一切売買無之、其上先年ハ右銅代銀御為替（添書左之㊀）取扱も丈夫之両替屋へ私勝手取組候処、十ケ年已先ゟ池田様御代官相成候後者銭清と一手ニ御為替方取組被　仰付、委細之訳ハ下ケ札を以申上候、右ケ条之通不勝計（手脱カ）相続、売買向至而不景気ニ而暮方も漸頂戴之家督銀幷少々貯銀之利足を以取続仕罷在候得共、年々喰込勝ニ相成、行末不案気ニ存罷在候、後年ニ至り御厄介ニ不相成様、暮方質素仕候得共、時節柄不勝手計相重り、此段御憐察被成下度奉願上候、疾にも右之御歎キ可申上と奉存候得共、何分にも御廻銅無少候ニ付、是迄差控居申候

池田仙九郎は銅山巧者

一前段申上候大切沢御廻銅之儀者、当時　御代官　池田仙九郎様ハ銅山御功者ニ而、御開発ニ御座候、年来御工夫被成、右銅山鏈筋御見当り御座候様被思召、当年ゟ新口も御取開、水抜等も切込、鉑筋宜敷様御仕入、御手当之上稼方出精被仰付候者、当年ゟ凡正荒銅十二三万斤も出銅ニ相成へくやと御見込ニ付、右之高丈ケ御買上被下候様銅座へ私ゟ可願立旨旧冬被仰越候、乍然銅座ニも御積合可有之間、御聞済も六ケ敷候者ハ、ケ様〱ニ可取計旨御内意被仰越候ニ付、筋々様へ内願仕候処、程能相済候ニ付、旧冬表向右願書差出候処、御聞済之上江戸表御勘定所へ御窺ニ可相成旨被仰聞候、左候得者御廻銅も格別相増可申、依之銅座ゟ問屋へ被　下置候口銀配分左之通奉願上候

口銀を歩通ではなく、廻銅高十二三万斤の内三万斤分の口銀を下すようにして欲しい

一御廻銅高正ミ拾弐三万斤之内、拾万斤代銀凡百八拾貫目之積、此口銀三貫六百目　御本家へ上納仕、残三万斤代銀五十四貫目、此口銀凡壱〆八拾目此分丈ケ問屋真兵衛へ被　下置度奉願上候、（添書左之○）自然拾万斤以下之減銅ニ相成候者ハ其節可申上候、尤前段ニ申上候通口銀歩通請用

頂戴者、先年ゟ御定御座候得共難分、昨年迄者漸五六万斤計廻銅ニ付、歩通ニ不抱（拘）三百目も
配分頂戴出来候

右之通口銀配分被成下度重畳奉願上候、御案内之通外々銅山と違、聊も御仕入銀御取替御世話も無御座候、私相勤候者ハ無元手口銀従銅座只頂戴仕候道理ニ御座候、此段御考察被成下度、盛山次第一統之潤イニ相成申候、難（何）分御前向宜敷御執成之上、御聞済被成下様重畳奉願上候、文言前後不訳之儀者下ケ札ヲ以奉申上候、以上

文政九戌年正月廿四日

御末家　泉屋真右衛門
名前人　真兵衛

御本家
旦那様
御支配人
貞助様

一問屋最初ゟ口銀高凡五拾五貫目計、正銀昨年迄御本家様へ相納、御益ニ相成在之候
先年私ゟ差上置候一札写左ニ

一別子銅地売廻し御売上之分、私問屋名前ニ而相勤候上者、右銅代銀御渡次第口銀等無相違相納可申上事

一羽州大切沢御廻銅問屋之儀も私名前ニ付、右銅代銀御渡次第大切ニ取扱可申候、口銀之儀者歩通を以可被下置難有奉存候、然ル上者右取扱不埒無之様相勤、御本家様へ御難儀相懸申間敷候、子孫迄も右之趣相心意させ可申候

右之通急度大切ニ相勤可申候、為後日仍如件
文化六巳年三月　　御末家
真兵衛
御本家様
△本文申上候御為替取組ニ付、先年者折々逆打銀も呉候而勝手宜敷候様　池田様御代官後、銭清
へ一手被　仰付、金子買付も同人方心任セ取扱、外両替屋之取扱之訳不申時者逆打も呉不申、
且先年ハ札相場後利口之買入出来候得共、近年者札相場書上之外、利口買付出来不申、此儀ニ
付ても要用一切無御座候事
○本文申上候通、近年不仕合計相重り、最初御聞済之砌とハ請用銀追々大キニ相減候ニ付、口銀
高半通り被下置度可願上心底御座候得共、強欲者と可被思召も恐入、本文割方申上候得共、御
憐愍之上可然様御許容奉願上候

二九三　手代官兵衛を末家とする

覚

一私義従幼年御養育被為成下　御奉公相勤候処、此度結構休足被為　仰附、御家号被下、御末家
被仰付、為家督銀拾弐貫目被下之、其外普請料銀弐貫目幷婚礼賄料壱貫五百目、三ケ年之間世
帯方賄料年々其期ニ到弐貫目宛御分（合）力被下、其上万端結構被成下冥加至極重畳難有仕合奉存候、
然ル上者渡世無油断相勤、少も御苦労相掛申間敷候
一御主人江相障候家業仕間敷候、勿論御差図ヲ請、渡世相営、毎年勘定御改可申事
一子孫永々申伝、対　御主人不埒之義決而為致申間鋪候、勿論　御家法万端為相背申間敷候事

一縁辺之儀御差図ヲ請可申候、子孫末々ニ到迄親類他家とも養子取遣、御主人江相届ケ候而御
差図ヲ請可申事
一御本家万一御身上相衰へ、私身上繁栄仕候ハヽ、随分出情　御本家江助日（カ）可相勤候、子孫到迄
此心得為致、永々相背申間敷事
一家業幷私用ニ付他行仕候候（衍）節者、　御本家江相届、御差図ヲ請可申事
右之通子孫永々急度相守可申候、為後日仍而如件

文政八酉年
十二月　　米谷官兵衛実印
直道（花押）

住友吉次郎様

二九四　大坂城代水野忠邦より扶持等下賜

当御城代　水野左近将監様、是迄於江戸中橋出店、御勝手方御用相勤居候処、其手積ヲ以此度三ケ年之間年々三千両宛都合九千両出金之儀無拠御頼ニ付、御請申上候所、其為御会釈左之通

大奉書

住友吉次郎
今度勝手向ニ付不容
易筋之儀被相頼候処、格別之
勘弁を以承知有之、厚志
之至被致満足候、依之向後
弐拾人扶持増都合三拾人

家彫三所物　一組

同

上下

此通目録弐枚
貞助
源兵衛

美濃

扶持被相贈之

書付

同

貞助

今度勝手向不容易筋之儀ニ付而者彼是格別心配有之不浅事ニ候、依之向後五人扶持被相贈之

書付

源兵衛

今度勝手向不容易筋之儀ニ付而者彼是心配有之不浅事ニ候、依之向後三人扶持被相贈之

二九五 大坂内淡路町火災

一四月廿六日内淡路町御祓筋東へ入所北側家二軒出火ニ付、豊後町御店へ見舞御屋敷左ニ
松山御屋敷ゟ竜吐水壱挺、人数弐十人計、御留主居飯塚助右衛門殿ゟ酒壱斗到来、宇高次郎兵衛殿御直御見舞

一海魚三種　代八匁　飯塚助右衛門殿
一同　代同断　宇高次郎兵衛殿
一銭五貫文　御人足中江
〆

一同日延岡御屋敷ゟ御同心壱人并人足拾七人計御差向被下候ニ付贈物左ニ
一銭弐貫文　延岡御人足中様
〆此分住友名前ニ而贈ル
右之通相贈り候事、尤豊後丁店ニ而取計

二九六 内本町太郎左衛門町家守交代

内本町太郎左衛門町家守岡崎屋利兵衛故障之儀有之ニ付、家代為相退、跡役町年寄立花清右衛門子息弥右衛門へ申付、一札并ニ出銀左ニ

一札之事

一御丁内私所持掛屋敷代印家守岡崎屋利兵衛故障之儀有之、為相退、跡代印家守立花弥右衛門殿

江相頼度段申入候ニ付、御丁内御相談被下候処、一同承知之上御取究被下候段承知仕候、然ル上者御丁内定事都而先格之通急度為相守可申候、依之御役所表水帳御張替被成可被下候、為後日仍如件

文政九丙戌年五月　　住友吉次郎

代印家守　立花弥右衛門

内本町太郎左衛門町

御年寄　立花清右衛門殿

家守請状之事

一内本町太郎左衛門町御抱屋敷家守立花弥右衛門相勤候様被仰付承知仕候、依之我等諸事請負ニ相立申処実正也、則同人寺請状町内江相納置候事

一従御公儀様被為仰出候御法度之儀者不及申、御触書之趣其度毎ニ借家中江不洩様申渡、大切ニ為相守可申事

一家貸付之節者先々身元相糺、慥成者ニ貸付可申候、勿論家賃銀之儀者毎月晦日限り取集、其時々相渡可申候

一町内家売買之節歩銀、其時々無相違差入可申候、勿論不正ケ間敷儀、聞(決)而為致申間敷事、其元殿御勝手ニ付家代御仕替被成候節者、無違背退役為致可申候、幷其外如何様之六ケ敷儀出来仕候者、我等何方迄も罷出致訳立、其元殿江少も懸御難儀申間敷候、為後日請状仍如件

文政九丙戌年五月

家守
立花弥右衛門

請人
檜皮屋藤助

住友吉次郎殿

家守代り諸祝儀

一銀拾五匁　丁中江

一同壱両　年寄江

一同三匁　丁代江

一同弐匁　下役へ

一同三匁　水帳方惣代江

一同弐匁　同若ものへ

〆

二九七　江戸にて田安家貸付金取扱の手続　町奉行所を仲介して一万両貸付

御下ケ金御名目御趣法書

口上之覚

一金壱万両　御下ケ金

右者　御屋形ゟ町奉行所江差出、右奉行所ゟ直ニ吉次郎支配人晋右衛門江相渡候事

但、御利足年壱割之積

一御世話料三人扶持可被下候事

一貸出方之儀者武家町家共吉次郎方江対談之上、双方ゟ掛り之者宅江申出次第早速相糺、町方者掛り之者より町年寄三人之内江懸合、借請候者身元并ニ所持地面之訳相糺、町年寄ゟ否申出次第懸り之者ゟ吉次郎方へ可申遣間、猶相糺候上金子者掛り之者宅江持出、掛り之もの立会取引可致事

但、證文案別紙之通有之候

一掛り之者宛名ニ而　御屋形江も添證文取之可申事

一利分之儀者其時々相対次第可致事

一礼金其外聊ニ而も諸雑費堅取申間敷事

町奉行所にて取立

一武家町家共万一返済滞候節者、吉次郎ゟ申出次第、掛り之者ゟ直々町奉行所江相達、奉行所ニ而元利取立候上、吉次郎支配人奉行所江呼出、直ニ金子相渡可遣事

但、右ニ付吉次郎方ニ而聊ニ而も諸雑費相懸り不申事

名目金ではなく、御屋形御備金

一差加へ金者何程ニ而も其時々勝手次第出金致し、勿論金子者吉次郎支配人ゟ直々町奉行所江持参致候節、御屋形ゟも懸り者奉行所江罷出立合、直ニ右金子者支配人江奉行所ゟ相渡候事

右者名目金ニ無之、全　御屋形御備金ニ致し、為貸出候間、御名目ゟも到而慥成事ニ相成、其上万一滞候ても、吉次郎方ニ而済方相頼候世話も一向無之、万端　御屋形ニ而引受、奉行所江相達遣、奉行所ニ而取立候上、吉次郎支配人江渡遣候事

但、冥加金之儀者元高壱万両ニ付、壱ケ年金百両宛差上度相願候事

但、奉行所并支配向町年寄等之諸雑費、金百両ニ付壱ヶ年銀三匁宛、右雑費入相残候節者積金ニ致置、積金多分ニ相成候ハヽ、相応之地面見立、貸附会所取立可申、右入用も兼用可致事

一前文御下ヶ金後　御屋形ニ而不時御入用等有之、操替納候節者、右御下ヶ金と可致差引候事

右之通規定致可遣候、江戸者勿論之儀、大坂表吉次郎本宅江も御下ヶ金相廻、前文之振合ヲ以貸出可申、万一返済滞候節者、江戸表江も申越次第、前書之通　御屋形江引受取計可遣事

但、大坂表ニ而取扱候方勝手宜御座候ハヽ、御屋形懸り之者大坂表江相登、大坂町奉行所江金子差出、奉行所ゟ吉次郎へ相渡可申候哉、左様相成候得者、万一返済滞候節も直ニ吉次郎ゟ大坂町奉行所へ申立次第、右奉行所ニ而取立、直ニ吉次郎へ相渡候事

一冥加金諸雑費共江戸表同様之事

右之通荒増取極候得共、猶勝手不宜儀ニ聊遠慮可申立事

四月

證文案紙左之通り

預申御備金之事

一金千両也　但、文字金也

右者　田安御殿御備金、此度町御奉行所ゟ其許御預之内、此度右　御殿江御届之上猶又旦那方預り申処実正也、何月幾日限相返可申候、尤期月ニ不至候共、　御殿御用向之節者其許御談之上取計可申候、其許ゟ差出候御世話料之内一ヶ月何程ツヽ者聊無相違差出可申候、右者御備金之儀ニ

付、縦令何様之儀有之候共、聊たりとも返済遅滞不致候間、兼而其段御心得可給候、仍儀定證文

仍而如件

年号月日

誰内
元〆役　誰 印

勘定奉行　誰 印

家老　誰 印

用人　誰 印

住友吉次郎殿

前書之通相違無之候、以上

主人印

表書之趣逐一令承知畢

諸雑費左之通此余少も雑費相懸り不申候事

奉行江二季

銀拾枚宛　一ケ年銀弐拾枚

巻物三宛　巻物六

用人江二季

銀五枚宛　一ケ年銀拾枚

掛り与力両人へ二季　　一ヶ年銀弐拾枚
　銀五枚宛
同心江二季　　一ヶ年金五両
　金五百疋ツヽ
年(町)年寄三人江二季　　一ヶ年銀三拾枚
　銀五枚宛
右之分者　御殿冥加金之内ゟ御取計御座候事
右当方ゟイロハ付印ヲ以不分り之所江戸表へ尋ニ遣候所左ニ

イ
一金壱万両　　御下ケ金
　右御金高壱度ニ御渡有之、借主有無ニ不抱(拘)御渡有之候月ゟ壱万両年一割之利足当家ゟ相納可申事哉、然ル時者早速借主出来候ハヽ、宜候得共、若急ニ借主無之時者不用之金高ニ空利相懸り、不勘弁ニ被存候、借主有之対談相済候上御殿江申出、其員数丈ケ度毎ニ御下ケ被下候ハヽ、空利差出候儀無之、且又返済之節も早速御殿江相納置、追而借主出来候節申出、其節御下ケ之上、御利足も其月ゟ上納致可申様之御事ニ候ハヽ、空利之損毛無之候、右両事不分りニ付御尋申候、多分借主之有無ニ不抱壱万両壱度ニ御渡、其月ゟ御利足被召上候儀と奉存候、此不勘定其御店之御了簡如何御座候哉承り度奉存候事

三人扶持は少額だが勝手之筋になる

ロ
一御世話料三人扶持可被下候事
　但、御扶持方と申時者到而重キ御事ニ御座候得共、金子ニ直し見候時者、壱ヶ年五両弐歩位之御事ニ而、到而少分ニ候得共、此御世話料ニ不抱御名目ニ付、勝手之筋も可有之様被存

候事

一ハ
御貸出之儀者　下略

但、此御趣法御念入候儀ニ而、是程ニ仕置不申而者御取立之節違乱出来可申程も難計、乍併武家方者御懸り之宅へ被参候事御外聞ヲ憚、借用被成度御方も多分御遠慮可被成被存候、乍併此儀略致候而者御取立方行届兼可申哉とも被存候

一ニ
掛り之者宛名ニ而　御屋形江も添證文取之可申事

但、此儀者懸り御与力ゟ添證文被成候事哉、当家ニ抱り不申儀と被存候

一ホ
利分之儀者其時々相対次第可致候事

但、年一割以上者六拾目利ゟ七拾五匁利迄貸附候而も不苦候事哉、左様無之而者金子遊候節之償無之、年一割引捨、其余利当家徳用ニ可相成儀と存候事

一ヘ
礼金其外聊ニ而も諸雑費堅取申間鋪事

但、此子細無之

一ト
武家町家共　下略

但、右同断

一チ
差加へ金者　下略

但、此差加へ金と申者、何程大数ニ相成候哉、其員数際限無之及大数ニ候而者支配人行届申間敷、其上　御奉行所、町年寄等者諸雑費被下候得共、当家者差加へ金ニ付而者御蔭無之相聞候、此所御考可被成候、当家持出候差加へ金之分、壱弐万両程者冥加金御免と申歟、

半減と申歟、少々世話料無之候而者迷惑ニ被存候事、并ニ差加へ金も荒増高ヲ限置申度候
事、際限無之儀者後年之成行不安心ニ被存候事

一リ 前文御下ケ金後　御屋形ニ而不時御入用等有之、操替納候節者右御下ケ金と可致差引事
但、御差引之儀者随分相聞候得共、右御下ケ金者夫々貸附ニ相成有之、其処何時ニ不限差懸
り納方被仰出候節、少数者如何様とも相成可申、若大金御引上ケ之時者御約定ニ付違変難
出来、其処各方之御了簡如何御座候哉承度存候
附り、御下ケ金大坂廻之儀、便利不便利未考、此儀者追而御懸合可申

一ヌ 御證文之事
但、町家者不苦候得共、主人印と申処、武家方ニ而容易不成儀と被存候、御家老之奥印ニ而
相済不申候事哉、　殿様御名判無之而者貸附難出来と申時者、到而手重く御借主稀ニ可有
之、借主不自由ニ候時者、当家空利之損毛難計、譬空利之損毛無之候共、取極御世話致し
候上者早速ニ相捌候様致度候、左候得者随分手軽く借用出来候様御趣法取極置申度候、乍
併御取立方之節、弱身無之様手堅く致置候事も肝要ニ候、不用之面倒ヲ相除申度奉存候

戌四月

昨年天光院の掛屋を断る

右一件昨年天光院掛屋御断申候ニ付、尾州様江相障り候儀者無御座候哉、御了簡御申越可被成候、
尤田安様者旧来之御館入御懸屋御用相勤居候ニ付不苦哉と奉存候

二九八　網嶋屋敷へ西尾藩主御紋付提灯下付

文政十亥年正月廿一日

一弓張御燈灯弐張　御紋　丸ニ一ツ菱幷ニ蔦左右ニ付有之

右者網嶋別荘西尾様御領地ニ付、先達而同所御役所へ御願申上置候処、今日被下置候事

（裏表紙）

「住友」

解題

「年々諸用留　十二番」は、すでに本叢書に収録した「年々諸用留　十一番」に、年次・内容とも連続する住友大坂本店の記録である。原本は綴葉装の竪帳で、法量はおよそ縦三二センチメートル、横二二センチメートル、厚さ一五・三センチメートル、表紙・裏表紙を除き五七六丁の大部なものである。重厚な冊子の背には保管のため真田紐が付けられ全体を括れるようになっており、表紙・裏表紙の角や紐が当たる部分の文字は擦り切れている。

収録年次は、文化四年（一八〇七）七月から文政十年（一八二七）正月までである。内容は、大坂を中心とした事業・家政に関する記録であり、京・江戸の出店からもたらされた情報も書き留められている。なかでも、奉公人（手代・末家）関係の記事に多くの紙数を費やしているのが本書の特徴である。

本書には、これまでの「年々諸用留」と同様に、大坂や京に所有する掛屋敷の家守交替、居宅やその周辺における普請届、居宅廻りで起こる捨子の扱い、武家との金融関係、災害の記事が見られる。このほか、文政改鋳時に幕府の御用として、江戸で命じられた金引替御用に関わる記事がある（本書記事番号五八・一五六・一六四、以下記事五八のように記す）。

災害関連の記事としては、江戸浅草の火災が、文政元年十月（記事四四）と文政四年四月（記事一〇三）にあり、文政四年には浅草店が類焼している。大坂の火災として、文政五年八月の天満（記事一五一）、文政七年四月の南船場（記事二一五）、同年十一月の島の内の瓦屋橋西詰（記事二三五）、文政九年四月の上町の内淡路町（記事二九五）などがある。そのほか、文政二年六月の近江地震（記事六二）、文政三年五月の淀川・京都白川洪水（記事八五・八六）、文政八年五月の淀川洪水（記事二五八）などの記事がある。また、文政九年の別子銅山大涌水に関する記事も見られる（記事二八八・二九一）。涌水の実態については、小葉田淳「別子銅山と涌水の処理」（『別子銅山図録』別子銅山記念出版委員会、一九七四年）を参照されたい。

各地の事件として、文化十四年十一月の八王子への隕石落下（記事二五）、文政元年の武蔵国における双頭の亀の発見（記事三八）、文政三年八月の小田原藩士の敵討公許（記事九三）などがある。対外関係に関する記事として、ナポレオン戦争終結を伝えるオランダ風説書（記事一七）、文政四年十二月の松前藩蝦夷地復領（記事一一八）、文政六年六月の常陸那珂湊沖での異国船発見（記事一七七）などがある。

友紀の死去と文政期の親族

本書に関係する住友家の略系図を掲げた。＝は婚姻関係、‖は養子であることを示し、ゴシック体は本文に登場する人物名である。

京都で隠居していた住友家六代友紀は、文化十三年（一八一六）十二月に病死した（記事八）。これに伴い、友紀名義の京都の掛屋敷の相続が進められた（記事一〇）。

九代友聞の嫡男万太郎（友賢のち友視）は、文政五年（一八二二）に一三歳で元服を迎えた（記事一六五・一六七参照）。三男の郁三郎は文政五年に一三歳で平野屋（高木）五兵衛の分家五郎三郎の養子となっている（記事二二〇）。娘盈《えい》は文政六年に一三歳で平野屋五兵衛の子資次郎に嫁いだ（記事二二一）。平野屋は、四代友芳の娘の縁先であり、古くからの親戚であった。娘（猶子カ）の久は山城八幡の石清水八幡宮社家今橋大和守の養女となった（記事七二）。

郁三郎・盈の縁組に関する記事から、挨拶した親類を見ると、豊後町に分家した友聞次男の甚次郎（友善）、徳井

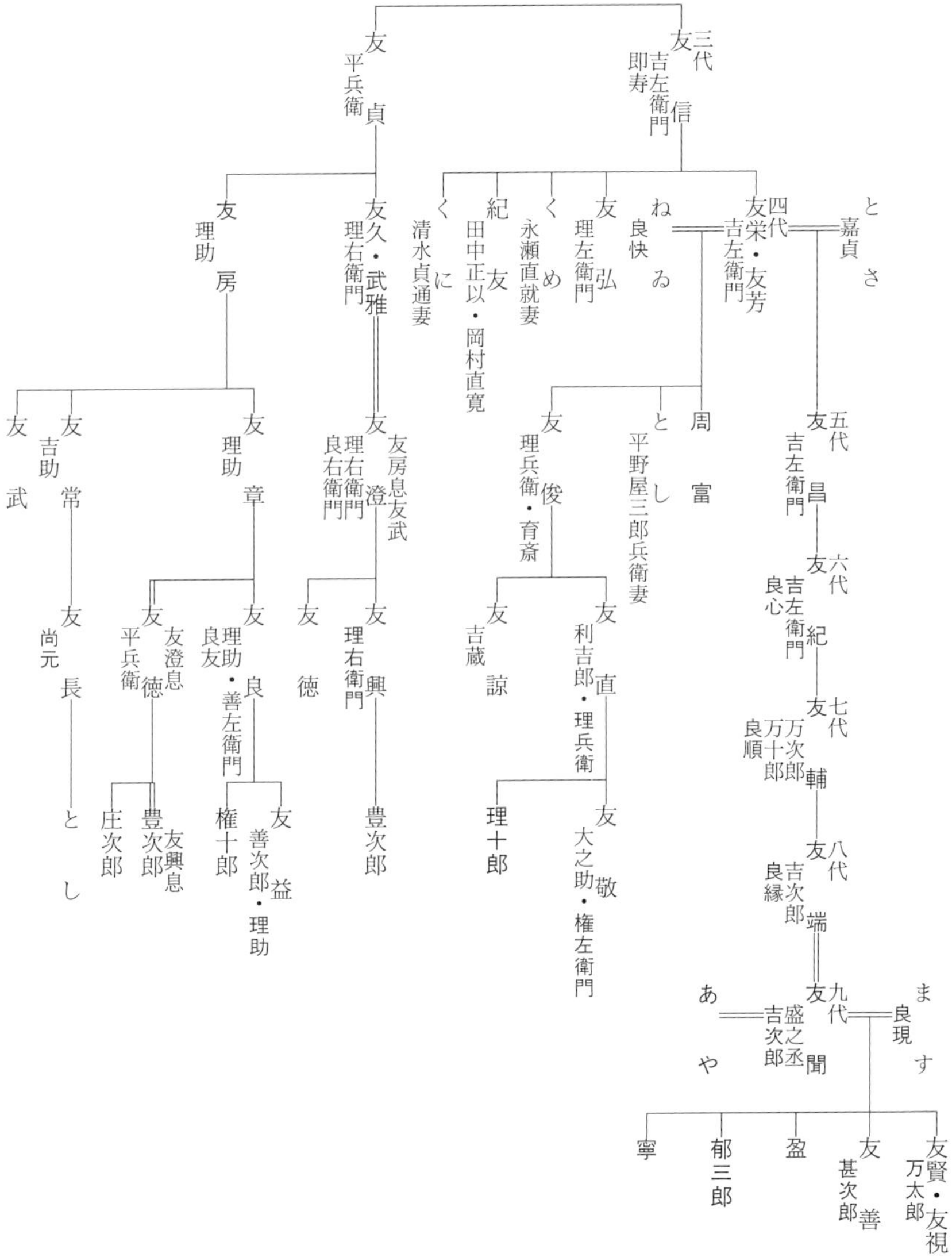
三代
友信
吉左衛門
即寿
友貞
平兵衛
と さ
嘉貞
四代
友栄・友芳
吉左衛門
ね ゐ
良快
友弘
理左衛門
く め
永瀬直就妻
紀 友
田中正以・岡村直寛
く に
清水貞通妻
友久・武雅
理右衛門
友房
理助
五代
友昌
吉左衛門
周 富
と し
平野屋三郎兵衛妻
友俊
理兵衛・育斎
友澄
理右衛門
良右衛門
友房息友武
友章
理助
友常
吉助
友武
六代
友紀
吉左衛門
良心
友直
利吉郎・理兵衛
友諒
吉蔵
友興
理右衛門
友徳
友良
理助・善左衛門
良友
友徳
平兵衛
友澄息
友長
尚元
七代
友輔
万次郎
万十郎
良順
友敬
大之助・権左衛門
理十郎
豊次郎
友益
善次郎・理助
権十郎
豊次郎
友興息
庄次郎
と し
八代
友端
吉次郎
良縁
ま す
良現
九代
友聞
盛之丞
吉次郎
あ や
友賢・友視
万太郎
友善
甚次郎
盈
郁三郎
寧

町の理兵衛（次男の理十郎と同居）とその長男権左衛門、茂左衛門町内の理右衛門・理助・尚元らの泉屋一統と大坂の惣年寄永瀬氏が「当地親類」とされ、京都の中川氏・岡村氏・浅井氏、八幡の今橋氏、宇治の上林氏、近江大溝の中西氏・前田氏が「遠方親類」とされている。なお、理右衛門家、理助家の両家は西泉屋とも称されている。

分家として独立した甚次郎が、逼塞した理兵衛家から豊後町両替店を譲られたのは文化十年であった（『年々諸用留　十一番』解題参照）。豊後町店では理兵衛から松山藩の掛屋業務や徳島藩蜂須賀家の館入としての地位を引き継いだが、当時甚次郎は五歳であり、実務は手代たちが担っていた。文政元年には本家で取り扱っていたその他の掛屋業務を移管して店開きの準備を進めた（記事四九）。同二年七月に豊後町店が銅座掛屋御用を三井組と一緒に引き受けようとしたが、本家の吉次郎名義を必要とされたため、豊後町店の北半分に吉次郎の出店を併設する形にせざるをえなかった。事業規模が貧弱な豊後町店は、同年十一月に別家半右衛門の口利きで福井藩の産物売り捌き支配および掛屋業務を引き受けた（記事七九）。このような形で豊後町店の基盤はととのえられていったが、なお経営は不安定であった。文政四年には、豊後町に理兵衛が持っていた家屋敷のうち、先に譲渡された居宅・店舗以外の掛屋敷を譲り受けている（記事一〇六・一一五）。文政九年に甚次郎が一七歳で直勤となると、徳島藩に対してお目見えを願っている（記事二九〇）。その後の甚次郎家の経営については、末岡照啓「幕末期、住友の経営危機と大坂豊後町両替店」（『住友史料館報』第三二号、二〇〇一年）を参照されたい。

末家（別家）の再編

本書の文政四年（一八二一）十二月から「年々諸用留　十三番」の天保六年（一八三五）四月までの間、住友の奉公人からの願書が頻出する。これまでも奉公人の願書は見られた（例えば『年々諸用留　十番』記事七九・一三二）が、半年分ほどをまとめて何件も書き継いでいるのは本書が初めてである。同じ内容が人事に関わる「諸用御窺控」などの帳面にも見られるが、文政期に住友の末家制度がととのっていったことも本書に奉公人（手代・末家）関係の記事が増える背景にあったと思われる。

住友も江戸時代の他の商家と同様、長年勤めて退職した奉公人に対して別家の称号を与えた。住友では、別家は末家とも称され、支配人など重役を勤めた者や特別功績のあった者に与えられた称号・地位である。末家となる際に提出する一札（記事一八二・二八二など）に記されるように、退職にあたり末家は家督銀（独立するための家の資金）、家作のための普請銀、道具料、婚礼賄料などを与えられた。末家は独立した後、泉屋の屋号を許され自分の家業を営むことになるが、本書の記事からも別子銅山で用いる醬油商売など末家が営んでいた家業を知ることができる（記事二四九）。中には、末家が自身の手代にも泉屋の屋号を与えている事例も見られる（記事一九一・二五四）。

ところが、末家たちの商売はなかなか上手くいかなかったようで苦境を訴える願書も見られる（記事一四三・二四四・二四七・二四九など）。また、在職中の借銀は家督銀などで弁済することになっていたが、多額の借銀を返済できずに猶予を願っている記事もある（記事一八九・二七四など）。このように、住友の末家となった者たちが自家の相続の安定を求める中で出されたのが、文政五年正月の末家一六人の連名による願書である（記事一二〇）。この中で末家たちは、今後の奉公人は全て末家の子供から採用するように願い、末家の子供で不足する場合は、末家たちが身元、人柄の調査、選考をした上で、末家の養子という形にして採用するように求めている。すなわち、末家たちが自身の家を子孫の代まで維持していくために、親子代々住友に勤務することを願い出たのである。同時に、末家の取り締まりについても定められ、年番の行司を置き、年行司を通して願い出や届け出がなされることになった。本書では、この末家連名の願書が閏正月二日に聞き済みになったとあるが、その後の住友における奉公人の採用が全て末家になった訳ではないようである。

いずれにしても、こうした形で制度がととのったことにより、末家による救済願いのみならず、相続に関わる養子、結婚などについても本家支配人と日勤老分宛てに届け出られることになり、末家から提出される願書、届書には、年行司が奥印をするようになっている。このように願書提出の手続きが整備されたことも、本書に関連記事が多く見られる背景になったと思われる。但し、「年々諸用留　十四番」以降には手代・末家からの願書は見られなくなり、「別家其外願書扣」などの別帳に書き写されていくようである。

なお、住友の別家・末家に関しては、『住友の歴史　下巻』（思文閣出版、二〇一四年）第八・十章が概観している。また、嘉永期の住友家の経営危機に際しての別家の役割については、今井典子「幕末期住友の経営危機と別家」（『住友修史室報』第一〇号、一九八三年）を参照されたい。

館入と大名貸

九代友聞の時代には、多くの大名と関係するようになった。断片的にあらわれる本書の記事を、おもな大名ごとにどのような御用を果たし格式を得ていたか整理しておこう。

伊予松山藩松平家は別子銅山を預り所として管轄し、住友にとってもっとも関係深い大名であった。銅山にかかわる願書や届書はすべて同藩を介して提出され、銅山非常用手当米は同藩領に貸し付けられ、利米を住友や藩役所が得ていた。館入として同藩への融資にも応え、主人や名代の者が扶持米を与えられた。本書では、文化十三年（一八一六）に藩主が日光御名代を勤めることになったため調達銀を命じられ、銅山経営の苦境を述べつつも出銀に応じた（記事三）。文政元年（一八一八）には別子銅山支配人に対し御紋付裃の拝領を願い出て、同五年に実現している（記事四〇・一二四）。藩の財政はなおも逼迫しており、文政二年に扶持米は半減（記事六五）、同三年の調達銀の返済繰り延べなど仕法改訂に大坂の銀主たちも応じざるをえなかった（記事八八・九〇）。さらに領内旱損や日光御用のため、文政六年に扶持米は六割引きとなり（記事一九四）、文政八年には諸郡貸付米の利息も引き下げられた（記事二四八）。こうした苦境に住友も藩へ冥加銀を上納したので、主人友聞・別子支配人は御紋付羽織や麻上下を拝領している（記事二五七・二七〇）。

美作津山藩松平家は、備中小泉銅鉛山を含む幕領を預っており、住友は藩や地元の要請に応えて文化十二年から同山を経営した。その功績を認められて、文化十四年に主人友聞が同藩から館入を拝命し五人扶持を与えられ（記事二一）、翌年には八人扶持に加増され、担当手代も手当米一〇俵を支給されるようになった（記事四二・四七）。しかし住友は文政十一年二月にいったん同山から撤退し、ふたたび明治四～七年（一八七一～七四）に経営した。同山の変遷については、小葉田淳「備中、小泉銅鉛山史」（『日本銅鉱業史の研究』思文閣出版、一九九三年、所収）が詳しい。

対馬藩宗家は、対朝鮮貿易の輸出品として荒銅を住友から調達するなど古くから関係が深かった。六代友紀は京都に隠居し、粟田領（青蓮院門跡領）にあった白川屋敷を使用していたが、文化十三年末に友紀が亡くなると、屋敷は文政五年に対馬藩に献上された。その礼として主人友聞に七人扶持が与えられたが（記事一六一）、青蓮院は勝手館入でもあった住友の譲渡を認めず、表向きは住友名義のまま据え置かれた。屋敷は藩役人の名義で借宅され、藩主の母彰順院が寄宿した（白川屋敷の変転については、安国良一「京都白川屋敷と安乗橋」『住友史料館報』第二四号、一九九三年を参照）。文政七年三月には、藩に五〇〇貫目を出銀した褒美として時服・朝鮮人参を拝領している（記事二〇七）。出銀は、別家泉屋又右衛門宅を対馬藩の大坂産物売捌会所として朝鮮牛皮を販売し、その代銀をもって毎年五〇貫目ずつ一〇年で返済する産物会所計画の一環であった。さらに翌八年七月には、藩の収納米二万俵の蔵元を引き受け、前銀として六〇〇貫目を拠出した褒美として脇差一腰を拝領した（記事二八一）。産物会所の関係史料が『泉屋叢考』第弐拾輯（一九八三年）にも収録されているので参照されたい。

徳川御三卿の一橋家・田安家とは、江戸の中橋店においてそれぞれ文化二年九月と同五年三月に掛屋御用を引き受け、関係が始まった（「近世後期住友江戸両替店の創業と経営」『泉屋叢考』第弐拾壱輯、一九八七年）。両家は上方にも領知があり、それぞれ大坂の川口役所・長柄役所を置いて支配した。住友では大坂本店が両役所との間で上方領知の掛屋業務を務めた。掛屋引き受けにあたっては家質の提出がおこなわれ、田安家の場合は文化四年に大坂の家屋敷七か所が書き上げられているが（記事五二）、これは江戸掛屋については提出家質を江戸の家屋敷に限ったため（『年々諸用留　十一番』記事一八）、大坂での掛屋分として提出したものであろう。田安家からは格式を示す御紋付の提灯や絵符が与えられ、住友では名代の者も使用できるよう下付を願った（記事一一一・一二五・一二七）。御用金も課せられたが（記事一五四・一五七）、手代の江戸下向には添触が発行されるまでになった（記事一七三）。また両家からは利殖のため「御下ケ金」を預かり、大名・旗本・農民・商人に貸し付けていた。田安家の場合、中橋店が早くから扱ったが、文政九年四月の「御下ケ金御名目御趣法書」は新たに江戸町奉行所に資金の取扱を委託した別口を企図したもので（記事二九七）、幕府での審議をへて翌年十月に請書が提出された。遅れて始まった一橋家の場合、大坂でも貸付が計画され、同じく館入を務めた今堀長吉郎・津田休兵衛とともに川口役所とその規模や利息をめぐる交渉がおこなわれた（記事一・一六・三六）。

御三卿のもうひとつ清水家については、天明八年（一七八八）に江戸で蔵元を拝命していた。寛政七年（一七九五）に継嗣なく明屋形となったが、浜町会所における貸付金は継続された（『年々諸用留　九番』記事三〇、『年々諸用留　十番』記事一八・二二）。文政七年に大坂での掛屋や為替御用の引き受けを出願したが、これは前年に賄料領知一〇万石が与えられた際、上方に領知が設定されたことと関係していよう。だが証拠金の拠出など条件が折り合わなかったようで、けっきょく辞退している（記事二〇三・二三二）。

大坂城代を務め、将来老中にまでのぼるであろう有力譜代大名に対しては、江戸中橋店を通して積極的に関係強化に努めている。勝手向の世話を果たすことによって、浜松の水野忠邦や石見浜田の松平康任から扶持を下賜され（記事二五九・二六〇・二九四）、ねらいは成功した。いっぽう文化十三年に引き受けた武蔵川越藩松平家の館入については、多額の調達はできないとして文政四年に辞退しており、先方の要求などを考慮しつつ取引大名の選別をおこなっていたようだ。

（安国良一・牧　知宏）

住友史料叢書　第三一回配本

年々諸用留《ねんねんしょようとめ》　十二番

平成二十八年十二月十五日　発行

定価：本体一〇、五〇〇円（税別）

編　者　住友史料館

発行者　田中　大

印刷所　株式会社図書印刷同朋舎

製本所　新日本製本株式会社

発行所　株式会社　思文閣出版

〒605-0089　京都市東山区元町三五五

電話（〇七五）五三三―六八六〇

ISBN978-4-7842-1877-6 C3321

人　名　索　引

（註）　次と二・治、嘉と加など音通文字は便宜一方にまとめた。

あ

い

う

え

せ

そ

た

ち

つ

て

と

な

に

ね

の

は

ひ

ふ

へ

ほ

ま

み

む

も

や

ゆ

よ

り

わ

事　項　索　引